W0395956

PRIVATE ALTERSVORSORGE

PRIVATE ALTERSVORSORGE

Stiftung Warentest

INHALTSVERZEICHNIS

EINFACH EINSTEIGEN

Altersvorsorge geht alle an, denn nicht einmal die gesetzliche Absicherung, die sich mit einem festen Job automatisch aufbaut, reicht später aus, um den Lebensstandard zu halten. Deshalb sollte jeder zusätzlich fürs Alter sparen – privat, über den Betrieb oder beides.

AUCH SPÄTER NOCH GUT LEBEN

Früh anfangen, Geld zurückzulegen, ist ein einfaches Rezept, um im Alter keine finanziellen Sorgen zu haben. Für Beamte sieht es besser aus als für Angestellte mit lückenhafter Erwerbsbiografie; und auch die Versorgungswerke der Freiberufler bieten ihrer Klientel häufig noch eine recht gute Altersversorgung. Der gewohnte Lebensstandard lässt sich aber auch damit nicht komplett finanzieren.

Deshalb sollte jeder etwas tun und jeden Monat ein bisschen sparen. Vom Staat gibt es viel Förderung dazu. Jeder gesparte Cent hilft und gibt im Alter Spielraum für sorgenfreie Lebensqualität.

Risiken sollten Vorsorgesparer nicht eingehen, es sei denn, ihr Ruhestand liegt noch in ferner Zukunft. Jüngere Leute können auch bei ihrer Altersvorsorge auf die Ertragschancen der Aktienmärkte setzen. Das machen sie am besten über den stetigen Kauf von Anteilen an guten, international agierenden Fonds. Ältere halten sich mit Aktien und Aktienfonds besser zurück. Sie haben nicht mehr genügend Zeit, um nach einem Crash auf bessere Zeiten zu warten.

Wie leicht Werte in kurzer Frist vernichtet werden können, hat die Finanzkrise im Herbst 2008 vorgeführt. Auch in guten Zeiten sollte außerdem niemals Geld in dubiosen Kanälen (siehe Seite 186) versickern. Wenn Finanzberater Traumrenditen von 10 und mehr Prozent versprechen, sollten Anleger hellhörig werden: Dann ist etwas faul. Altersvorsorge macht man lieber stur und stetig. Eins aufs andere setzen, ist das Rezept.

Manch einer kann heute tatsächlich kaum einen Euro entbehren, weil er wenig verdient und seine Alltagskosten schon jetzt nur mit Mühe bewältigt. Ein anderer aber sieht vielleicht lediglich nicht, dass er eigentlich doch etwas Geld zurücklegen könnte.

Wie viel private Zusatzrente jemand einmal benötigen wird, hängt von einer Reihe von persönlichen Faktoren ab. Um die gesetzliche Rente und die Berechnung der Rentenlücke geht es auf den Seiten 222 bis 227.

Einfach einsteigen

Zeitig mit dem Sparen zu beginnen, löst viele Probleme. Der Zinseszinseffekt lässt auch kleine Raten über Jahre ordentlich wachsen. Selbst die enorme Summe von 500 000 Euro kommt bis zum 65. Geburtstag zusammen, wenn jemand mit 35 Jahren anfängt und Monat für Monat 611 Euro zurücklegen kann (siehe Tabelle rechts). Ein Zins von durchgehend 5 Prozent müsste dafür sein. Derzeit sind aber 4 Prozent schon mehr als gut. Dann müsste der 35-Jährige jeden Monat 762 Euro

TIPP **Darauf achten**

Loslegen. Mit einer zusätzlichen Altersvorsorge sollten Sie so früh wie möglich beginnen. Wer lange spart, profitiert vom Zinseszins.

Mitnehmen. Nutzen Sie die Fördermöglichkeiten und nutzen Sie Riester-Rente oder betriebliche Altersversorgung zuerst. Durch die staatliche Hilfe per Zulagen, Steuervorteilen oder Sozialabgabenersparnis können Sie leichter Vermögen bilden als mit einer rein privaten Geldanlage.

Auswählen. Nehmen Sie sich Zeit bei der Auswahl einer Geldanlage, egal, ob es sich um ein Riester-Produkt, eine Firmenversorgung, Rürup-Rente, einen Bank- oder Fondssparplan oder eine private Rentenversicherung handelt. Überall gibt es Unterschiede zwischen den Angeboten. Immer sind Vertragsdetails von Bedeutung.

Überprüfen. Widmen Sie sich von Zeit zu Zeit Ihrer Altersvorsorge. Überprüfen Sie, was Sie schon dafür tun und ob eine Ergänzung sinnvoll und finanziell möglich wäre.

Mischen. Kombinieren Sie Sparformen angemessen. Junge Leute sollten verstärkt auf Fondsprodukte setzen, um langfristige Renditechancen zu nutzen. Je älter Sie werden, desto mehr sollten Sie sichere Anlagen bevorzugen, denn mögliche Verluste können Sie schlechter aussitzen. Achten Sie darauf, nicht zu viel Geld in langfristigen Verträgen zu binden. Sie sollten an Teile Ihres Vermögens herankönnen, wenn Sie etwas benötigen.

AUF DEM WEG ZU 500 000 EURO VERMÖGEN

Richtig viel sparen und später im Alter wohlhabend sein – ein 25-Jähriger müsste 544 Euro im Monat bei 3 Prozent Zins zurücklegen, um mit 65 Jahren ein Vermögen von 500 000 Euro zusammenzuhaben.

Startalter	Zinssatz (Prozent)					
	2	3	4	5	6	7
20	573	442	337	254	190	141
25	682	544	429	336	261	201
30	825	678	554	449	362	291
35	1 016	862	727	611	511	425
40	1 287	1 125	979	850	736	635
45	1 697	1 526	1 370	1 227	1 097	980
50	2 384	2 205	2 037	1 880	1 734	1 598
55	3 765	3 577	3 397	3 226	3 063	2 907

SO VIEL GELD FÜR 1 000 EURO RENTE

Um 20 Jahre lang 1 000 Euro Rente im Monat entnehmen zu können, benötigt ein Anleger bei 3 Prozent Zinsen pro Jahr 180 971 Euro. Ewig hielte sein Geld bei diesem Zinssatz ab 405 471 Euro, wenn er im Monat 1 000 Euro verwenden würde.

Rente für … (Jahre)	Zinssatz (Prozent)					
	2	3	4	5	6	7
5	57 078	55 708	54 394	53 134	51 924	50 762
10	108 776	103 762	99 103	94 766	90 724	86 954
15	155 600	145 214	135 849	127 385	119 718	112 759
20	198 009	180 971	166 053	152 943	141 384	131 157
25	236 421	211 816	190 877	172 969	157 574	144 275
30	271 212	238 422	211 282	188 660	169 673	153 628
35	302 723	261 373	228 052	200 954	178 713	160 296
ewig	605 480	405 471	305 461	245 452	205 442	176 861

sparen, um 30 Jahre später auf eine halbe Million Euro zu kommen. Doch die Zinsen werden bestimmt wieder steigen.

Junge Leute sollten den Zinseszinseffekt ausnutzen, indem sie früh mit ihrer zusätzlichen Altersvorsorge anfangen. Viele Menschen setzen sich erst ab 40 oder sogar erst 50 Jahren ernsthaft mit einer zusätzlichen Altersvorsorge auseinander. Sie müssen jeden Monat höhere Raten anlegen, um noch auf eine attraktive Summe zu kommen. Ihre Zeit bis zur Rente ist kürzer. Vor allem Frauen vernachlässigen ihre eigene Vorsorge oft zugunsten ihrer Familie. Dabei haben Frauen im Durchschnitt eine höhere Lebenserwartung als Männer – auch und gerade deshalb brauchen sie eine zusätzliche Altersvorsorge.

Möglichkeiten zum Sparen findet jeder, egal, wie alt er heute ist. Die staatlich geförderten Anlagen Riester-Rente und eine selbst finanzierte Betriebsrente bringen oft mehr Rendite als private Geldanlagen mit vergleichbarer Sicherheit.

Die Riester-Rente nutzen

Die Riester-Rente passt für jeden, der sie bekommen kann. Gesetzlich Rentenversicherte und Beamte sollten einen solchen Vorsorgevertrag abschließen, egal, wie alt sie sind. Kinderlose, Kinderreiche, Junge, Alte, Gutverdiener und Menschen mit wenig Einkommen können ihr Erspartes mit einer Riester-Rente besser vermehren als mit anderen Vorsorgevarianten. Das liegt an der kombinierten staatlichen Förderung aus Zulagen und Steuervorteilen. Riester-Sparer machen sogar einen Gewinn, wenn ihre Geldanlage selbst keinerlei Erträge erwirtschaftet. Denn für die Auszahlungen stehen garantiert nicht nur ihre eigenen Einzahlungen, sondern auch die Zulagen zur Verfügung. Das Spargeld ist außerdem „Hartz-sicher“. Es muss nicht verbraucht werden, bevor Arbeitslosengeld II fließt. Verdient jemand immer sehr wenig, hat er später vielleicht trotz einer Riester-Rente nicht mehr Geld zur Verfügung als ohne. Denn wer im Alter einmal auf die Grundsicherung (siehe Kasten rechts) angewiesen ist, dem wird diese Fürsorgeleistung nach der heutigen Rechtslage um die Riester-Rente gekürzt.

Doch keiner kann heute wissen, ob er diese Hilfe wirklich einmal benötigt. Vielleicht verdient er irgendwann besser, erbt etwas oder lebt im Alter mit einem Partner zusammen, der zu seiner Versorgung beiträgt. Dann bekäme er keine Grundsicherung und würde sich über eine Riester-Rente umso mehr freuen. Zudem weiß niemand, ob es diese staatliche Unterstützung in 30 oder 40 Jahren überhaupt noch gibt. Besser ist es, selbst für später vorzusorgen. Dieses Geld hat man sicher.

INFO **Grundsicherung – eine Hilfe für jeden**

Arme können seit 2003 eine finanzielle Grundsicherung erhalten. Beantragen können Menschen ab 65 Jahren diese Hilfe, wenn sie zu wenig Einkommen haben, um davon leben zu können.
Jüngere ab 18 Jahren haben Anspruch auf die Grundsicherung, wenn sie dauerhaft wegen Krankheit oder Behinderung keine drei Stunden am Tag mehr arbeiten können.
Rund 1 Prozent der Menschen ab 18 Jahren in Deutschland beziehen volle oder ergänzende Grundsicherung.
Ein Single bekommt bis zu 347 Euro im Monat plus Kosten für eine angemessene Unterkunft und für die Krankenversicherung. Insgesamt entspricht das Hilfsleistungen in Höhe von rund 650 bis 700 Euro.
Grundsicherung erhalten nur Bedürftige. Antragsteller müssen alle ihre Einkünfte und Vermögenswerte wie Renten, 400-Euro-Job, Lebensversicherung, Fonds, Eigenheim, Auto, Bargeld oder Sparbuch offenlegen – auch Riester-, Rürup- und Betriebsrenten. Das Einkommen des Partners zählt mit, sofern der Antragsteller mit diesem in einem Haushalt lebt.
Bargeld oder andere Geldwerte bis zu 2 600 Euro dürfen Bedürftige besitzen. Sie haben trotzdem Anspruch auf Grundsicherung. Ein Auto können sie behalten, sofern es für einen Job unentbehrlich ist. Auch das selbstbewohnte „angemessene Hausgrundstück" ist Schonvermögen, wobei Antragsteller und Grundsicherungsämter oft darüber streiten, was „angemessen" ist.
Auf Kinder von Antragstellern greifen die Behörden nicht zurück. Nur wenn der Sohn oder die Tochter eines Antragstellers über ein jährliches Gesamteinkommen von mehr als 100 000 Euro verfügt, wird der Antrag abgelehnt. Das tun die Ämter ebenfalls, wenn der Bedürftige in den zehn Jahren zuvor Vermögen verschleudert hat.
Grundsicherung wird ab Antrag gezahlt. Die Gemeindeverwaltung weiß, wo das zuständige Amt angesiedelt ist. Den Antrag nimmt auch die gesetzliche Rentenversicherung entgegen.

Hohe Zulagen für alle Riester-Verträge

Die Förderung funktioniert bei der Riester-Rente durch steuerfreie Beiträge und direkte staatliche Zulagen. Bis zu 154 Euro pro Jahr gibt es als Grundzulage für jeden Riester-Sparer, und für jedes Kind, für das der Sparer Kindergeld erhält, kann er bis zu 185 Euro dazubekommen. Für ab 2008 geborene Kinder sind es sogar bis zu 300 Euro. Weil Sparer ihren Beitrag senken, erhöhen oder aussetzen können, passt sich der Vertrag dem Wechsel des Lebensalltags an. Die Beiträge, die ein Sparer in seinen Riester-Vertrag einzahlt, kann er über seine Steuererklärung nachträglich steuerfrei stellen lassen. Maximal werden 2 100 Euro Jahresbeitrag so gefördert.

Wer viel verdient, profitiert vor allem von den Steuervorteilen. Wer weniger Einkommen hat, profitiert mehr von den staatlichen Zulagen. Sie werden auf das

Riester-Konto des Sparers überwiesen, wenn er den Antrag dafür abschickt und seinen Eigenbeitrag leistet.

Riestern in verschiedenen Varianten

Riester-Sparen ist bisher auf drei Arten möglich: mit einer Rentenversicherung, einem Fondssparplan oder einem Banksparplan. Neu ist die spezielle Eigenheim-Förderung, „Wohn-Riester" genannt. Mit einem guten Produkt rechnet sich das für Immobilienkäufer sehr gut (siehe Seite 70). Der Staat gibt jedem Riester-Sparer das Gleiche dazu. Doch nicht jedes Riester-Angebot ist für jeden gleich gut. Rentenversicherungen sollten zum Beispiel nur Menschen abschließen, die den vereinbarten Beitrag garantiert immer zahlen können. Auch innerhalb der einzelnen Produktgruppen decken die Finanztest-Untersuchungen immer wieder große Qualitätsunterschiede auf.

Auf mehrere Pferde setzen

Gesetzliche Rente und Riester-Rente werden den meisten Menschen noch nicht reichen, um im Alter keine finanziellen Sorgen zu haben. Es empfiehlt sich, über die Riester-Rente hinaus etwas für den Ruhestand zurückzulegen.

Staatlich gefördert werden neben der Riester-Rente zwei weitere Hartz-sichere

SO VIEL RENTE PRO MONAT BRINGEN 100 000 EURO

Ein Sparer, der 100 000 Euro mit 3 Prozent Zinsen anlegt, kann über 30 Jahre hinweg monatlich 419 Euro davon entnehmen. Erst dann wäre sein Geld weg. Begnügte er sich mit 247 Euro im Monat, würde sein Geld bei diesem Zins ewig reichen.

Jahre	Monatlich zur Verfügung stehende Rente (Euro) bei einem Zins von ... Prozent							
	0	2,5	3	3,5	4	4,5	5	5,5
5	1 667	1 773	1 795	1 817	1 838	1 860	1 882	1 904
10	833	941	964	986	1 009	1 032	1 055	1 079
15	556	665	689	712	736	760	785	810
20	417	529	553	577	602	628	654	680
25	333	447	472	498	524	551	578	606
30	278	394	419	446	473	501	530	559
35	238	356	383	410	438	468	498	528
40	208	328	356	384	414	444	475	507
ewig	–	**206**	**247**	**287**	**327**	**367**	**407**	**447**

Vorsorgeformen: die Betriebsrente und die Rürup-Rente. Betriebsrenten sind für Arbeitnehmer gedacht. Wer in Lohn und Brot steht, kann sich neben der gesetzlichen und der Riester-Rente eine Firmenvorsorge als drittes Standbein seiner Alterssicherung aufbauen.

Eine Altersversorgung über den Arbeitgeber gibt es in fünf verschiedenen Formen: als Pensionskasse oder Pensionsfonds, als Rentenversicherung in Form einer Direktversicherung, über eine Unterstützungskasse oder als Direktzusage. Welche Variante und welcher Anbieter zum Zuge kommen, entscheidet der Arbeitgeber für seine Mitarbeiter.

6	7	8	9	10
1 926	1 970	2 014	2 059	2 104
1 102	1 150	1 199	1 248	1 298
835	887	940	993	1 048
707	762	819	877	937
635	693	753	815	878
589	651	714	779	846
560	624	690	758	827
539	606	674	744	815
487	**565**	**643**	**721**	**797**

Sozialabgaben sparen

Arbeitnehmer, die eigenes Geld in eine Betriebsrente investieren, können Beiträge bis zur Obergrenze von 2 640 Euro (im Jahr 2010) steuerfrei einzahlen. Bis zu dieser Grenze sparen sie auch die Sozialabgaben dafür. Je nach Steuer- und Beitragssatz zahlt dadurch mancher hier nur die Hälfte des Sparbeitrags selbst oder sogar weniger. Den Rest bekommt er vom Staat dazu.

Über die 2 640 Euro hinaus können Arbeitnehmer seit 2005 weitere 1 800 Euro steuerfrei ansparen. Darauf müssen sie allerdings Sozialabgaben zahlen.

Vorsorge per Rürup-Rente

Die rein steuerlich geförderte Rürup-Rente zielt vor allem auf diejenigen ab, die selten von der Riester-Förderung und nie von einer betrieblichen Vorsorge profitieren können: die Selbstständigen. Für Angestellte kann diese Sparform manchmal aber auch geeignet sein (siehe Seite 102).

Bei der Rürup-Rente erkennt das Finanzamt Beiträge bis zu 20 000 Euro von Alleinstehenden und 40 000 Euro von Verheirateten an und zieht von den 2010 geleisteten Beiträgen 70 Prozent als Sonderausgaben ab. Alleinstehende können so ihr zu versteuerndes Einkommen aus dem Jahr 2010 um bis zu 14 000 Euro drücken, Ehepaare um bis zu 28 000 Euro. Und jedes Jahr wird es mehr: Der Prozentsatz, den Rürup-Sparer von ihren Beiträgen steuerlich absetzen können, steigt

DIE FÖRDERUNG IM DETAIL	
Für einen Riester-Vertrag gibt es Zulagen und Steuervorteile, eine Betriebsrente sparen Anleger steuer- und sozialabgabenfrei an, Rürup-Verträge werden steuerlich gefördert. Die Renten sind später alle steuerpflichtig und auf Firmenrenten fallen außerdem Kranken- und Pflegeversicherungsbeiträge an. Eine aus dem Nettoeinkommen angesparte private Rente ist dagegen weitgehend steuerfrei.	
Riester-Vertrag	
Vorteil	**Die Beiträge** bestehen aus eigenen Einzahlungen und aus Zulagen, die der Staat in den Vertrag einzahlt. Der Zuschuss vom Staat beträgt jedes Jahr 154 Euro Grundzulage und 185 Euro Zulage für jedes Kind, für das Anspruch auf Kindergeld besteht. Für ab 2008 geborene Kinder sind es 300 Euro im Jahr. Um volle Zulagen zu erhalten, muss der eigene Beitrag zusammen mit den Zulagen 4 Prozent des rentenversicherungspflichtigen Vorjahreseinkommens betragen, höchstens aber 2 100 Euro. In der Steuererklärung können Riester-Sparer für den Gesamtbetrag aus Zulagen und eigenen Beiträgen den Abzug als Sonderausgaben beantragen. Ist die Steuerersparnis durch den Abzug größer als die Zulagen, wird ihnen die Differenz erstattet.
Nachteil	**Die Rente oder Kapitalauszahlung** ist im Alter voll steuerpflichtig.
Betriebliche Altersvorsorge: Direktversicherung, Pensionskasse und Pensionsfonds	
Vorteil	**Die Beiträge** der Arbeitnehmer für die betriebliche Altersvorsorge zweigt der Arbeitgeber vom Bruttolohn ab. Sie sind bis zur Höhe von 4 Prozent der Beitragsbemessungsgrenze für die gesetzliche Rentenversicherung steuerfrei. Das sind 2 640 Euro im Jahr 2010. Für den steuerfrei eingezahlten Lohn sparen Arbeitnehmer die Sozialabgaben. Zusätzlich können sie – ohne Ersparnis von Sozialabgaben – 1 800 Euro Lohn im Jahr steuerfrei investieren, vorausgesetzt, sie haben keine Direktversicherung oder keinen Pensionskassen-Vertrag aus der Zeit vor 2005, in den sie pauschal versteuerten Lohn einzahlen.
Nachteil	**Die Rente oder Kapitalauszahlung** ist später voll steuerpflichtig. Auch Kranken- und Pflegeversicherungsbeiträge fallen darauf an.
Rürup-Rentenversicherung	
Vorteil	**Die Beiträge** zählen im Jahr 2010 bis zur Höhe von 70 Prozent in der Steuerabrechnung als Sonderausgaben. In den nächsten 17 Jahren erhöht sich der Prozentsatz jedes Jahr um 2 Prozent bis auf 100 Prozent im Jahr 2025. Maximal sind es ab 2025 20 000/40 000 Euro im Jahr (Alleinstehende/Ehepaare), die das Finanzamt zusammen mit den Beiträgen für die gesetzliche Rentenversicherung und berufsständische Versorgungswerke anerkennt.

Nachteil	**Renten,** die ab 2040 beginnen, sind voll steuerpflichtig. Bis dahin hängt der steuerpflichtige Teil vom Jahr des Rentenbeginns ab (siehe Tabelle Seite 18). Versicherte, die 2008 die erste Rente bekommen haben, mussten zum Beispiel 56 Prozent davon beim Finanzamt abrechnen.
Private Rentenversicherungen ohne Förderung – mit und ohne Kapitalwahlrecht	
Nachteil	**Die Beiträge** müssen Versicherte ohne Steuer-, Sozialabgabenersparnis und staatliche Zulagen finanzieren. Das gilt auch für Sofortrentenversicherungen gegen Einmalbeitrag (siehe Seite 162).
Vorteil	**Die Rente** ist später nur zum Teil steuerpflichtig. Der steuerpflichtige Teil hängt vom Alter bei Rentenbeginn ab. Beginnt sie mit 67 Jahren, sind zum Beispiel von 1 000 Euro Rente nur auf 170 Euro (17 Prozent) Steuern fällig.
Nachteil	**Die Kapitalauszahlung,** die Versicherte statt einer Rente erhalten können, ist nach Abzug der bis dahin gezahlten Beiträge voll steuerpflichtig. Das lässt sich aber mit einem Vertrag, der mindestens zwölf Jahre läuft und frühestens mit 60 Jahren das Kapital auszahlt, verhindern. Unter diesen Bedingungen ist nur die Hälfte des Kapitals, das nach Abzug der Beiträge bleibt, steuerpflichtig. Das Geld zählt zu den Kapitaleinnahmen, von denen der Sparerpauschbetrag von 801/1 602 Euro (Alleinstehende/Ehepaare) abgeht.

jedes Jahr stufenweise um 2 Prozent an; 2011 sind es 72 Prozent, bis im Jahr 2025 die Endstufe von 100 Prozent erreicht sein wird. Die Rente ist in gleichem Umfang steuerpflichtig wie die gesetzliche Rente.

Bisher gibt es die Rürup-Rente vor allem bei Lebensversicherern als „Basis-Rente“. Fondsgesellschaften und Banken bieten solche Verträge nur vereinzelt an.

In einem Fall ist diese Altersvorsorge immer sinnvoll: Sparer, die wissen, dass sie bald mit einer längeren Arbeitslosigkeit rechnen müssen, können hier kurzfristig viel einzahlen, um das Geld trotz Hartz IV für ihre Altersversorgung zu retten.

Der Mix muss stimmen

Alle anderen Altersvorsorgeprodukte, die angeboten werden, sind rein privater Natur. Sie werden vom Staat nicht gefördert, können dafür vom Sparer vergleichsweise frei gestaltet werden. Gespart wird hier aus versteuertem Nettoeinkommen. Von Kursgewinnen und Zinserträgen will der Staat später 25 Prozent abhaben.

Für private Renten- und Lebensversicherungen gelten allerdings andere steuerliche Richtlinien. Bei einmaligen Kapitalauszahlungen bleibt die Hälfte der Erträge vom Fiskus verschont, wenn der Sparer vorher mindestens 12 Jahre lang einzahlte und bei der Auszahlung mindestens 60 Jahre alt ist. Sonst sind die Erträge von einmaligen Auszahlungen bei Lebensversicherungen voll steuerpflichtig.

Günstig sind in Rentenform ausgezahlte Sparvermögen. Hier ist von jeder Rente nur der niedrige, sogenannte Ertragsanteil steuerpflichtig. Seine Höhe hängt vom Alter des Sparers bei Rentenbeginn ab. Wird die erste Rente mit 65 Jahren überwiesen, sind davon 18 Prozent steuerpflichtig. Von 500 Euro bleiben also 410 Euro komplett steuerfrei.

Jenseits der geförderten Vorsorge fahren Sparer gut, die sichere Anlagen mit eher mäßiger Rendite mit chancenreicheren, in der Regel riskanteren Investments kombinieren. Anleger sollten auch Sparformen nutzen, die sich kurzfristig und ohne Verlust auflösen lassen. Alles in langfristige Versicherungsverträge oder Sparanlagen mit fester Laufzeit zu stecken, wäre falsch.

Das Alter berücksichtigen

Die Renditechancen eines Aktienfondssparplans gepaart mit der hohen Flexibilität dieser Anlageform sollten sich junge Leute nicht entgehen lassen. Hier können sie ihre Zahlung stoppen, wenn ihnen das Geld ausgeht, oder die Fondsanteile verkaufen, sofern sie das Gesparte benötigen, etwa für den Kauf einer Immobilie.

Älteren Sparern empfiehlt sich eine konservative Anlage, bis ihre Grundversorgung im Alter gesichert ist. Beim Geld für späteren Luxus können auch sie den Kauf von Aktien und Aktienfonds wagen.

Die Renditechancen sind bei guter Fondsauswahl trotz der seit 2009 geltenden 25-prozentigen Abgeltungsteuer auf Kursgewinne besser als mit Festzinsanlagen.

Eine schlechte Alternative zum direkten Fondssparen sind Versicherungen auf Fondsbasis, sogenannte Fondspolicen. Sie fallen zwar nicht unter die Abgeltungsteuer, sind aber meist mit hohen Kosten für das Versicherungsgerüst belastet und das Fondsangebot, aus dem der Versicherte wählen kann, lässt auch noch zu wünschen übrig.

Den roten Faden im Auge behalten

Um für den Ruhestand zu sparen, bieten sich viele Wege an. Der Riester-Vertrag ist meist erste Wahl. Läuft das Leben in festeren Bahnen, könnten eine betriebliche und eine private Rentenversicherung dazukommen, vielleicht als Rürup-Rente.

Auch eine nicht geförderte private Rentenversicherung bringt Sicherheit im Alter und wird gering besteuert. Das kann für sehr junge Leute einmal wichtig werden, weil sie ihre gesetzliche Rente weitgehend oder vollständig versteuern müssen.

Mit einer Riester-Rente kann man früh anfangen, denn sie ist flexibel. Auch ein gutes Betriebsrentenangebot ist schon für jüngere Leute geeignet, besonders, wenn der Arbeitgeber Geld dazugibt.

Andere langfristige Altersvorsorgeverträge über Versicherungen eignen sich nur für sicher Etablierte. Die sichere Rendite von Versicherungen ist oft schmal, und die Produkte binden ihre Kunden in ein enges Korsett.

Eine private Zusatzrente kann man sich auch noch im Alter durch die Einzahlung einer größeren Summe Geldes auf einen Schlag sichern. Das dafür nötige Vermögen lässt sich vorher mit Fonds- oder Banksparen aufbauen (siehe Tabelle Seite 116 bis 119).

STEUERN IM ALTER

Jüngere Menschen werden als Rentner mehr Steuern zahlen müssen als ältere. Jeder neue Jahrgang, der seit 2005 sein Berufsleben beendet, bekommt immer weniger von seiner Rente, Pension und seinen Nebeneinnahmen steuerfrei. Jeder sollte deshalb auch die Steuerlast in seine Altersvorsorge einplanen.

Gesetzliche Rente, Rürup-Verträge

Gesetzlich Versicherte müssen damit rechnen, dass der Freibetrag für ihre gesetzliche Rente je nach Beginn bis zum Jahr 2040 auf null sinkt. Für alle, die Renten aus Rürup-Verträgen oder beruflichen Versorgungswerken erhalten werden, sieht die Situation genauso aus.
Beispiel: Ein 50-Jähriger, dessen Rente im Jahr 2025 anfängt, erhält noch 15 Prozent steuerfrei. Bezieht er im ersten Jahr nach Rentenbeginn 14 000 Euro, beträgt sein jährlicher Freibetrag bis ans Lebensende 15 Prozent davon, also 2 100 Euro. Wer 10 Jahre jünger ist und erst 2035 in Rente geht, hat noch einen Rentenfreibetrag von 5 Prozent, also 700 Euro bei einer Rente von 14 000 Euro (siehe Tabelle Seite 18).

Firmen- oder Beamtenpensionen

Viele Arbeitnehmer haben den Vorteil, dass die Firma sie zusätzlich mit einer Pensionszusage oder Unterstützungskasse für die Rente absichert. Diese beiden Durchführungswege haben den großen Vorzug, dass die Einzahlungen während des Berufslebens steuerfrei sind. Die Rechnung kommt später. Der Löwenanteil der Rente oder Kapitalauszahlung wird im Alter steuerpflichtig sein. Als spezielle Vergünstigungen gibt es nur einen Versorgungsfreibetrag und einen Zuschlag. Beide sinken bis zum Jahr 2040 auf null.
Beispiel: Bezieht ein Arbeitnehmer im Jahr 2025 mit 67 Jahren die erste Pension auf Steuerkarte, erhält er noch 12 Prozent als Versorgungsfreibetrag, höchstens sind es 900 Euro im Jahr. Dazu kommt ein Zuschlag von 270 Euro, so dass er von seiner Pension oder Kapitalzahlung maximal 1 170 Euro im Jahr steuerfrei erhält. Bei seinem heute 38-jährigen Bruder sind im Alter höchstens 390 Euro im Jahr steuerfrei, wenn er die erste Pension oder Kapitalzahlung im Jahr 2035 mit 67 Jahren erhält (siehe Tabelle Seite 19).

SO VIEL RENTE BLEIBT STEUERFREI

Je später der Ruhestand beginnt, desto weniger gesetzliche Rente und Rente aus beruflichen Versorgungswerken oder Rürup-Verträgen ist steuerfrei.

Beginn der Rente (Jahr)	**Lebenslanger Freibetrag für die Rente** (Prozent)[1]	**Freibetrag für 1 000 Euro Rente** (Euro)
Bis 2005	50	500
2006	48	480
2007	46	460
2008	44	440
2009	42	420
2010	40	400
Bis 2020	Jeder Jahrgang erhält 2 Prozent weniger.	Jeder Jahrgang erhält 20 Euro weniger.
2020	20	200
Bis 2040	Jeder Jahrgang erhält 1 Prozent weniger.	Jeder Jahrgang erhält 10 Euro weniger.
Ab 2040	0	0

1) Der Freibetrag wird von der Rente im Jahr nach Rentenbeginn berechnet und bleibt bis ans Lebensende gleich.

Riester- oder Betriebsrente mit Förderung

Besonders aufpassen müssen Riester-Sparer und alle Arbeitnehmer, die steuerfrei Lohn in Direktversicherungen, Pensionskassen oder Pensionsfonds ihrer Firma investieren. Sie bekommen von ihren Renten und Kapitalzahlungen im Alter keinerlei steuerfreien Anteil mehr.

Ob sie heutzutage 30 oder 50 Jahre alt sind, spielt für die Berechnung ihrer Steuerpflicht im Alter keine Rolle. Sie versteuern das Einkommen aus ihrer Rente oder einer einmaligen Kapitalzahlung später einfach mit ihrem persönlichen Steuersatz über die Steuererklärung, die sie jeweils im darauffolgenden Jahr machen.

Trotzdem lohnt sich die geförderte Altersvorsorge für viele, denn der Staat finanziert sie durch Zulagen, Steuer- und Sozialabgabenersparnisse mit.

Betriebsrenten ohne Förderung

Sehr günstig sind beim Finanzamt im Alter betriebliche Firmenrenten, deren Beiträge im Berufsleben mit versteuertem Einkommen finanziert werden – wie pauschal versteuerte Direktversicherungen.

Beispiel: Wer mit 67 Jahren die erste Rente aus einem solchen Vertrag erhält, muss von 1 000 Euro Rente nur 170 Euro versteuern. 830 Euro (83 Prozent) sind steuerfrei. Je später die Rente beginnt, desto besser (siehe Tabelle Seite 20).

SO SINKEN DIE FREIBETRÄGE FÜR PENSIONEN

Jeder neue Jahrgang, der eine Beamten- oder Firmenpension (aus Pensionszusage oder Unterstützungskasse) auf Lohnsteuerkarte bezieht, erhält vom Finanzamt geringere Freibeträge.

Beginn der Pension[1] (Jahr)	**Versorgungsfreibetrag**[2] (Prozent)	**Höchster Versorgungsfreibetrag im Jahr** (Euro)	**Jährlicher Zuschlag**[2] (Euro)	**Maximaler Freibetrag im Jahr** (Euro)
Bis 2005	40,0	3 000	900	3 900
2006	38,4	2 880	864	3 744
2007	36,8	2 760	828	3 588
2008	35,2	2 640	792	3 432
2009	33,6	2 520	756	3 276
2010	32,0	2 400	720	3 120
Bis 2020	Jeder Jahrgang erhält 1,6 Prozent weniger.	Jeder Jahrgang erhält 120 Euro weniger.	Jeder Jahrgang erhält 36 Euro weniger.	Jeder Jahrgang erhält 156 Euro weniger.
2020	16,0	1 200	360	1 560
Bis 2040	Jeder Jahrgang erhält 0,8 Prozent weniger.	Jeder Jahrgang erhält 60 Euro weniger.	Jeder Jahrgang erhält 18 Euro weniger.	Jeder Jahrgang erhält 78 Euro weniger.
2040	0	0	0	0

1) Die Höhe der Freibeträge hängt vom Jahr ab, in dem die Pension beginnt. Firmenpensionäre erhalten sie aber frühestens ab dem 63. Lebensjahr; Schwerbehinderte ab dem 60. Lebensjahr. Keine Altersgrenze gilt für Beamtenpensionen oder wenn Firmenpensionen wegen Berufs-, Erwerbsunfähigkeit oder an Hinterbliebene gezahlt werden.

2) Der Versorgungsfreibetrag und der Zuschlag werden von der ersten vollen Monatspension berechnet. Die Höhe bleibt für die gesamte Laufzeit gleich.

Auch einmalige Kapitalzahlungen haben Steuervorteile. Sie sind unterschiedlich, je nachdem, ob der Vertrag vor oder nach 2005 geschlossen wurde.

Vertrag ab 2005. Bei seit 2005 geschlossenen Firmenverträgen muss der Vertrag mindestens zwölf Jahre laufen und die Auszahlung darf frühestens mit 60 Jahren erfolgen. Bei Vertragsbeginn seit 1. April 2009 muss der Todesfallschutz außerdem mindestens 50 Prozent der Beitragssumme über die gesamte Laufzeit betragen. Dann zieht das Finanzamt von der Auszahlung später die bis dahin gezahlten Versicherungsbeiträge ab und lässt von der Differenz die Hälfte steuerfrei. Die andere Hälfte versteuern Versicherte mit ihrem persönlichen Steuersatz über die Steuererklärung.

Bei Verträgen, die nicht die Bedingungen erfüllen, überweist der Versicherer dagegen für die volle Differenz 25 Prozent Abgeltungsteuer an das Finanzamt, wenn der Sparerpauschbetrag von 801 (Ehepaare: 1 602) Euro überschritten ist (siehe Seite 193).

Vertrag vor 2005. Bei Vertragsbeginn vor 2005 ist die gesamte Kapitalzahlung nach zwölf Jahren Laufzeit und fünf Jahren Beitragszahlung voll steuerfrei. Wenn der Vertrag nach dem 31. März (bei Direktversicherungen nach dem 31. Dezember)

IM BERUFSLEBEN VERSTEUERTE FIRMENRENTEN GÜNSTIG IM ALTER

Von Firmenrenten ist im Alter der Löwenanteil steuerfrei, wenn die Beiträge im Berufsleben voll oder pauschal versteuert wurden. Dann sind betriebliche Direktversicherungen, Pensionskassen und Pensionsfonds im Alter günstig.[1)]

Alter bei Rentenbeginn (Jahr)	**Steuerfreier Teil der Rente** (Prozent)	**Steuerfreier Teil von 1 000 Euro Rente** (Euro)
60/61	78	780
62	79	790
63	80	800
64	81	810
65/66	82	820
67	83	830

1) Genauso viel ist von Renten aus privaten Rentenversicherungen steuerfrei.

SO SINKT DIE ENTLASTUNG FÜR NEBENEINKÜNFTE

Für Arbeitslöhne und Nebeneinkünfte erhalten Rentner und Pensionäre ab dem Jahr, in dem sie am 1. Januar zum ersten Mal 64 Jahre alt sind, einen Altersentlastungsbetrag. Für alle, die dieses Alter in den Jahren 2006 bis 2040 erreichen, sinkt die Höhe.

Das 64. Lebensjahr ist zum ersten Mal erreicht am 1. Januar	Altersentlastungsbetrag in Prozent des Arbeitslohns oder der Nebeneinkünfte	Höchster Altersentlastungsbetrag im Jahr (Euro)
2005 oder früher	40,0	1 900
2006	38,4	1 824
2007	36,8	1 748
2008	35,2	1 672
2009	33,6	1 596
2010	32,0	1 520
Bis 2020	Jeder Jahrgang erhält 1,6 Prozent weniger.	Jeder Jahrgang erhält 76 Euro weniger.
2020	16,0	760
Bis 2040	Jeder Jahrgang erhält 0,8 Prozent weniger.	Jeder Jahrgang erhält 38 Euro weniger.
2040	0,0	0

1996 geschlossen wurde, sind außerdem 60 Prozent Todesfallschutz Bedingung.

Ist eine dieser Bedingungen nicht erfüllt, sind die vom Versicherer berechneten Erträge in der Ablaufleistung Kapitaleinnahmen, für die nach Abzug des Sparerpauschbetrags von 801 (Ehepaare: 1 602) Euro 25 Prozent Abgeltungsteuer fällig sind.

Nebeneinkünfte

Bei allen, die mit Immobilien, Wertpapieren oder Sparbüchern für ihr Alter vorsorgen, wird der Altersentlastungsbetrag für Nebeneinkünfte bis zum Jahr 2040 abgebaut. Das erste Mal kann ihn jeder in dem Jahr bekommen, in dem er am 1. Januar 64 Jahre alt ist. Für jeden Jahrgang, der dieses Lebensjahr neu erreicht, sinkt der Altersentlastungsbetrag.

Beispiel: Ein 50-Jähriger, der Anfang 2024 das erste Mal 64 Jahre alt ist, kassiert Mieteinkünfte von 10 000 Euro noch bis zur Höhe von 608 Euro steuerfrei. Ein 30-Jähriger erhält gar keinen Altersentlastungsbetrag, weil er im Jahr 2040 erst 60 Jahre alt sein wird (siehe Tabelle oben).

Anleger profitieren seit 2009 vom Altersentlastungsbetrag nur noch, wenn sie für ihre Kapitaleinkünfte nicht 25 Prozent Abgeltungsteuer, sondern ihren persönlichen Grenzsteuersatz zahlen. Dazu geben sie ihre Zins- und anderen Kapitaleinnahmen in der Steuererklärung an. So erreichen sie, dass ihr Finanzamt den Altersentlastungsbetrag berücksichtigt.

Hat die Bank während des Jahres zu viel Abgeltungsteuer von ihren Kapitaleinnahmen abgezogen, erhalten sie zu hohe Beträge vom Finanzamt zurück. Als groben Richtwert können sie sich merken: Wenn sie inklusive Kapitaleinkünfte Einkommen unter 15000 Euro (Ehepaare unter 30000 Euro) versteuern müssen, ist ihr persönlicher Grenzsteuersatz niedriger als 25 Prozent.

Mit Altersentlastungsbetrag können sich Kapitaleinnahmen in der Steuererklärung auch mit etwas höherem Einkommen lohnen.

AUCH ANS HIER UND JETZT DENKEN

Bevor Sparer Geld fürs Alter zurücklegen, müssen sie eine andere Sache regeln: eine private Haftpflichtversicherung mit drei Millionen Euro Deckungssumme abschließen und mit ausreichendem Todesfallschutz dafür sorgen, dass die, für die sie sorgen, nicht mittellos sind, wenn sie selbst plötzlich sterben. Vor allem für Eltern minderjähriger Kinder ist das wichtig.

Unverzichtbar ist noch eine weitere Vorsorge: die gegen das Risiko der Berufsunfähigkeit.

Viele Menschen kümmern sich nicht um diesen Schutz, weil sie die Gefahr, dass sie krankheitsbedingt aus dem Beruf ausscheiden, für äußerst gering halten. Einige glauben sogar, das Geld, das sie bei Berufsunfähigkeit vom Staat bekämen, reiche ihnen. Zwei fatale Irrtümer.

Das Risiko, aus gesundheitlichen Gründen aus dem Beruf ausscheiden zu müssen, ist größer als viele denken. Jeder fünfte Angestellte und jeder vierte Arbeiter wird vor Erreichen des Rentenalters berufsunfähig. So krank werden, dass das Arbeiten auf Dauer unmöglich ist, kann jeder. Eine gute Berufsunfähigkeitsversicherung ist deshalb für Arbeitnehmer, Selbstständige, Freiberufler und Künstler genauso wichtig wie für Hausfrauen.

Auch für Schreibtischtäter

Ein Blick auf die häufigsten Ursachen von Berufsunfähigkeit genügt, um zu sehen: Es kann jeden treffen. Die Hauptursachen sind psychische Krankheiten, Rückenleiden und andere Erkrankungen des Bewegungsapparats, Krebs sowie schwere Herz-Kreislauf-Erkrankungen. Auf den Staat ist im Ernstfall kein Verlass (siehe Kasten rechts). Wer zum Beispiel mit Mitte vierzig krankheitshalber nur noch Teilzeit oder gar nicht mehr arbeiten kann, dem nützt selbst der sorgfältig ausgeklü-

INFO Loch im sozialen Netz

Bei Berufsunfähigkeit zahlt die gesetzliche Rentenversicherung nichts mehr. Nur wer aus gesundheitlichen Gründen gar nicht mehr arbeiten kann, erhält eine Rente. Mager war die staatliche Berufsunfähigkeitsrente schon immer. Seit Anfang 2001 ist sie ganz abgeschafft. Stattdessen gibt es jetzt die sogenannte Erwerbsminderungsrente.
Die volle Erwerbsminderungsrente – zurzeit durchschnittlich 660 Euro im Monat – erhält aber nur, wer aus gesundheitlichen Gründen nicht mehr in der Lage ist, drei Stunden täglich irgendeiner Arbeit nachzugehen. Versicherte, die noch drei Stunden, aber keine sechs Stunden täglich arbeiten können, erhalten nur die halbe Erwerbsminderungsrente.
Es spielt es keine Rolle, welche berufliche Qualifikation jemand hat. Die Versicherten sind gezwungen, jeden Job anzunehmen, den das Arbeitsamt ihnen vermittelt. Nur wenn das Arbeitsamt den Betroffenen nachweislich keine Arbeitsstelle anzubieten hat, bekommen sie die volle Erwerbsminderungsrente, auch wenn sie eigentlich noch halbtags arbeiten könnten. Dazu muss der Versicherte seinem Rentenversicherungsträger aber regelmäßig Belege dafür vorlegen, dass er immer noch zu krank für eine Vollzeitstelle ist und auch weiterhin keinen Teilzeitjob finden kann.

Vom Abteilungsleiter zum Pförtner

Arbeitnehmer, die nach dem 1. Januar 1961 geboren sind, treffen die Auswirkungen dieser Reform am härtesten, besonders in höher qualifizierten Berufen. Können sie in ihrem Beruf nicht mehr arbeiten, weil sie dafür zu krank sind, müssen sie jede Arbeit annehmen, die ihnen noch möglich ist.
Der Abteilungsleiter, der seinem Beruf wegen Depressionen nicht mehr gewachsen ist, müsste sich zum Beispiel im Rathaus an die Pforte setzen lassen. Weigert er sich, erhält er kein Geld von der Rentenkasse. Macht er den Job, kann er möglicherweise wenigstens eine Teilrente bekommen.
Bevor die Berufsunfähigkeitsrente gestrichen wurde, konnten sich gesetzlich Rentenversicherte auf ihre Ausbildung berufen. So durften Hochschulabsolventen bei Berufsunfähigkeit nur auf andere hoch qualifizierte Tätigkeiten verwiesen werden.

Kleiner Bestandsschutz für Ältere

Für diejenigen, die vor 1961 geboren sind, gibt es immerhin einen kleinen Trost. Sie können weiterhin eine Berufsunfähigkeitsrente bei der gesetzlichen Rentenversicherung beantragen, wenn sie aus gesundheitlichen Gründen nicht mehr in ihrem Beruf oder in vergleichbaren zumutbaren Berufen arbeiten können. Betroffene können dann eine halbe Erwerbsminderungsrente erhalten, auch wenn sie noch in der Lage wären, irgendeine andere Arbeit auszuführen.
Einen echten Vertrauensschutz gibt es aber lediglich für diejenigen, die bis Ende 2000 bereits eine Berufs- oder Erwerbsunfähigkeitsrente bezogen haben. Nur für sie hat sich durch die Reform nichts geändert.

gelte Altersvorsorgeplan nichts. Denn dann ist die Versorgungslücke sofort da – besonders drastisch in jungen Familien mit nur einem Einkommen. Deshalb sollte jeder sich erst einmal für den Fall absichern, dass er aus gesundheitlichen Gründen nicht mehr in seinem Beruf arbeiten kann. Erst wenn diese Frage geklärt ist, kann er darangehen, für sein Alter vorzusorgen.

Wichtiger als Altersvorsorge

Jeder, der die Chance dazu hat, sollte eine private Berufsunfähigkeitsversicherung abschließen. Häufig sind Berufsunfähigkeitsversicherungen mit einer Risikolebensversicherung kombiniert. Damit sind die Angehörigen abgesichert, falls der Versicherte stirbt.

Gute Bedingungen sind bei der Auswahl viel wichtiger als der Preis. Die Bedingungen in den Verträgen und die Qualität der Antragsformulare werden von Finanztest regelmäßig bewertet.

Da selbst bei gleich gut bewerteten Policen die Preisunterschiede groß sind, kommt der Preis aber nach dem Qualitätsvergleich ins Spiel. Liegen einem Kunden mehrere, am besten mit einem „Sehr gut" bewertete Angebote vor, ist das preiswerteste für ihn das beste.

In der Finanztest-Untersuchung von 2009 wurden die Preise für einen Beispielfall erhoben. 30-jährige Diplomkaufleute schlossen eine Risikolebensversicherung kombiniert mit einer Berufsunfähigkeitsversicherung ab. Die vereinbarte Rente belief sich auf 2 000 Euro, die Todesfallsumme der integrierten Risikolebensversicherung betrug 50 000 Euro. Der Vertrag sollte mit 65 Jahren enden.

Für ein „sehr gutes" Angebot hätte eine Frau in diesem Beispiel zwischen 882 Euro (Hannoversche Leben) und 1 996 Euro (Inter) im Jahr aufbringen müssen. Bei Männern reichte die Preisspanne unter den „sehr gut" bewerteten Tarifen von 824 Euro (Cosmos) bis 1 720 Euro (Arag). Männer zahlen etwas weniger als Frauen, weil sie statistisch betrachtet seltener berufsunfähig werden.

Nicht jeder kommt rein

Es gibt viele sehr gute Angebote für Berufsunfähigkeitsversicherungen, und viele sind bezahlbar. Doch Versicherer fürchten sich vor Kunden, die später berufsunfähig werden, und sieben ohne Gnade aus.

Je höher das Risiko, dass der Versicherte berufsunfähig werden könnte, desto höher ist schon einmal der Beitrag. Die Versicherer teilen die Berufe zum Beispiel in Risikogruppen ein. Lehrer und Berufsmusiker, aber auch Menschen, die in ihrem Beruf schwere körperliche Arbeit verrichten müssen wie viele Handwerker,

TIPP **Berufsunfähigkeit: Darauf achten**

Früh einsteigen. Schließen Sie so früh wie möglich eine private Berufsunfähigkeitsversicherung ab. Je niedriger das Einstiegsalter, desto günstiger sind auch die Beiträge für den Versicherungsschutz und desto eher bekommen Sie noch einen Vertrag ohne Ausschluss oder Risikozuschlag.

Durchhalten. Die Versicherer machen es vor allem körperlich arbeitenden Menschen schwer, einen günstigen Versicherungsschutz zu guten Bedingungen zu finden. Bleiben Sie hartnäckig. Fragen Sie parallel bei mehreren Gesellschaften nach, um ein geeignetes Angebot zu finden.

Lücken vermeiden. Berufsunfähigkeitsversicherungen bieten oft nur eine Rente bis zum 60. Lebensjahr an. Drängen Sie darauf, dass der Vertrag bis 65 oder 67 Jahre läuft, damit bis zum Beginn der Altersrente keine Lücke entsteht.

werden von den Versicherungsgesellschaften häufig sogar abgelehnt.

Zusätzlich zum Beruf wird die Gesundheit der Antragsteller erfragt. Es gibt „schwarze Listen". Wer schon einmal mit psychischen Erkrankungen zu tun hatte, bekommt in der Regel nirgendwo eine Versicherung, ebenso wenig wie Diabetiker, Epileptiker oder Menschen, die an einer schweren Herzkrankheit leiden. Für andere Krankheiten gibt es Leistungsausschlüsse oder die Kunden müssen Risikozuschläge zahlen.

Menschen, die keinen Vertrag erhalten, können ein großes Risiko in ihrem Leben nicht versichern. Um Idealkunden bemühen sich die Versicherer dagegen umso mehr und bieten ihnen Verträge mit immer höherer Qualität an.

In jungen Jahren abschließen

Wegen der rigiden Auslese, die Anbieter vornehmen, ist es sinnvoll, so früh wie möglich eine solche Versicherung abzuschließen, denn mit dem Alter steigt auch die Wahrscheinlichkeit, krank zu werden. Einfacher zu bekommen und deutlich billiger ist eine Unfallversicherung oder Unfallrentenversicherung. Doch die ist als Schutz bei einer Berufsunfähigkeit unzulänglich. Denn deutlich weniger als 10 Prozent der Fälle von Berufsunfähigkeit entstehen durch einen Unfall. Und nur in diesen relativ seltenen Fällen gibt es Geld von der Unfallversicherung.

Auch eine Erwerbsunfähigkeitsversicherung ist nur eine Teillösung, denn sie zahlt nur, wenn jemand nicht mehr in der Lage ist, irgendetwas zu arbeiten.

DAS SICHERE FUNDAMENT

Das Netz einer obligatorischen Altersvorsorge ist hierzulande eng geknüpft. Ob Arbeitnehmer in der privaten Wirtschaft oder Beschäftigte des öffentlichen Dienstes – für sie alle gibt es eine staatlich organisierte Altersvorsorge. Und viele Selbstständige sind verpflichtet, einem berufsständischen Versorgungswerk beizutreten.

FÜR FAST ALLE: DIE GESETZLICHE RENTENVERSICHERUNG

Sie ist in Deutschland die Altersvorsorge schlechthin: Für die meisten Erwerbstätigen ist die gesetzliche Rentenversicherung Pflicht. Das gilt für alle Angestellten und Arbeiter sowie die Auszubildenden. Einige Gruppen von Selbstständigen müssen ebenfalls in die Rentenversicherung einzahlen. Das sind Handwerksmeister, Angehörige freier Lehrberufe und Erzieher, Hebammen, Seelotsen, Küstenschiffer, Künstler und Publizisten. Auch die Wehr- und Zivildienstleistenden sind Beitragszahler. Ihren Obolus übernimmt allerdings der Staat.

Wer Krankengeld, Arbeitslosengeld oder andere Entgeltersatzleistungen bezieht, ist ebenfalls Mitglied der Rentenversicherung. Zu den Versicherten zählen ferner Mütter und Väter in der Elternzeit, Menschen, die Angehörige nicht erwerbsmäßig pflegen, und Behinderte, die in Behindertenwerkstätten arbeiten.

Die größte Gruppe der Pflichtversicherten sind die Arbeitnehmer. Ihr Arbeitgeber führt einen festgelegten Teil ihres Bruttolohns an die Rentenversicherung ab. Der Beitragssatz, den sich Arbeitnehmer und Arbeitgeber teilen, beträgt zurzeit 19,9 Prozent. Der Beitrag hängt also vom Arbeitsentgelt ab.

Übersteigt der Bruttoverdienst eine bestimmte Höhe, steigt der Rentenbeitrag nicht mehr weiter. Diese Beitragsbemessungsgrenze liegt 2010 bei monatlich 5 500 Euro in den alten und bei 4 650 Euro in den neuen Bundesländern.

Die Höchstbeiträge liegen somit bei 1 094,50 Euro und 925,35 Euro. Mehr muss keiner bezahlen, auch wenn er noch so viel verdient.

Selbstständige, die rentenversicherungspflichtig sind, haben zwei Möglichkeiten. Sie zahlen entweder den sogenannten Regelbeitrag oder aber 19,9 Prozent aus ihrem Arbeitseinkommen in die Rentenversicherung ein. Dieser Regelbeitrag liegt derzeit bei 508,45 Euro in den alten und 431,83 in den neuen Bundesländern. Wer den Regelbeitrag einzahlt, braucht sein tatsächliches Einkommen nicht nachzuweisen.

Wer zahlt wie ein?

Selbstständige Lehrer, Erzieher, Hebammen, Seelotsen, Küstenschiffer, Küstenfischer, Handwerker, Selbstständige mit nur einem Auftraggeber (Scheinselbstständige) und solche, die sich selbst für die gesetzliche Rentenversicherung entschieden haben, müssen ihre Beiträge zur Rentenversicherung alleine tragen.

Landwirte sind über die Alterssicherung der Landwirte rentenversichert.

GESETZLICHE RENTE

Die gesetzliche Rente ist sicher – wie die Finanzkrise gezeigt hat.

- **Renditechance** (↘)
- **Sicherheit** (↗)
- **Flexibilität** (↘)
- **Bequemlichkeit** (↗)

Einen geringen Teil ihrer Beiträge müssen sie selbst zahlen. Der größere Teil wird über einen Bundeszuschuss gedeckt.

Wer innerhalb eines Jahres sowohl selbstständig als auch angestellt arbeitet, muss für beide Einkommensarten Beiträge in die Rentenversicherung einzahlen.

Selbstständige können sich unter Umständen von der Versicherungspflicht befreien lassen. Die Voraussetzungen dafür unterscheiden sich je nach Berufsgruppe, Alter und Dauer der Selbstständigkeit aber erheblich. Die berufsständischen Vertretungen und Kammern helfen, die Möglichkeiten zu prüfen.

Minijobs und Niedriglohnjobs

Menschen mit niedrigen Einkommen, zum Beispiel aus einem Minijob als Kellner oder Zeitungszusteller, müssen keine Beiträge zur Rentenversicherung einzahlen. Allerdings dürfen ihre Bezüge dann 400 Euro im Monat nicht übersteigen. Rentenversichert sind sie gleichwohl. Der Arbeitgeber muss 15 Prozent Zuschlag zum Lohn an die Bundesknappschaft abführen. Sie ist die Rentenversicherungsträgerin für die Minijobber.

Für Beschäftigte in privaten Haushalten gelten andere Sätze. Für sie zahlt der Arbeitgeber nur 5 Prozent Rentenversicherungsbeitrag als Zuschlag an die Knappschaft. Minijobber und geringfügig Beschäftigte in Privathaushalten können ihre Beiträge auf den regulären Satz von 19,9 Prozent aufstocken. Minijobber beteiligen sich dann mit 4,9 Prozent aus ihrem

Verdienst an den Beiträgen. Haushaltshilfen müssen 14,9 Prozent ihres Miniverdienstes abführen, um auf 19,9 Prozent zu kommen. Damit erwerben sie jedes Jahr einen Rentenanspruch von knapp 5 Euro im Monat.

Die Zeit des Minijobs zählt dann als Versicherungszeit. Das ist für viele wichtig, um die Mindestversicherungszeit für einen Rentenanspruch zu erreichen. Außerdem erfüllt der Jobber so die Voraussetzungen für Zusatzleistungen der Rentenversicherung. Er kann beispielsweise eine Reha-Maßnahme bekommen. Außerdem hat er Anspruch auf eine vorgezogene Altersrente, etwa für Versicherte, die mindestens 35 Versicherungsjahre auf dem Rentenkonto haben. Auch bei verminderter Erwerbsfähigkeit hat er einen Rentenanspruch.

Je mehr und je länger ein Versicherter Beiträge gezahlt hat, desto höher ist seine Rente. Weil die gesetzliche Rente Teil des sozialen Sicherungssystems ist, entscheiden aber auch andere Faktoren als der eigene Beitrag über die Rentenhöhe. Es kann Lebensabschnitte geben, in denen Versicherte gar keinen oder nur wenig Beitrag zahlen können, weil sie beispielsweise Kinder erziehen, Angehörige pflegen, arbeitslos sind, Wehr- oder Zivildienst leisten oder eine Schul- oder Hochschulausbildung machen. In diesen Phasen zahlt der Versicherte keine Beiträge, dennoch bekommt er vom Rentenversicherungsträger eine Gutschrift auf sein Versicherungskonto, die seine Rente erhöht.

Ausgleich für Frauen

Frauen erreichen im Schnitt 15 Versicherungsjahre weniger als Männer. Der Hauptgrund dafür sind Jobpausen wegen Kindererziehung. Außerdem sind ihre Ansprüche häufig nach längerer Teilzeittätigkeit niedriger. Je mehr Kinder eine Frau hat, umso weniger Rente bekommt sie meistens später einmal. Um diese Nachteile zumindest teilweise zu mildern, gibt es in der Rentenversicherung mehrere Ausgleichsleistungen:

- Kindererziehungszeiten: Der Ausgleich für Kindererziehung ist in der Rentenversicherung in den ersten drei Lebensjahren eines Kindes am höchsten. Für alle nach dem 31. Dezember 1991 geborenen Kinder werden der Mutter – oder auf Antrag dem Vater – drei Jahre Beitragszeiten auf Basis des Durchschnittseinkommens gutgeschrieben, also drei Entgeltpunkte. Wurde ein Kind 1991 oder früher geboren, erhalten Mutter oder Vater Beitragszeiten für nur ein Jahr.

Die Zahl der Entgeltpunkte ist maßgeblich für die Höhe der späteren Rente. Wer im Jahr so viel verdient wie der Durch-

INFO Früher in Rente mit weniger Geld

Alle nach 1946 geborenen Versicherten können nicht mehr ohne Abschlag in Rente gehen, wenn Sie 65 Jahre alt geworden sind. Für sie wird das Rentenalter stufenweise heraufgesetzt. So müssen alle im Jahr 1947 Geborenen arbeiten, bis sie 65 Jahre und einen Monat alt sind, um abschlagsfrei in Rente gehen zu können. Beim Geburtsjahrgang 1948 liegt die Grenze bei 65 Jahren und zwei Monaten. Und sie steigt bis zum Jahrgang 1958 weiter um jeweils einen Monat pro Jahr. Für die Jahrgänge 1959 bis 1964 steigt sie dann um jeweils zwei Monate pro Jahr – bis auf 67 Jahre. So gehen Versicherte des Jahrgangs 1962 mit 66 Jahren und acht Monaten in Rente. Beim Jahrgang 1963 sind es 66 Jahre und zehn Monate. 1964 und später Geborene müssen bis 67 arbeiten. Es sei denn, sie haben mindestens 45 Jahre Beiträge gezahlt. Diese „besonders langjährig Versicherten" können sich auch künftig mit 65 Jahren zur Ruhe setzen, ohne Abstriche bei der Rente machen zu müssen. Alle anderen müssen Abschläge in Kauf nehmen. Für die Abschläge gilt die Faustregel: Jeder Monat vorgezogener Renteneintritt kostet 0,3 Prozent Abschlag. Außerdem ist ein vorzeitiger Ruhestand auch dann an bestimmte Voraussetzungen geknüpft. Diese Voraussetzungen erfüllen „langjährig Versicherte" (das heißt alle mit mindestens 35 Versicherungsjahren), Schwerbehinderte, Arbeitslose, Altersteilzeitbeschäftigte sowie Frauen. Für die letzten drei Gruppen läuft diese Form der vorzeitigen Altersrente jedoch ganz aus. Sie gilt nur noch für vor 1952 Geborene. Später geborene Arbeitslose, Altersteilzeitler und Frauen können nur früher in Rente gehen, wenn sie langjährig oder besonders langjährig versichert oder schwerbehindert sind.

Beispiel: Ein 1964 geborener Versicherter, der insgesamt 43 Jahre lang Beiträge bezahlt und in dieser Zeit immer so viel verdient hat wie der Durchschnitt aller Versicherten, kann nach heutiger Regelung in den alten Bundesländern mit einer Rente von 1 170 Euro im Monat rechnen, wenn er mit 67 in Rente geht. Will er sich bereits mit 65 Jahren zur Ruhe setzen, muss er auf 7,2 Prozent (24 Monate x 0,3 Prozent) seiner bis dahin erworbenen Rentenansprüche verzichten. Die sind geringer als mit 67, denn er hat bis zu seinem 65. Geburtstag nicht 43 Jahre, sondern nur 41 Jahre Beiträge bezahlt. Mit Abschlag kommt er dann nach heutigem Rentenwert auf 1 035 Euro im Monat. Dies ist ein Minus von 135 Euro. Der Abschlag fällt nicht nur bis zur Vollendung des 67. Lebensjahres an. Einmal entstanden, bleibt er für immer.

schnitt aller Versicherten, bekommt einen Punkt. Wer mehr oder weniger verdient, bekommt entsprechend mehr oder weniger Entgeltpunkte gutgeschrieben. Für einen Entgeltpunkt gibt es derzeit in den alten Bundesländern eine Rente von 27,20 Euro, in den neuen Ländern 24,13 Euro.

Müttern oder Vätern, die in den drei Jahren nach der Geburt eines Kindes versicherungspflichtig beschäftigt sind, also Rentenversicherungsbeiträge zahlen, werden die Entgeltpunkte für die Erziehungszeit zusätzlich gutgeschrieben. Einer Durchschnittsverdienerin bringt dies einen zusätzlichen Rentenanspruch von derzeit rund 80 Euro im Monat.

In den meisten Fällen werden die Erziehungszeiten dem Rentenkonto der Mutter gutgeschrieben.

Dass überwiegend die Mütter profitieren, ist berechtigt, denn die meisten Väter unterbrechen nach der Geburt des Kindes keineswegs ihre Berufstätigkeit.

Väter verringern ihre Erwerbstätigkeit im Gegensatz zu Müttern auch nur äußerst selten auf eine Teilzeitbeschäftigung, um mehr Zeit für ihre Kinder zu haben.

- Kinderberücksichtigungszeiten: Zwischen dem dritten und zehnten Geburtstag werden eigene Rentenversicherungsbeiträge höher bewertet, sofern der Verdienst der Eltern in dieser Zeit unter dem Durchschnittsverdienst liegt. Kinderberücksichtigungszeiten zählen auch für bestimmte Wartezeiten mit.
- Rentenzuschläge: Werden mehrere Kinder erzogen, gibt es Rentenzuschläge.

Rentenplus für Pflegende

Eine Gutschrift aufs Versicherungskonto gibt es auch für die Pflege von Angehörigen. Die Beiträge zahlt die Pflegeversicherung; allerdings nur, wenn bei dem zu Pflegenden eine der drei Pflegestufen der gesetzlichen Pflegeversicherung festgestellt wurde. Der Pflegebedürftige kann bei seiner Pflegeversicherung einen Antrag stellen, damit derjenige, der ihn pflegt, dafür ein Rentenplus bekommt.

Hat der Pflegebedürftige seine Pflegepflichtversicherung bei einer privaten Versicherungsgesellschaft abgeschlossen, muss er den Antrag dort stellen. Der Pflegende erhält einen Fragebogen von der zuständigen Stelle. Üblicherweise wird der Pflegeaufwand erst noch individuell nachgeprüft, bevor er anerkannt wird. Ist der Anspruch anerkannt, melden die Pflegekassen den Pflegenden an und zahlen für ihn Beiträge. Rentenbeiträge für Pflegende sind Pflichtbeiträge. Die Pflegezeit wird deshalb auf alle Mindestversicherungszeiten angerechnet. Sie kann nicht nur einen Anspruch auf eine Altersrente, sondern auch auf eine Erwerbsminderungsrente begründen. Für eine Altersrente muss der Versicherte zum Beispiel mindestens fünf Jahre Pflichtbeiträge geleistet haben.

Die Pflegekassen übernehmen Rentenversicherungsbeiträge für die Pflegenden in allen Pflegestufen aber nur, wenn diese mindestens 14 Stunden in der Woche mit der Pflege zubringen. Ist der zeitliche Aufwand höher, können bis zu 28 Stunden wöchentlich (Pflegestufe III) in Rentenbeiträgen berücksichtigt werden.

Es ist auch zulässig, dass sich mehrere Personen die Pflege teilen. Sind sie alle im Wochenschnitt 14 Stunden mit der Pflege beschäftigt, können alle Rentenbeiträge von der Pflegekasse bekommen. Ausgeschlossen ist ein Rentenplus durch Pflege, wenn der Pflegende mehr als 30 Stunden pro Woche einer Erwerbstätigkeit nachgeht, egal, ob als Angestellter oder Selbstständiger. Auch für Zivildienstleistende

CHECKLISTE **Alle Ansprüche sichern**

- **Unterlagen.** Wenn Sie eine Rente beantragen, müssen Sie viele Unterlagen vorlegen. Je früher Sie diese gesammelt haben, desto besser. Machen Sie sich lieber schon jetzt die Arbeit und veranlassen Sie eine Kontenklärung beim Rentenversicherungsträger.
- **Auskunft.** Fragen beantworten die Rentenversicherungsträger unter der Telefonnummer 08 00/10 00 48 00. Der Anruf ist kostenlos. Sie können auch eine persönliche Beratung in Anspruch nehmen. Die Anschrift einer Beratungsstelle in Ihrer Nähe erfahren Sie unter der genannten Telefonnummer oder im Internet unter www.deutsche-rentenversicherung.de.
- **Ausbildung.** Studienzeiten sind immer noch wichtig, wenn es darum geht, ob Sie eine Mindestversicherungszeit erfüllen. Sie können sie beispielsweise mit Zeugnissen belegen. Nachweise über Lehrzeiten sind beispielsweise Lehr- oder Gesellenbriefe sowie Bescheinigungen des Arbeitgebers.
- **Erziehungszeiten.** Meist trägt die Mutter das Gros der Erziehungsleistung. Eltern können aber durch eine gemeinsame Erklärung festlegen, dass der Vater die Zuschläge erhalten soll. Die Erklärung sollten Sie zu Beginn der Erziehungszeit beim Rentenversicherungsträger abgeben. Denn eine Zuschreibung an den voll berufstätigen Vater ist rückwirkend nur für zwei Monate möglich.
- **Pflegezeiten.** Wenn Sie einen Angehörigen pflegen, dürfen Sie zusätzlich nur 30 Stunden pro Woche arbeiten, sonst entfällt Ihr Rentenanspruch für die Pflege. Er bleibt aber erhalten, wenn Sie gelegentlich mehr arbeiten, im Schnitt jedoch 30 Wochenstunden.
- **Verfolgung in der DDR.** Die Zeit einer unrechtmäßigen Haft in der DDR steigert die Rente. Um diese Zahlung zu erhalten, benötigen Betroffene eine Rehabilitierungsbescheinigung. Informationen dazu gibt es bei der Stiftung für ehemalige politische Häftlinge, Wurzerstraße 106, 53175 Bonn.

kommt es nicht infrage, dass die Pflegekasse für sie Rentenbeiträge abführt, wenn sie in ihrem Dienst Angehörige, Bekannte oder Fremde pflegen. Unabhängig von ihrer Tätigkeit erhalten Zivildienstleistende aber doch Beiträge gutgeschrieben. Für sie, ebenso wie für Wehrpflichtige, übernimmt der Staat die Rentenbeiträge. Allerdings zahlt er nur so hohe Beiträge, als verdienten die jungen Männer 60 Prozent des Durchschnittseinkommens aller Rentenversicherten.

Kein Rentenplus fürs Studium

Seit 2005 sind Studium und Schulbesuch nach Vollendung des 17. Lebensjahrs stufenweise immer weniger für die Höhe der Rente berücksichtigt worden. Bis dahin wurden drei Ausbildungsjahre so gewertet, dass sie die Rente in den alten Bundesländern um bis zu knapp 59 Euro im Monat erhöhen. Für alle, die ab Februar 2005 in Rente gegangen sind, schmilzt dieser Betrag nach und nach.

Alle Versicherten in den alten Bundesländern, die beispielsweise im Februar 2007 in Rente gegangen sind, erhalten maximal knapp 29 Euro zusätzlich.

Alle, die sich ab Januar 2009 zur Ruhe gesetzt haben, bekommen für ihre Schul- und Studienzeit an einer Hoch- oder Fachhochschule gar keinen Aufschlag mehr. Diese Regelung gilt jedoch nicht für Schüler von Fachschulen, beispielsweise angehende Krankenschwestern an einer Krankenpflegeschule, oder Teilnehmer von berufsvorbereitenden Bildungsmaßnahmen.

Jeder Monat zählt für die Rente. Doch manche Monate sind nicht mehr so viel wert wie noch vor einigen Jahren.

BERUFSSTÄNDISCHE VERSORGUNGSWERKE

Die meisten Anwälte, Ärzte, Architekten und Angehörige anderer „freier Berufe" bauen ihre Altersvorsorge über ein Versorgungswerk auf. Bisher fahren die rund 720 000 Mitglieder dieser 87 verschiedenen Werke offenbar gut damit: Die Durchschnittsrenten lagen in den letzten Jahren bei knapp 2 000 Euro, also fast doppelt so hoch wie die Durchschnittsrenten in der gesetzlichen Rentenversicherung. Wer 30 Jahre lang wie ein gut verdienender Angestellter regelmäßig in das Versorgungswerk einzahlt und die Pflichtabgabe entrichtet, kann mit 65 auf eine monatliche Rente von über 3 500 Euro kommen. Das rechnete das Versorgungswerk der Rechtsanwälte in Schleswig-Holstein vor. Unterstellt wird dabei, dass der Selbstständige so viel wie den maximalen Jahresbeitrag in der gesetzlichen Rentenversicherung zahlt. Der liegt für 2010 bei 13 134 Euro.

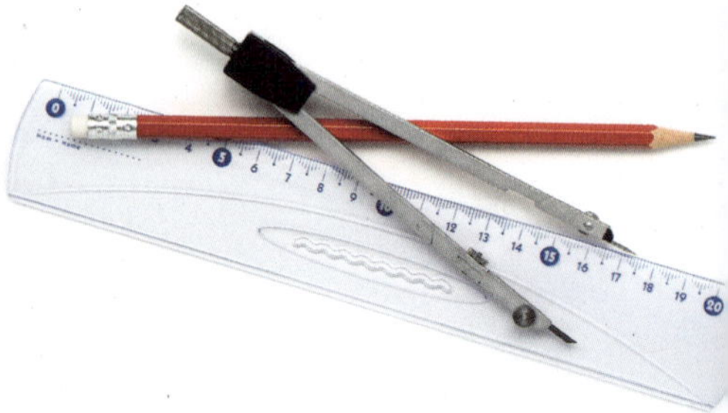

Ob Mann oder Frau, ist bei Versorgungswerken unerheblich. Wie die gesetzliche Rentenversicherung kalkulieren sie für beide gleich. Beiträge und Leistungen legen die Versorgungswerke aber jeweils selbst in ihren Satzungen fest.

Vorgegeben ist ihnen allerdings die Höhe der Beiträge für die Freiberufler, die als Angestellte arbeiten und von der Versicherungspflicht in der gesetzlichen Rentenversicherung befreit sind. Sie müssen immer den Beitrag zahlen, der für die gesetzliche Rentenversicherung fällig wäre.

Besser als gesetzliche Rente

Mitglieder einer berufsständischen Kammer sind Pflichtmitglied in einem berufsständischen Versorgungswerk. Sozialversicherungspflichtig Angestellte, die einen freien Beruf ausüben, haben dagegen oft die Wahl zwischen gesetzlicher Rentenversicherung oder Versorgungswerk.

Die 86 Versorgungswerke haben als Alterssicherungssystem einen guten Ruf. Das Geld der Mitglieder wird überwiegend für ihre eigene Rente angelegt. Die Finanzierung enthält aber auch Umlageelemente wie die gesetzliche Rentenversicherung. Diese Mischung hat bisher gut funktioniert. Doch auch die Versorgungswerke müssen sich für die Zukunft neu rüsten; sie müssen ihren Mitgliedern immer länger eine Rente zahlen, denn Freiberufler haben eine um vier Jahre höhere Lebenserwartung als Arbeitnehmer, wie aktuelle berufsständische Statistiken belegen.

Renten je nach Berufsstand

Auch Mitglieder eines Versorgungswerks müssen sich auf Rentenkürzungen einstellen, wenn sie vor dem 67. Lebensjahr in den Ruhestand gehen wollen. Fraglich ist zudem, ob die Rendite ihrer Altersvorsorge auch nach den Turbulenzen an den Aktienmärkten in den nächsten Jahren so üppig ausfallen wird wie bisher.

Für eine Bestandsaufnahme können Freiberufler die Renteninformationen heranziehen, die sie jährlich von ihrem Versorgungswerk bekommen. Die Höhe der Rente fällt je nach Berufsstand sehr unterschiedlich aus. Denn die Satzungen der einzelnen Versorgungswerke sehen Beiträge in unterschiedlicher Höhe vor.

Viele Ärzte-Versorgungswerke fordern von ihren Mitgliedern den Höchstbeitrag, den sie aus der gesetzlichen Rentenversicherung ableiten. Andere Versorgungswerke verlangen nur einen einkommensabhängigen Anteil. Für junge Selbstständige, die gerade eine Kanzlei oder Praxis eröffnen, kann das von Vorteil sein. Sie müssen in der Gründungsphase nicht auch noch viel Geld für die Altersvorsorge aufbringen. Doch sie sollten regelmäßig prüfen, wann sie mehr fürs Alter zurücklegen können.

Nachteil durch Kindererziehung

Vor allem Freiberuflerinnen, die Kinder erziehen und vorübergehend aus dem Beruf aussteigen, müssen oft mit einer zu knappen Altersrente aus dem Versorgungswerk rechnen. Sie bekommen für die Auszeit keine Leistungen.

In der gesetzlichen Rentenversicherung gibt es für die Kindererziehungszeit einen Rentenzuschlag; als Ausgleich dafür, dass die Versicherte in dieser Zeit keinen oder nur einen geringen eigenen Beitrag zahlen kann.

Nach langem Rechtsstreit ist nun entschieden, dass die Mitglieder berufsständischer Versorgungswerke sich die Kindererziehungszeiten bei der Deutschen Rentenversicherung Bund anrechnen lassen können, wenn ihr Versorgungswerk keine entsprechende Leistung gewährt. Die gesetzliche Rentenversicherung muss also dort einspringen, wo das Versorgungswerk eine Lücke lässt.

Doch selbst mit einer zusätzlichen gesetzlichen Minirente könnte es eng werden, wenn die Frau ihren gewohnten Lebensstandard im Alter erhalten will.

Die Bundeszahnärztekammer empfiehlt ihren weiblichen Mitgliedern deshalb, während der Kindererziehungszeit die Zahlungen an das Versorgungswerk nicht auszusetzen, sondern weiterzuführen.

Beitrag aufstocken oder Rürup

Der Pflichtbeitrag für ein Versorgungswerk liegt – abgeleitet aus der Beitragsbemessungsgrenze in der gesetzlichen Rentenversicherung – im Jahr 2010 bei 13 134 Euro in den alten Bundesländern und 11 104,20 Euro in den neuen Bundesländern. Die Details regeln die jeweiligen Satzungen. Die Mitglieder können auch freiwillig mehr einzahlen, um ihre Altersrente zu verbessern. Das lohnt sich vor allem, wenn sie die Beiträge als Sonderausgaben steuerlich geltend machen können.

Eine Alternative für die zusätzliche Altersvorsorge von Selbstständigen ist die Rürup-Rente. Die Steuerregeln sind dieselben wie beim Versorgungswerk. Sparer können ihre Einzahlungen also steuermindernd geltend machen.

Zusammen mit den Beiträgen fürs Versorgungswerk können Singles aber nicht mehr als 20 000 Euro und Ehepaare nicht mehr als 40 000 Euro beim Finanzamt abrechnen.

Besonders für Kammerberufler, die nur noch wenige Jahre bis zur Rente haben, kann es sich lohnen, den Maximalbetrag mit ihren Einzahlungen fürs Versorgungswerk oder für einen Rürup-Vertrag auszuschöpfen. Denn der steuerpflichtige Anteil ihrer Rente ist noch geringer als der steuerfreie Anteil ihrer Einzahlungen.

Von der Riester-Rente sind Selbstständige ausgeschlossen. Sie können diese Förderung nur mitnehmen, wenn ihr Ehepartner sozialversicherungspflichtig angestellt ist und „riestert".

STREIT UM ZUSATZRENTE IM ÖFFENTLICHEN DIENST

Im öffentlichen Dienst gibt es seit Jahren Streit um die zusätzliche Altersversorgung für die dort Beschäftigten Arbeiter und Angestellten. Nun soll das Bundesverfassungsgericht entscheiden, ob es beim Systemwechsel der zusätzlichen Altersversorgung am 31. Dezember 2001 gerecht zugegangen ist.

Wie Hunderttausende andere bekam Kornelia Wolfschütz, Verwaltungsangestellte einer Heidelberger Klinik, zu diesem Stichtag von der Versorgungsanstalt des Bundes und der Länder (VBL) eine Gutschrift, mit der sie ins neue Berechnungssystem startet. In ihrem Fall 181 Euro. „Viel weniger als ich nach 29 Jahren im öffentlichen Dienst erwartet habe", sagt Frau Wolfschütz

Sie hat diese Startgutschrift bei der VBL beanstandet, genau wie mehr als 220 000 andere Versicherte auch. Darüber hinaus klagen mehr als 2 000 Versicherte vor Gericht. Ihr Ziel: eine höhere Startgutschrift und damit eine höhere Rente. Dabei geht es leicht einmal um 100 Euro im Monat und mehr.

Auch kirchliche Versorgung gekürzt

Betroffen von der Umstellung sind nicht nur die 1,9 Millionen Versicherten bei der VBL, sondern auch die 3 Millionen Versicherten der kommunalen und kirchlichen Zusatzversorgungskassen.

Bis Ende 2001 waren Krankenschwestern, Friedhofsgärtner und andere Beschäftigte im öffentlichen Dienst bestens versorgt. Ihre gesetzliche Rente wurde durch die Zusatzrente so ergänzt, dass sie je nach Dienstzeit im Alter bis zu knapp 92 Prozent ihres durchschnittlichen Nettogehalts der letzten drei Jahre vor dem Ruhestand bekamen. Mindestens gab es als Zusatzrente eine „Garantieversorgungsrente" von 0,4 Prozent des Einkommens für jedes volle Pflichtversicherungsjahr. Das sind beispielsweise 16 Prozent des Endgehalts nach 40 Versicherungsjahren.

Seit Anfang 2002 müssen sich die Versicherten umstellen. Ihre Zusatzrente wird nach einem Punktemodell berechnet. Ihr Rentenniveau geht drastisch zurück.

Im neuen System erwirbt der Beschäftigte Versorgungspunkte, die allein von seinem Gehalt und einem Altersfaktor abhängen.

Je jünger der Versicherte ist, desto mehr Punkte und damit Rentenansprüche werden ihm im Vergleich zu einem älteren Versicherten mit gleichem Gehalt gutgeschrieben. Dies folgt dem Gesetz von Zins und Zinseszins: Bei einem jüngeren Versicherten vergeht sehr viel mehr Zeit bis zum Rentenbeginn als bei einem älteren und seine Beiträge können für einen längeren Zeitraum verzinslich angelegt werden.

Der Beitrag für diese VBL-Betriebsrente beträgt im Westen 7,86 Prozent vom Bruttoverdienst. Davon trägt der Arbeitgeber 6,45 Prozent und der Beschäftigte 1,41

Prozent. In den neuen Bundesländern sind es insgesamt 2 Prozent; 0,5 Prozent davon muss der Arbeitnehmer zahlen.

Für die seit 2002 neu versicherten Beschäftigten wird die Rente vollständig auf dieser Beitragsgrundlage berechnet. Für alle, die schon vorher versichert waren, wird die zusätzliche Altersvorsorge aus einer Mischung aus altem und neuem System berechnet.

Alle Beschäftigten, deren Betriebsrente komplett nach dem neuen System berechnet wird, bekommen weniger heraus, als sie nach dem altem System bekommen hätten.

Auch fast alle, die schon vor 2002 im öffentlichen Dienst waren, bekommen weniger. Vor allem die 1947 und später geborenen Beschäftigten schneiden bei der Umstellung schlecht ab. Sie erhalten sogar weniger, als wenn ihr Anspruch komplett nach dem neuen System berechnet worden wäre. Diese Jahrgänge werden seit der Systemumstellung 2002 als „rentenfern" eingestuft. Sie kämpfen jetzt um eine Nachbesserung. Denn ihre Startgutschrift wurde nach einem für sie ungünstigeren Verfahren berechnet als die für die rentennahen Jahrgänge.

Wir haben die Startgutschrift verglichen mit dem Anspruch, den die Versicherten bis Ende 2001 erworben hätten, wenn die Gutschrift von Anfang an nach dem neuen Betriebsrentensystem berechnet worden wäre. Das Ergebnis: Versicherte, die ab 2002 nur noch wenige Jahre bis zur Rente haben, sind mit ihrer Startgutschrift meist gut bedient. Versicherte, die ab 2002 noch viele Jahre bis zur Rente arbeiten müssen, schneiden schlecht ab. Ähnlich sieht es auch das Oberlandesgericht Karlsruhe, das am 7. Dezember 2006 über die Startgutschriften urteilte. „Die Besitzstandsregelung für die rentennahen Jahrgänge wahrt die erdienten Rechte typischerweise wesentlich besser als ... bei den rentenfernen Jahrgängen", so die Richter (Az. 12 U 91/05).

Bereits im September 2005 hatte das OLG Karlsruhe die Startgutschriften für rentenferne Jahrgänge für unverbindlich erklärt und zugleich kritisiert, dass sie bei

ZUSATZRENTE IM ÖFFENTLICHEN DIENST

Die Zusatzrente für Angestellte im Öffentlichen Dienst ist immer noch ein gutes Zubrot im Alter – wenn auch nicht mehr so attraktiv wie früher.

- ↗ **Renditechance**
- ↗ **Sicherheit**
- ↘ **Flexibilität**
- ↗ **Bequemlichkeit**

vielen Versicherten zu einer „erheblichen Schlechterstellung" führt (Az. 12 U 99/04).

Für den Wechsel von einem Gesamtversorgungssystem zu einer Betriebsrente im öffentlichen Dienst gab es einen einfachen Grund: Die Kosten für die Versorgungsleistungen liefen aus dem Ruder.

Das Niveau der gesetzlichen Rente ist immer weiter zurückgegangen, im Gegenzug musste die Zusatzrente steigen, um eine Gesamtversorgung von bis zu knapp 92 Prozent des letzten Nettogehalts zu erreichen.

„Wenn nichts passiert, kollabiert die VBL", sagte 2001 der damalige niedersächsische Finanzminister Heinrich Aller, der für die Bundesländer den Systemwechsel mit den Gewerkschaften des öffentlichen Dienstes aushandelte.

Der Systemwechsel trifft besonders die verheirateten Beschäftigten. Sie haben im alten System wegen ihrer höheren Nettogehälter höhere Zusatzrenten als die alleinstehenden Versicherten erhalten. Das ist vorbei.

Startgutschrift kürzt Rente

Hauptgrund für das schlechte Abschneiden der rentenfernen Jahrgänge ist die Berechnungsgrundlage ihrer Startgutschrift. Den Versicherten wird dafür zunächst eine fiktive gesetzliche Rente in Höhe von knapp 45 Prozent ihres Bruttogehalts unterstellt. Das ist aber besonders bei den ab 1955 Geborenen viel zu hoch gegriffen. Denn das Niveau der gesetzlichen Rente soll bis 2020 auf 42 Prozent des Bruttogehalts und bis 2030 auf nur noch 40 Prozent fallen.

Leidige Folge: Je höher die fiktive gesetzliche Rente, desto kleiner die Lücke in der Versorgung und desto geringer der errechnete VBL-Rentenanspruch zum Stichtag 31. Dezember 2001.

Besonders Alleinstehende aus rentenfernen Jahrgängen erhielten meist eine sehr niedrige Startgutschrift.

So hätte ein 1965 geborener Lediger, der nach 45 Beitragsjahren in Rente gehen möchte, bis Ende 2001 einen Rentenanspruch von 271 Euro erworben, wenn die Rente bis zu diesem Termin nach dem neuen Betriebsrenten-System berechnet worden wäre. Seine Startgutschrift beträgt aber nur 121 Euro, also 150 Euro weniger.

Der Grund für das schlechte Abschneiden der Ledigen bei der Startgutschrift ist, dass die VBL-Rente nach dem alten System nicht nur von der Höhe der gesetzlichen Rente, sondern auch vom jeweiligen Nettogehalt abhängig war. Alleinstehende Versicherte haben aber wegen der höheren Lohnsteuer netto weniger als Verheiratete.

Bundesgerichtshof mahnt Neuregelung an

Der Bundesgerichtshof (BGH) hat die Tarifparteien bereits zum Handeln aufgefordert und ihnen nichts Geringeres aufgetragen als eine „verfassungskonforme Neuregelung" der Zusatzrente für Arbeiter und Angestellte im öffentlichen Dienst.

Beim Systemwechsel 2001 seien Beschäftigte, die eine lange Ausbildungszeit absolviert haben, benachteiligt worden, kritisiert der BGH (Az. IV ZR 74/06).

Als Beispiele nennen die Richter Akademiker und Handwerksmeister. Sie könnten wegen ihrer langen Ausbildung vor Berufseintritt die für eine volle Zusatzrente nötigen 44,44 Pflichtversicherungsjahre nicht erreichen und müssten „überproportionale Abschläge hinnehmen".

Die neue Betriebsrente für die ab 2002 Beschäftigten ist von der gesetzlichen Rente völlig abgekoppelt. Sie hängt nur noch vom Verdienst und vom Alter ab. All das soll dafür sorgen, dass die Kosten für die Versorgungsleistungen nicht aus dem Ruder laufen.

Von der Umstellung betroffen sind nicht nur 1,9 Millionen Versicherte bei der Versorgungsanstalt des Bundes und der Länder (VBL). Auch auf die rund 3 Millionen Versicherten der kommunalen und kirchlichen Zusatzversorgungskassen wirkt sich die Umstellung aus.

Den Systemwechsel erklärten die Richter des Bundesgerichtshofs für rechtens, nicht aber alle Folgen für die Beschäftigten, die bereits vor dem Jahr 2002 im öffentlichen Dienst waren. Der Streit geht nun um die Berechnung der Rentenanwartschaften, die diese bis zum Systemwechsel Ende 2001 erworben haben.

Dem BGH-Urteil liegt der Fall des 57-jährigen Verwaltungsangestellten Siegfried Ecklebe zugrunde. Er fordert von der Versorgungsanstalt des Bundes und der Länder mehr als die von ihr errechnete Rentenanwartschaft von 243 Euro.

Von der Kritik des BGH an der Berechnung der Zusatzrente ist er jedoch gar nicht betroffen, weil er weder ein Studium noch eine Meisterprüfung absolviert hat. Selbst wenn die Tarifparteien dafür sorgen, dass lange Ausbildungszeiten stärker berücksichtigt werden, bekäme er keinen Cent mehr Zusatzrente.

Ecklebe ist vielmehr benachteiligt, weil er am 31. Dezember 2001 nicht verheiratet war.

Die an diesem Stichtag ledigen Beschäftigten bekommen sogar weniger, als wenn ihr Anspruch voll nach den neuen Regeln berechnet worden wäre.

Profitiert haben dagegen verheiratete Spitzenverdiener, die Ende 2001 monatlich mehr als 5300 Euro in der höchsten Gehaltsstufe verdient haben.

Bei einer gleich langen Beschäftigungszeit wie Ecklebe bekommen sie eine Startgutschrift von 1074 Euro. Das ist fast das Viereinhalbfache der Startgutschrift von Ecklebe.

Kampf um die Garantierente

Seine Startgutschrift von 243 Euro hat Ecklebe nach 34 Pflichtversicherungsjahren bis Ende 2001 bekommen, bei einem damaligen Bruttogehalt von rund 3100 Euro.

Im Vergleich zu einem Verheirateten mit gleichem Verdienst verliert er monatlich rund 130 Euro Rente, und das lebenslang. Dies liegt daran, dass die Startgutschrift auch von der Lohnsteuerklasse am Stichtag 31. Dezember 2001 abhängig ist. Die Steuerklasse III für Verheiratete ist günstiger als die Klasse für Alleinstehende. Wenn seine Startgutschrift von Anfang an nach dem neuen Betriebsrentensystem berechnet worden wäre, hätte Ecklebe immerhin Anspruch auf 387 Euro statt auf 243 Euro. Auch bleibt seine Startgutschrift weit unter der früheren „Garantieversorgungsrente". Sie hätte ihm mindestens 412 Euro eingebracht, also 169 mehr als die von der VBL berechnete Startgutschrift.

Die Garantieversorgungsrente entpuppe sich nun als „Garantie ohne Wert", meint Ecklebe. Deshalb hat er beim Bundesverfassungsgericht Verfassungsbeschwerde eingelegt. Die Kürzung der Garantieversorgung sei ein „Eingriff in das Eigentum", argumentiert er.

Dass der BGH auf die konkrete Situation des Klägers Ecklebe gar nicht eingegangen ist, erklärt sein Anwalt Bernhard Mathies: „Das Urteil ist so gestaltet, dass der Bundesgerichtshof damit auch das Gros der anderen rund 200 Revisionsklagen abhandeln kann." Zwei dieser Klagen kommen von Jürgen Bühr und Friedmar Fischer. Bühr ist in der gleichen Situation wie Ecklebe. Auch er bekäme keinen Cent mehr.

Fischer profitiert als Akademiker ein bisschen. Er hat eine Startgutschrift von 373 Euro bekommen. Wenn die Tarifpartner nun insgesamt 40 statt 44,44 Versicherungsjahre für die Berechnung zugrunde legten, bekäme er 41 Euro mehr.

Doch auch dann hätte er durch den Systemwechsel noch massiv verloren. Denn er war wie Ecklebe am Stichtag Ende 2001 nicht verheiratet, sondern nach mehr als 30-jähriger Ehe Witwer.

Dass er 2002 wieder geheiratet hat, zählt nicht. Wäre Friedmar Fischer am Stichtag verheiratet gewesen, hätte er 693 Euro Startgutschrift bekommen – 320 Euro mehr als jetzt.

TIPP **Rentenrechner**

Ihre Betriebsrente nach derzeitiger Berechnungspraxis können Beschäftigte im öffentlichen Dienst im Internet unter www.vbl.de selbst ausrechnen. Für Menschen, die schon vor 2002 im öffentlichen Dienst waren, stützt sich der Rechner auf die Startgutschrift von der Versorgungsanstalt des Bundes und der Länder (VBL). Die Startgutschrift wäre in vielen Fällen erheblich höher, wenn von Anfang an nach dem neuen System gerechnet würde. Mit unserem Rechner unter www.test.de/zusatzrente können Sie als Versicherter bei der VBL oder einer kirchlichen oder kommunalen Zusatzversicherung Ihre Startgutschrift überprüfen. Die Nutzung ist kostenlos.

BETRIEBSRENTE VOM ARBEITGEBER

Manche zusätzliche Altersvorsorge gibt es einfach so – mit dem Arbeitsvertrag. Ende 2007 hatten 64 Prozent oder 17,5 Millionen von insgesamt 27,2 Millionen zu diesem Zeitpunkt sozialversicherungspflichtig beschäftigten Arbeitnehmern Anspruch auf eine Betriebsrente. Bei drei Viertel davon trug der Arbeitgeber selbst zumindest einen Teil der Zusatzversorgung für seine Mitarbeiter. Bei einem Viertel übernimmt er die Kosten komplett.

Der monatliche Beitrag, den der Arbeitgeber für seinen Mitarbeiter zahlt, ist im Regelfall an die Höhe des Einkommens des Beschäftigten gekoppelt. Nur in etwa einem Drittel der Fälle sparen Arbeitnehmer ihre spätere Betriebsrente vollständig aus ihrem eigenen Gehalt an.

In der Chemieindustrie zum Beispiel regelt der Tarifvertrag eine Zusatzversorgung. Auch in der Metall- und Elektroindustrie ist eine Betriebsrente üblich, bei der sich Arbeitnehmer und Arbeitgeber die Kosten teilen. Große Konzerne wie Daimler Benz, Siemens oder BASF versorgen ihre Beschäftigten ebenfalls von Anfang mit einer Zusatzrente. Für Journalisten gibt es das Presseversorgungswerk. „Je mehr Beschäftigte ein Unternehmen hat, desto wahrscheinlicher ist es, dass es eine Zusatzversorgung für die Mitarbeiter gibt", meint Klaus Stiefermann, Geschäftsführer der Arbeitsgemeinschaft betriebliche Altersversorgung (aba) in Heidelberg.

Fünf Wege zur Betriebsrente

Eine betriebliche Altersversorgung kann auf fünf Arten organisiert sein: über eine Pensionskasse oder einen Pensionsfonds, über einen Lebensversicherer als Direktversicherung, per Unterstützungskasse oder als Direktzusage.

Der Arbeitgeber bestimmt, welche Variante zum Zuge kommt, übrigens auch, wenn allein der Arbeitnehmer für seine spätere Betriebsrente Geld über die Firma zurücklegt.

Direktzusagen und Unterstützungskassen

Bei Direktzusagen und Unterstützungskassen managen die Unternehmen das meiste selbst. Die Betriebe sagen ihren Beschäftigten entweder eine Versorgung direkt zu oder machen über ein firmeneigenes Institut, eine Unterstützungskasse, eine Zusage.

Bei einer Direktzusage müssen die Betriebe zunächst kein Geld zurücklegen,

BETRIEBSRENTE VOM ARBEITGEBER

Die vom Arbeitgeber bezahlte Betriebsrente ist ein angenehmer Zusatzlohn.

- ↗ **Renditechance**
- ↗ **Sicherheit**
- ↘ **Flexibilität**
- ↗ **Bequemlichkeit**

können aber Steuern in die Zukunft verschieben.

Unterstützungskassen werden in der aktiven Phase der Versorgungsanwärter höchstens teilweise mit Kapital ausgestattet. Erst wenn das Geld für die Rentenzahlung benötigt wird, muss die Firma für die Rente eines dann ehemaligen Mitarbeiters voll leisten. Betriebe können auf diese Weise das Vorsorgekapital für ihre Angestellten zwischendurch also erst einmal für andere Zwecke verwenden.

Muss ein Unternehmen sich in wirtschaftlichen Krisenzeiten vom Markt verabschieden, sind die bis dahin gesparten Betriebsrenten nicht verloren. Seit 1975 sind im Insolvenzfall sowohl Direktzusagen als auch Betriebsrenten über Unterstützungskassen dennoch voll abgesichert (siehe „Insolvenzschutz", Seite 96), sobald sie unverfallbar sind. Das sind sie ab fünf Jahre nach Sparbeginn, sofern der Anwärter dann mindestens 25 Jahre alt ist. Alles, was Arbeitnehmer mit eigenem Geld finanzieren, ist übrigens gleich vom ersten Tag an unverfallbar.

Hinter Direktzusagen und Unterstützungskassen stecken Lebensversicherer, bei denen die Bundesanstalt für Finanzdienstleistungsaufsicht ein Auge auf das finanzielle Gleichgewicht hat. Ein Restrisiko bleibt hier natürlich, aber ein sehr kleines.

Bei diesen beiden Varianten fehlte bisher eine Vorgabe für die Übertragung auf eine neue Firma. Doch dafür gelten andere Vorteile: Arbeitgeber können per Unterstützungskasse und auch per Direktzusage für ihre Angestellten weitgehend unbegrenzt steuerfrei auch hohe Zusatzrenten aufbauen. Sie sind nicht durch die für die externen Varianten geltende steuerfreie Obergrenze von 4 440 Euro (2010) eingeschränkt. Für Angestellte in hohen Positionen wird deshalb meistens auf einem internen Weg vorgesorgt.

Die Direktzusage ist am stärksten verbreitet (siehe Grafik rechts). Meist bezahlt der Arbeitgeber hier, Arbeitnehmer investieren selten eigenes Geld in eine Direktzusage. Auch bei der Unterstützungskasse finanziert überwiegend die Firma die Betriebsrenten für ihre Mitarbeiter.

Pensionskassen, Pensionsfonds, Direktversicherungen

Bei Pensionskassen, Pensionsfonds und Direktversicherungen überweist der Arbeitgeber die Sparbeiträge für die späteren Betriebsrenten an externe Versorgungsträger.

Die jeweiligen Unverfallbarkeitsfristen von fünf Jahren nach Sparbeginn bei Anwärtern, die über 25 Jahre alt sind, gelten auch hier. Im Insolvenzfall ist das Vermögen dort sowieso geschützt. Einziges Risiko: Auch der Versorgungsträger wird insolvent. Betriebsrenten, die über einen Pensionsfonds organisiert werden, sind aber selbst dann noch gesichert, denn hier ist eine Mitgliedschaft der Unternehmen im Pensionssicherungsverein Pflicht. Und der müsste dann einspringen.

Alle drei externen Wege für Betriebsrenten haben den Vorteil, dass sich Rentenansprüche leichter zu einem anderen Arbeitgeber mitnehmen lassen (siehe Seite 98). Für ab 2005 gegebene Zusagen gibt es eine gesetzliche Regelung.

In den drei externen Varianten beteiligen sich Arbeitnehmer stärker mit eigenem Geld. Es wird vom Bruttogehalt direkt für ihre Zusatzversorgung abgezweigt. Auf diese drei Wege gehen wir auf den Seiten 84 bis 90 deshalb genauer ein.

Damit die Leistungen stimmen, ist es wichtig, dass ein Anbieter kostengünstig arbeitet und erfolgreich Kapital anlegt. Arbeitgeber sollten Anbieter kritisch prüfen, bevor sie sich entscheiden.

Wie hoch ist die Rente?

Auch einem „geschenkten Gaul" kann man ins Maul schauen, um die eigene Versorgungslage im Alter besser einschätzen zu können. Einmal jährlich, das ist üblich, gibt es vom Arbeitgeber eine Mitteilung zum Stand der betriebseigenen Zusatzrente. Kommt keine, nachfragen!

Normalerweise steht dort, wie hoch die erreichte Rente, eventuell einschließlich Überschüssen, ist und welche Zusatzversorgung für den Invaliditätsfall oder für Angehörige besteht. Eine Prognose über die künftigen Ansprüche kann, aber muss nicht dabei sein. Da die Beiträge für die betriebliche Versorgung eines Arbeitnehmers selten über den gesamten Zeitraum hinweg gleichmäßig bleiben, ist eine Hochrechnung nicht aussagekräftig.

Was irgendwann einmal ausgezahlt wird, ist nicht die Nettorente. Gesetzlich Krankenversicherte müssen auf Betriebsrenten seit 2004 volle Kranken- und Pflegeversicherungsbeiträge zahlen. Nur privat krankenversicherte Rentner bleiben davon verschont.

Ob und wie viel von der arbeitgeberfinanzierten Versorgung zudem für Steuern abgeht, hängt davon ab, ob die Beiträge in der Ansparphase versteuert wurden oder nicht. Bei vor 2005 begonnenen älteren Betriebsrenten ist es zum Beispiel möglich, dass eine Direktversicherung oder eine Versorgung per Pensionskasse aus pauschal versteuerten Beiträgen an-

Betriebliche Altersvorsorge

Prozentuale Aufteilung der Deckungsmittel in der betrieblichen Altersversorgung im Jahr 2007 – nach Durchführungswegen

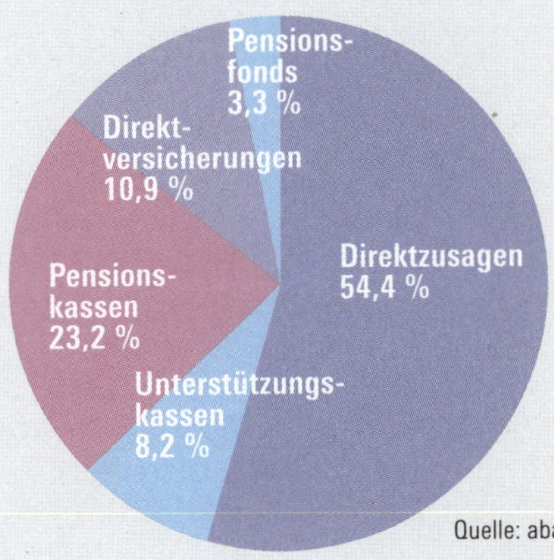

Quelle: aba

gespart wurde. Dann ist von der ausgezahlten Rente nur der niedrige Ertragsanteil steuerpflichtig. Er hängt vom Alter des Empfängers bei Rentenbeginn ab.

Bei Rentenbeginn mit 65 Jahren beläuft sich der Ertragsanteil auf 18 Prozent. Dann sind von 1 000 Euro Rente nur 180 Euro steuerpflichtig, 820 Euro bleiben komplett steuerfrei.

Wird heute aus versteuertem Einkommen eine betriebliche Vorsorge aufgebaut, gilt ebenfalls: Die spätere Rente ist nur mit dem Ertragsanteil steuerpflichtig.

Spart der Arbeitgeber oder der Arbeitnehmer dagegen aus unversteuerten Beiträgen eine Betriebsrente an, ist die Auszahlung später voll steuerpflichtig. Bei einer Rente aus einer Direktzusage oder von einer Unterstützungskasse können Betriebsrentner dann noch einen Versorgungsfreibetrag geltend machen.

Seine Höhe hängt vom Jahr bei Beginn der Bezüge ab, denn dieser Freibetrag wird schrittweise abgebaut. Jüngere Leute können deshalb nicht oder kaum noch von ihm profitieren (siehe Seite 19).

SICHERHEIT FÜR STAATSDIENER – DIE BEAMTENPENSION

Beamte müssen keine Beiträge zur gesetzlichen Rentenversicherung zahlen. Ihre Pension ist abhängig vom zuletzt verdienten Bruttogehalt und von der Zahl der absolvierten Dienstjahre. Pro Dienstjahr wird ein Pensionssatz von zurzeit 1,81 Prozent angesetzt und dann mit der Gesamtzahl der Dienstjahre multipliziert. Für 40 Dienstjahre sind es also 72,56 Prozent. Dies ist zugleich der höchstmögliche Satz. Auch ein Beamter, der beispielsweise 42 Dienstjahre erreicht hat, bekommt als Ruhegehalt 72,56 Prozent seines letzten Bruttoverdiensts vor dem Ruhestand.

Im Jahr 2003 betrug dieser Höchstsatz noch 74,59 Prozent des letzten Bruttoverdienstes. Seitdem wird er stufenweise verringert. In der Endstufe im Jahre 2012 sind es dann 71,75 Prozent. Nach einer Beförderung müssen lediglich zwei Jahre vergangen sein, damit das höhere Gehalt als Berechnungsgrundlage für die Pension gilt. Dies entschied das Bundesverfassungsgericht (Az. 2 BvL 11/04). Die zuvor geltende Wartezeit von drei Jahren sei grundgesetzwidrig.

Höchstversorgung nach 40 Dienstjahren

Viele Beamte erreichen diesen Versorgungshöchstsatz nicht, weil sie weniger als 40 Jahre Dienstjahre absolviert haben. So liegt der durchschnittliche Pensionssatz bei den Ruhestandsbeamten von Bund, Ländern und Gemeinden bei knapp 71 Prozent. Bei der Post beträgt er nur 69 Prozent des letzten Bruttoeinkommens.

Wenn sie wollen, können Beamte statt mit 65 schon mit 63 Jahren den Ruhestand antreten. Dann müssen sie jedoch Pensionsabschläge von 3,6 Prozent in Kauf nehmen – für jedes Jahr, das sie früher gehen. Gleiches gilt, wenn ein Beamter wegen Dienstunfähigkeit vor seinem 63. Geburtstag in Pension geht. Wie in der gesetzlichen Rentenversicherung auch, wird die Regelaltersgrenze in der Beamtenversorgung ab 2012 stufenweise angehoben – 2029 beträgt sie dann 67 Jahre.

Mit Ausnahme eines Versorgungsfreibetrags werden Pensionen voll versteuert. So hat beispielsweise ein Beamter, der 2007 in Pension gegangen ist, einen Freibetrag von 299 Euro im Monat. Doch dieser Freibetrag wird für Neurentner stufenweise abgeschafft. Wer ab 2040 in Pension geht, muss seine Pension dann komplett versteuern – wie die gesetzliche Rente auch.

Doch auch nach Abzug von Steuern sowie Kranken- und Pflegeversicherungsbeiträgen können sich Ruhestandsbeamte über spürbar mehr Geld freuen als ihre Kollegen im öffentlichen Dienst, die als Angestellte tätig waren.

Finanztest hat Beamtenpensionen und Renten von Beschäftigten des öffentlichen Dienstes verglichen, die 1942 geboren wurden und am 1. Juli 2007 mit 65 Jahren in den Ruhestand gegangen sind. Dabei haben wir geschaut, was nach Abzug von Steuern sowie Kranken- und Pflegeversicherungsbeiträgen übrig bleibt. Nur ein solcher Vergleich ist sinnvoll, denn schließlich interessiert Pensionäre und Rentner gleichermaßen, was sie netto an Einkünften haben.

Bei Alleinstehenden ist der Abstand besonders groß: Alleinstehende Beamte, die mit einem Bruttoeinkommen von 2 500 Euro im Monat durchschnittlich verdienen, haben im Alter 20 Prozent mehr als ehemalige Angestellte. Deren Rente besteht aus der gesetzlichen Rente plus der zusätzlichen Altersversorgung für den öf-

INFO **Versorgungsauskunft im Internet**

Beamte bekommen nicht automatisch eine regelmäßige Information über ihre Versorgungsansprüche. Sie können sich jedoch im Internet ihre künftige Pension ausrechnen – beispielsweise unter www.beamtenversorgung.nrw.de. Zugang zu diesem Programm haben auch Beamte aus anderen Bundesländern. Sie benötigen weder einen Benutzernamen noch ein Kennwort.

fentlichen Dienst. Bei Alleinstehenden mit einem Einkommen von 4000 Euro beträgt das Plus im Ruhestand für Beamte immerhin 16 Prozent.

Verheiratete Pensionäre, die in ihrer aktiven Zeit durchschnittlich verdient haben, bekommen netto 6 Prozent mehr als Rentner. Hatten sie einen höheren Verdienst (4105 Euro), sind es 16 Prozent mehr.

Nur von den Verheirateten mit niedrigem Verdienst (2100 Euro) erhalten die Pensionäre etwas weniger als die Rentner: Die Pension liegt um 2 Prozent unter der Gesamtrente.

Der Grund: Ein verheirateter Pensionär zahlt für seine private Kranken- und Pflegeversicherung unabhängig vom Einkommen 320 Euro, ein alleinstehender 160 Euro. Der höhere Beitrag drückt die Nettopension von verheirateten Pensionären stärker und macht die Differenz zur Nettogesamtrente der Angestellten kleiner.

Die Beiträge zur privaten Kranken- und Pflegeversicherung, die Pensionäre zahlen, sind meist höher als die der Rentner zur gesetzlichen Kranken- und Pflegeversicherung. Dennoch haben die Pensionäre netto mehr in der Tasche als die Rentner.

Die Differenz zwischen Pensionen und Renten wird voraussichtlich auch künftig nicht kleiner. Denn:

- Jeder neue Rentenjahrgang muss mehr von seiner Rente versteuern. Zwar wird auch bei den Beamten der Versorgungsfreibetrag abgebaut, doch nicht in dem Tempo, wie der steuerfreie Teil der Renten zurückgeht. Ab 2040 werden gesetzliche Renten und Pensionen völlig gleich besteuert. Drücken die Steuern jetzt vor allem die Pensionäre, werden sie dann Pensionäre und Rentner gleichermaßen belasten.
- Die Zusatzrente für den öffentlichen Dienst schrumpft. Die Jahrgänge ab 1947 können längst nicht mehr mit einer so guten Zusatzversorgung rechnen wie unser Musterjahrgang 1942. Der Grund ist die seit Anfang des Jahres 2002 wirksame Reform der Betriebsrenten für die Angestellten im öffentlichen Dienst.
- Das Niveau der gesetzlichen Rente wird weiter sinken. Derzeit beträgt das Rentenniveau – also die unversteuerte Rente, von der aber die Sozialabgaben abgezogen wurden – rund 53 Prozent des Durchschnittseinkommens vor Steuern. 2020 wird es voraussichtlich nur noch knapp über 46 Prozent liegen.

Zwar sollen die Reformen der gesetzlichen Rentenversicherung „wirkungsgleich" auf

BEAMTENPENSION

Die Beamtenpension gewährleistet die „amtsangemessene Versorgung" der Staatsdiener.

- ↗ **Renditechance**
- ↗ **Sicherheit**
- → **Flexibilität**
- ↗ **Bequemlichkeit**

die Altersversorgung der Beamten übertragen werden, so die Bundesregierung. Doch nicht immer passiert das.

So wird ein Studium seit 2005 bei der Berechnung der gesetzlichen Rente nur noch eingeschränkt anerkannt. Bis dahin wurden drei Jahre Studium so gewertet, dass die Rente um bis zu 59 Euro im Monat erhöht wurde. Dieser Betrag wird seit 2005 stufenweise verringert und für alle, die ab 2009 in Rente gehen, fällt er ganz weg. Für die Beamten gibt es jedoch weiterhin einen Hochschulbonus. Bei der Berechnung ihrer Pension werden zurzeit noch drei Jahre Studienzeit berücksichtigt. Erst bei Beamten, die ab 2012 in den Ruhestand gehen, wird weniger angerechnet. Ein bisschen weniger: Zwei Jahre und 125 Tage Hochschulbonus werden auch dann weiterhin berücksichtigt.

Der Unterschied zwischen Beamtenversorgung und gesetzlicher Rentenversicherung liegt im grundgesetzlich verankerten „Alimentationsprizip" begründet. Demnach hat ein Beamter im Alter Anspruch auf eine „amtsangemessene Versorgung".

TIPP **Kompakter Überblick**

Einen kompakten Überblick über die komplette Beamtenversorgung bietet das Buch „Finanziell sicher in Pension" von Werner Siepe, dbb-Verlag, 14,90 Euro.

MIT HILFE DES STAATES

Steuervorteile, Zulagen und Sozialabgabenersparnis — der Staat hilft den Bürgern beim Sparen fürs Alter. Die Menschen müssen aber auch ihren eigenen Beitrag leisten, sonst gibt es nichts dazu. Die flexibelste unter den geförderten Zusatzrenten ist die Riester-Rente. Gute Renditen bietet vielen Arbeitnehmern auch eine betriebliche Altersversorgung per Gehaltsumwandlung.

DIE RIESTER-RENTE KOMMT ZUERST

Die Riester-Rente gibt es seit dem Jahr 2002. Sie soll die Bürger nach den Kürzungen von gesetzlicher Rente und Beamtenpensionen zum vermehrten Sparen fürs Alter bewegen.

Rund 13 Millionen Menschen legen inzwischen auf diese Weise mit Staates Hilfe Geld zurück. Die Riester-Rente ist Hartz-sicher und verspricht Sparern durch die staatlichen Zulagen und zusätzlichen Steuervorteile eine gute Rendite. Sie ist für alle, die sie kriegen können, die erste Wahl unter Angeboten für eine staatlich geförderte Altersvorsorge, denn sie ist auch flexibler als andere geförderte Verträge wie die Betriebsrente oder eine Rürup-Rente. Sie ist trotzdem sicher. Sparer gehen so gut wie kein Risiko ein, egal, ob sie einen Riester-Fondssparplan, einen -Banksparplan oder eine -Rentenversicherung wählen. Jeder Anbieter garantiert ihnen, dass bei der Auszahlung mindestens das eingezahlte Geld vorhanden ist.

Hinzu gekommen ist 2008 das „Wohn-Riester": Bauherren und Wohnungskäufer erhalten seither Riester-Zulagen für ihre Altersvorsorge aus Stein, sofern sie die Immobilie selbst nutzen.

Zulagen plus Steuervorteile

Was jeder selbst in einen Sparplan überweist, ist sicher – aber auch das, was der Staat mit seinen Zulagen beiträgt. Wer einen Riester-Vertrag abschließt oder die Eigenheimförderung per Riester nutzt, kann pro Jahr bis zu 154 Euro Zulage vom Staat dazubekommen. Pro kindergeldberechtig-

tem Kind stehen Eltern zudem bis zu 185 Euro Kinderzulage im Jahr zu. Und für alle seit Jahresbeginn 2008 geborenen Kinder steuert der Staat sogar 300 Euro jährlich bei. Junge Leute, die vor dem 25. Geburtstag einen Riester-Vertrag abschließen, erhalten außerdem als einmaligen Bonus 200 Euro Startguthaben für ihr Altersvorsorge-Konto.

Der zweite Teil der Förderung ist die Steuerfreiheit der Beiträge. Riester-Sparer können das, was sie selbst einzahlen, beim Finanzamt absetzen. Der Steuervorteil wird mit den Zulagen verrechnet. Je höher der Steuersatz eines Sparers ist, desto größer ist sein zusätzlicher Steuervorteil. Deshalb macht dieser Teil der Förderung eine Riester-Rente besonders für Sparer interessant, die etwas besser verdienen und kein oder nur ein Kind haben, denn sie zahlen mehr Steuern als andere.

Die staatliche Hilfe bringt die Anlage in Fahrt: Selbst wenn das in einen Riester-Vertrag Eingezahlte keine Zinsen brächte, geht es durch die Zulagen und Steuervorteile aufwärts.

Sogar kurz vor der Rente lohnt sich diese Altersvorsorge. Weil sich die Förderung für die Einzahlung dann nur noch auf wenige Jahre verteilt, erhöht sie die Rendite in diesen Fällen besonders stark. Je höher der Grenzsteuersatz eines Berufstätigen ist, desto mehr kann er in den letzten Jahren noch aus der Altersvorsorge mit Staatsbonus herausholen. Am stärksten wirkt sich die Förderung bei älteren Singles mit hohem Einkommen aus, die spät einen Vertrag abschließen. Ein 50-Jähriger Single mit einem Bruttoeinkommen von rund 50 000 Euro im Jahr kann vor Steuern allein durch Förderung rund 5 Prozent Wertentwicklung pro Jahr auf sein eingezahltes Geld einstreichen. Die Erträge der Kapitalanlage selbst kommen noch dazu.

Die Steuern in der Auszahlungsphase fressen von diesem Vorteil natürlich einiges wieder auf. Trotz der späteren Steuerpflicht bleiben aber dem 50-jährigen Riester-Einsteiger immerhin rund 1,7 Prozent Rendite allein aus der Förderung, nachdem er die Rente versteuert hat.

Sparer brauchen Zeit, denn der Staat fördert nur relativ geringe Einzahlungen. Der Höchstbetrag, für den Anleger die Förderung bekommen, beträgt 2 100 Euro. Ältere Einsteiger müssen sich mit kleinen Brötchen begnügen, weil damit in wenigen Jahren noch keine großen Summen entstehen. Junge Spareinsteiger tragen dagegen auch mit maximal 2 100 Euro langfristig ein kleines Vermögen zusammen, die ihnen einmal eine attraktive Zusatzrente bringen kann.

Je früher Riester-Interessenten mit der Einzahlung beginnen, umso besser. Bei Banksparplänen und klassischen Renten-

INFO Altersvorsorgerenditen im Vergleich

So haben wir in der Tabelle auf der nächsten Seite gerechnet: Für alle Varianten unterstellten wir eine Grundrendite von 4 Prozent und untersuchten, wie sich die angesparte Summe durch die Förderung verändert. Berücksichtigt sind Steuern und Sozialabgaben im Beruf wie im Alter.

Zum Vergleich berechneten wir, wie viel bei einer nicht geförderten Rentenversicherung nach Steuern von 4 Prozent Grundrendite bleibt, wenn die Rente mit 65 Jahren beginnt. Bei Riester-Verträgen unterstellten wir, dass die Steuerersparnis für die Beiträge günstiger als die Zulagen ist.

Steuersätze im Beruf und im Alter

Wir sind von zwei Steuersätzen im Beruf ausgegangen und nahmen an, dass sie im Ruhestand um 10 Prozentpunkte sinken. Die Sätze im Beruf betragen für Alleinstehende und Ehepaare mit Solidaritätszuschlag jeweils 30 Prozent für zu versteuernde Einkommen von 22 500/45 000 Euro und 44 Prozent für Einkommen von 51 500/103 000 Euro im Jahr.

Betriebliche Altersvorsorge

In der Tabelle stehen bei der betrieblichen Altersvorsorge vier Fälle:

Fall 1. Arbeitnehmer, deren jährlicher Bruttolohn unter der Beitragsbemessungsgrenze für die gesetzliche Krankenversicherung liegt (2010: 45 000 Euro im Jahr). Sie sparen den vollen Sozialversicherungsbeitrag von derzeit 20,525 Prozent (8,2 Prozent Kranken-, 0,975 Prozent Pflege-, 9,95 Prozent Renten- und 1,4 Prozent Arbeitslosenversicherung, ab Juli 2010: 1,5 Prozent). Im Alter sind für die Firmenrente 17,45 Prozent Sozialversicherungsbeitrag fällig (15,5 Prozent Kranken- und 1,95 Prozent Pflegeversicherung).

Fall 2. Die Rechnung gilt für alle Arbeitnehmer, deren jährlicher Bruttolohn über der Bemessungsgrenze für die Krankenversicherung liegt (2010: 45 000 Euro im Jahr), aber die Grenze für die Arbeitslosen- und Rentenversicherung nicht übersteigt (zurzeit: 55 800/66 000 Euro neue/alte Bundesländer). Sie sparen deshalb für ihre Einzahlung nur den Arbeitslosen- und Rentenversicherungsbeitrag. Die Ersparnis beträgt 11,35 Prozent, ab Juli 2010: 11,45 Prozent (9,95 Prozent Renten- und 1,4 Prozent Arbeitslosenversicherung, ab Juli 2010: 1,5 Prozent). Im Alter sind auch hier 17,45 Prozent Sozialversicherungsbeitrag fällig.

Fall 3. Gesetzlich krankenversicherte Arbeitnehmer, die keine Sozialabgaben sparen, weil ihr Gehalt über der Bemessungsgrenze für die Arbeitslosen- und Rentenversicherung liegt (2010: 55 800/66 000 Euro pro Jahr neue/alte Länder). Im Alter sind 17,45 Prozent Sozialversicherungsbeitrag fällig.

Fall 4. Die Werte gelten ebenfalls für Arbeitnehmer, die keine Sozialabgaben sparen, weil ihr Arbeitslohn über der Bemessungsgrenze für die Arbeitslosen- und Rentenversicherung liegt (2010: 55 800/66 000 Euro neue/alte Bundesländer). Da sie privat krankenversichert sind, zahlen sie für ihre Firmenrente später keine Sozialabgaben.

versicherungen nutzt ihnen über die Jahre der Zinseszinseffekt. Wählen junge Sparer einen Fondssparplan, ist der weite Anlagehorizont ihr Pfund. Auf lange Sicht ging es an den Börsen bisher immer aufwärts.

Geringverdiener

Auch Menschen mit sehr geringem Einkommen sollten wenigstens den für sie geltenden Mindestbetrag von 60 Euro im Jahr in eine Riester-Rente stecken. Sind sie im Alter einmal auf die Grundsicherung angewiesen, wird die ausgezahlte Riester-Rente zwar angerechnet. Doch das gilt für alle Einkommensarten. Die Grundsicherung bekommen Ruheständler nur, wenn sie keine oder so gut wie keine Altersvorsorge haben. Jüngere haben Anspruch, wenn sie erwerbsgemindert sind.

Ob eine Riester-Rente wegen der Anrechnung unsinnig ist, hängt von einer Vielzahl von Fragen ab, die heute nicht be-

ALTERSVORSORGERENDITEN IM VERGLEICH[1]

Laufzeit in Jahren	Riester-Vertrag		Rürup-Vertrag		Betriebsrente (Direktvers., Pensionsfonds, Pensionskasse)			
					Fall 1: mit Sozialvers.-Pflicht		Fall 2: über Beitragsbemessungsgrenze (BMG) Krankenvers.	
	Steuersatz		Steuersatz		Steuersatz		Steuersatz[2]	
	30 %	44 %	30 %	44 %	30 %	44 %[1]	30 %	44 %
5	8,4 %	9,5 %	7,4 %	8,1 %	12,1 %	14,9 %	6,2 %	6,9 %
10	6,3 %	6,9 %	5,6 %	5,8 %	8,2 %	9,6 %	5,2 %	5,5 %
15	5,5 %	5,9 %	5,1 %	5,3 %	6,8 %	7,7 %	4,8 %	5,0 %
20	5,1 %	5,4 %	4,8 %	4,9 %	6,1 %	6,7 %	4,6 %	4,8 %
25	4,9 %	5,1 %	4,6 %	4,6 %	5,6 %	6,1 %	4,5 %	4,6 %
30	4,7 %	4,9 %	4,5 %	4,4 %	5,3 %	5,8 %	4,4 %	4,5 %
35	4,6 %	4,8 %	4,4 %	4,4 %	5,1 %	5,5 %	4,3 %	4,4 %
40	4,5 %	4,7 %	4,4 %	4,4 %	4,9 %	5,3 %	4,3 %	4,3 %

1) Zu den Angaben, wie wir die Tabelle gerechnet haben, siehe Seite 51.

2) Dieser Steuersatz kann auch bei Sozialvers.-Pflicht erreicht werden, wenn weitere Einkünfte vorliegen.

antwortet werden können: Werden die Alterseinkünfte eines heute jüngeren Sparers wirklich einmal so gering sein, dass er Leistungen aus der Grundsicherung benötigt? Verdient jemand bis zu seinem voraussichtlichen Rentenbeginn immer so wenig wie heute? Lebt er später vielleicht mit einem Partner zusammen, der zu seiner Versorgung beiträgt? Gibt es die Grundsicherung später überhaupt noch? Wird eine Riester-Rente auch in Zukunft auf Leistungen aus der Grundsicherung angerechnet oder wird dies geändert?

Angesichts der vielen Unwägbarkeiten wäre es fahrlässig, von einem Riester-Vertrag abzuraten.

Fall 3: über BMG Rentenvers.		Fall 4: privat krankenversichert		klassische nicht geförderte Rentenversicherung	
Steuersatz		Steuersatz		Steuersatz	
30 %	44 %	30 %	44 %	30 %	44 %
0,2 %	–0,8 %	8,5 %	9,6 %	2,8 %	1,9 %
2,0 %	1,4 %	6,4 %	6,9 %	3,3 %	2,9 %
2,6 %	2,3 %	5,6 %	5,9 %	3,6 %	3,2 %
3,0 %	2,7 %	5,2 %	5,4 %	3,7 %	3,4 %
3,2 %	3,0 %	4,9 %	5,1 %	3,7 %	3,6 %
3,4 %	3,2 %	4,7 %	4,9 %	3,8 %	3,6 %
3,5 %	3,3 %	4,6 %	4,8 %	3,8 %	3,7 %
3,5 %	3,4 %	4,5 %	4,7 %	3,9 %	3,7 %

Verlust nur bei Ausstieg möglich

Riester-Kunden werden nur sehr selten weniger herausbekommen, als sie eingezahlt haben. Bei einer Rentenversicherung könnte dies geschehen, wenn jemand nach kurzer Zeit kündigt. Versicherer ziehen ihren Kunden meist bereits in den ersten fünf Jahren die Abschlusskosten für die gesamte Laufzeit ab. Wer nach drei Jahren geht, hätte drei Fünftel dieser Kosten schon getragen und bekommt deshalb nur wenig Geld zurück.

Nur in Ausnahmefällen verteilen Versicherer ihre Abschlusskosten über einen kundenfreundlich längeren Zeitraum oder sogar über die gesamte Vertragslaufzeit. Für Verträge aus den ersten Riester-Jahren (2002 bis 2004) war noch eine Verteilung der Kosten über mindestens zehn Jahre für alle Unternehmen vorgeschrieben. Verluste kann ein Riester-Sparer machen, wenn er in ungünstiger Börsenphase aus einem Fondssparplan aussteigt. Beim Riester-Banksparplan ist das Kundenkonto dagegen immer in den schwarzen Zahlen.

Kunden haben das Recht, ihren Riester-Vertrag ruhen zu lassen. Sie können ihn auch mit einer Frist von drei Monaten zum Ende eines Kalendervierteljahres kündigen, um das bis dahin gesparte Kapital auf einen anderen Riester-Vertrag desselben oder eines anderen Anbieters übertragen zu lassen. Oder sie entnehmen das gesparte Kapital ganz oder teilweise zum Erwerb von selbstgenutztem Wohneigentum. Bei Rentenbeginn können sie zudem 30 Prozent des Kapitals auf einen Schlag erhalten. Ein Riester-Sparer darf seinen Vertrag aber weder an einen Gläubiger abtreten noch auf andere übertragen.

Vor Vertragsabschluss muss der Anbieter die Kunden über alle Kosten unterrichten: die Kosten für den Abschluss, laufende Verwaltungskosten und die Kosten für einen Vertragswechsel. Einmal im Jahr ist eine Standmitteilung über das gesparte Kapital und die erwirtschafteten Erträge fällig. So sieht der Kunde, ob seine Altersvorsorge sich gut entwickelt. Ist er unzufrieden, kann er den Vertrag wechseln. Wie viel er für den Wechsel zahlen muss, regelt das Gesetz nicht. Die Kosten hängen von der Produktvariante und vom Anbieter ab.

TIPP Den richtigen Vertrag finden

Vertragsarten. Riester-Sparen ist mit Rentenversicherungen, Bank- und Fondssparplänen und mit Bausparverträgen möglich. Die Förderung ist überall gleich. Wählen Sie einen Sparplan, wenn Sie nicht immer regelmäßig einzahlen werden. Rentenversicherungen lohnen sich nur, wenn Sie gleichmäßig einzahlen, weil die Abschlusskosten auf die anfangs vereinbarten Beiträge zugeschnitten sind. Wer aussetzt oder weniger einzahlt, ist meist übermäßig mit Kosten belastet worden.

Auswahl. Als Riester-Rentenversicherung empfiehlt sich nur die klassische Form (siehe Seite 65). Bei den Fondspolicen im Riester-Gewand fehlt Ihnen die Sicherheit des Garantiezinses, die Versicherungskosten belasten Sie aber trotzdem. Wollen Sie auf Fonds setzen, ist ein Riester-Fondssparplan (siehe Seite 63) besser. Geringe Kosten bei höchster Sicherheit bieten Ihnen Riester-Banksparpläne (siehe Seite 61). Und die Wohn-Riester-Förderung gibt es gratis zum Hausbau oder -kauf dazu. Am günstigsten sind die Kombikredite der Bausparkassen (siehe Seite 71).

Flexibilität. Mit einem Riester-Vertrag gehen Sie so gut wie kein Risiko ein. Die Beiträge sind Ihnen zum Rentenbeginn garantiert. Sie können die Zahlung jederzeit aussetzen. Steigen Sie jedoch früh aus einer Rentenversicherung aus, verlieren Sie Geld, weil Sie in den ersten Jahren meist alle Abschlusskosten bezahlen. Ein Ausstieg aus einem Fondssparplan in einer schlechten Börsenphase kann ebenfalls Verlust bedeuten. Höchste Flexibilität bietet ein Banksparplan, denn hier geht es immer aufwärts.

INFO **Riester-Verträge: Das kann man falsch machen**

Am besten kommen Sparer weg, die sich ein gutes Riester-Angebot (unter www.test.de) heraussuchen, das zu ihnen passt (siehe Tabelle Seite 60). Komplett falsch kann niemand mit irgendeinem Riester-Vertrag liegen, denn die staatliche Förderung allein macht aus dem Eingezahlten überall zumindest etwas mehr als das, was der Sparer selbst einbringt. Grundvoraussetzung für eine erfolgreiche Anlage ist, dass Sie Ihre Förderung abholen. Tun Sie das nicht, verfällt sie.

Um staatliche Zulagen zu erhalten, müssen Sie den Zulagenantrag, den Sie vom Anbieter erhalten, ausfüllen und an diesen zurücksenden oder bei ihm abgeben. Der Antrag gilt auf Dauer. Sie müssen ihn nur erneuern, wenn sich beispielsweise durch die Geburt eines Kindes oder durch Scheidung Ihre familiäre Situation ändert.

Auch die steuerliche Förderung fließt nicht automatisch. Wer den entsprechenden Vordruck einschließlich der verlangten Belege nicht zusammen mit seiner Steuererklärung beim Finanzamt abgibt, verzichtet auf zusätzliche Steuervorteile durch seinen Altersvorsorgevertrag.

Zahl der Sparer steigt stetig

Bei Einführung der Riester-Rente 2002 gab es einen Boom, dann wurden die Interessenten zurückhaltender, auch weil die Angebote als kompliziert verschrien waren. Seit die Riester-Rente vereinfacht wurde, wächst die Zahl der Sparer stetig.

Jeder, der ein rentenversicherungspflichtiges Einkommen hat oder Beamter ist, der Arbeitslosengeld erhält oder der es bekäme, wenn er oder sein Partner weniger Geld hätten, kann die Riester-Förderung bekommen. Auch Mütter und Väter in der Elternzeit sind förderberechtigt. Alle anderen, zum Beispiel Selbstständige, können „riestern", wenn ihr förderberechtigter Ehepartner dies auch tut. Sie sind dann „indirekt" förderberechtigt.

Gezahlt wird aus dem Netto

Alle Sparer überweisen ihre Riester-Beiträge aus ihrem Nettoeinkommen. Sozialabgaben und Steuern sind also vorher davon abgegangen. Nur die schon bezahlte Steuer können sich Riester-Sparer im darauffolgenden Jahr zurückholen. Sie wird ihnen erstattet, wenn sie in ihrer Steuererklärung das Formular für den speziellen Sonderausgabenabzug ausfüllen und eine Bestätigung ihres Anbieters über ihren Eigenbeitrag beifügen.

Die spätere Riester-Rente ist komplett steuerpflichtig. Da der Steuersatz im Alter meist niedriger ist als vor der Rente, rechnet sich die Sache dennoch. Sozialabgaben fallen auf die Rente keine an. Eine Ausnahme gibt es nur für die wenigen

Rentner, die im Alter freiwillig gesetzlich krankenversichert sind. Sie zahlen Kranken- und Pflegeversicherungsbeiträge auf ihre Rente. Beitragspflichtig für gesetzlich versicherte Rentner ist eine Auszahlung hingegen immer, wenn sie über einen ehemaligen Arbeitgeber erfolgt.

Deshalb ist es nicht sinnvoll, die Riester-Förderung für eine betriebliche Altersversorgung zu nutzen. Das ist möglich, bringt aber nicht mehr staatliche Förderung als der private Riester-Vertrag. Besser „riestern" Sparer also privat und stecken zusätzlich Geld in eine Betriebsrente, sofern sie noch etwas mehr für ihre Altersvorsorge erübrigen können.

Die Höhe des Eigenanteils

Die Höhe der Förderung hängt auch davon ab, wie viel Riester-Sparer selbst einzahlen. Volle Zulagen gewährt der Staat nur, wenn mindestens 4 Prozent vom Jahresbruttoeinkommen des Sparers im Vorjahr in den Vertrag fließen. Verdient jemand 30 000 Euro, sind also 1 200 Euro nötig. Diesen Betrag muss der Sparer nicht allein einzahlen. Ihm steht noch eine Zulage zu, die er vom nötigen Riester-Beitrag abziehen kann.

Beispiel: Ein Single, der 2009 insgesamt 30 000 Euro brutto verdiente, müsste 2010 als eigenen Mindestbeitrag 1 046 Euro einzahlen, um die volle Grundzulage von 154 Euro zu kassieren. Das macht zusammen 1 200 Euro. Hätte jemand mit diesem Einkommen zwei Kinder, reichten ihm 676 Euro für die volle Zulage von dann 524 Euro (154 Euro Grundzulage plus zweimal 185 Euro Kinderzulage).

Zahlt ein Sparer weniger ein, erhält er die Zulage anteilig. Mindestens sind 60 Euro nötig. So viel müssen auch

JÄHRLICHE ZULAGEN VOM STAAT

Um die Riester-Förderung voll erhalten zu können, müssen Sparer einen einkommensabhängigen Beitrag selbst aufbringen. Inklusive der Zulagen, die dem Sparer zustehen, sind seit 2008 dafür 4 Prozent des Vorjahresbruttoeinkommens nötig. Wer sehr wenig verdient, muss generell mindestens 60 Euro pro Jahr selbst aufbringen.

Grundzulage (Euro)	**Zulage je Kind, geboren vor 2008** (Euro)	**Zulage je Kind, geboren ab 2008** (Euro)	**Gesamtbeitrag aus Eigenanteil und Zulage**	**Maximal geförderter Beitrag inklusive Zulagen** (Euro)
154	185	300	4 %[1]	2 100

1) In Prozent des rentenversicherungspflichtigen Vorjahreseinkommens (brutto).

Geringverdiener und Riester-Kunden in der Elternzeit pro Jahr überweisen, um sich volle Zulagen zu sichern. Vorsicht: Der Maßstab für den nötigen Eigenbeitrag ist immer das Bruttoeinkommen im Vorjahr, also auch in der Elternzeit.

Sparer können auch mehr Geld in einen Riester-Vertrag stecken als sie nach ihrem Vorjahreseinkommen müssten. Damit sichern sie sich eine höhere Zusatzrente und oft einen größeren Steuervorteil. Maximal werden 2 100 Euro Beitrag im Jahr steuerlich gefördert. Der individuelle Höchstbeitrag hängt von den Zulagen eines Sparers ab und damit von der Zahl der Kinder, für die er Kindergeld erhält.

Riester-Rente ist Hartz-sicher

Wird ein Sparer arbeitslos, muss er sein Riester-Vermögen nicht antasten, um einen Anspruch auf Arbeitslosengeld II zu erhalten. Riester-Vermögen ist wie ebenso Geld, das in einer Betriebsrente steckt, „Hartz-sicher“.

Auch für Erben bleibt etwas

Riester-Geld ist nicht verloren, wenn der Sparer stirbt. Bei Fonds- und Banksparplänen kann das Vermögen in der Ansparphase vererbt werden. Aus einer Riester-Rentenversicherung fließt Geld an Erben, wenn eine Leistung bei Tod vereinbart war. In der Auszahlungsphase kommt es auf die Vertragsregelungen an, ob und wie viel Erben vom Restguthaben erhalten. Erben müssen die staatliche Förderung allerdings zurückzahlen. Ausnahme Ehepartner: Der Ehepartner eines verstorbenen Riester-Kunden kann alles Gesparte auf seinen eigenen Riester-Vertrag übertragen. Hat er keinen Vertrag, kann er extra für diesen Zweck einen abschließen.

Unabhängig vom Geschlecht

Seit 2006 muss eine Riester-Rente unabhängig vom Geschlecht des Kunden sein (Unisex-Tarife). Wie für die gesetzliche Rente gilt: Gleiche Rente für gleiche Beiträge. Nur Riester-Rentenversicherungen, die vor 2006 abgeschlossen wurden, stellen Frauen schlechter als Männer. Wegen ihrer höheren Lebenserwartung bekommen sie eine geringere Monatsrente.

Ab 60 kann ausgezahlt werden

Die Auszahlung einer Riester-Rente darf ab dem 60. Geburtstag eines Sparers beginnen, auch wenn die erste gesetzliche Rente erst mit 65 Jahren an ihn ausgezahlt wird. Ein Riester-Sparer kann also schon als noch Berufstätiger seine Riester-Rente starten lassen. Spätestens muss die Auszahlung mit 67 Jahren beginnen.

Vorgesehen ist normalerweise eine lebenslange monatliche Rente. Einige Anbieter lassen auch jährliche Auszahlungen an den Riester-Rentner zu. Sparer dürfen außerdem bis zu 30 Prozent ihres gesparten Kapitals bei Auszahlungsbeginn auf einen Schlag entnehmen. Voraussetzung ist, dass ihr Vertrag dies vorsieht. Das ist allerdings üblich.

Bei sehr geringer Ansparsumme ist ausnahmsweise auch eine komplette Entnahme des Guthabens bei Rentenbeginn zulässig. Die Auszahlung muss dafür 1 Prozent der monatlichen Bezugsgröße unterschreiten (2010: 25,55 Euro im Monat).

Sparer können ihr Guthaben bei Rentenbeginn zudem in voller Höhe für die Tilgung von Restschulden zur Finanzierung eines selbstgenutzten Eigenheims nutzen.

Investmentgesellschaften und Banken, die Anbieter von Riester-Fonds- beziehungsweise Banksparplänen, bieten ihren Kunden noch eine weitere Möglichkeit an:

INFO
Vom Vertrag zur Zulage

Vertrag. Die Riester-Förderung lässt sich über einen Riester-tauglichen Fonds- oder Banksparplan, eine Rentenversicherung oder das neue „Wohn-Riester" nutzen. Förderberechtigte müssen einen zertifizierten Vertrag abschließen und einen eigenen Beitrag einzahlen. Indirekt förderberechtigte Ehepartner können Zulagen nur erhalten, wenn auch ihr direkt förderberechtigter Ehepartner einen Vertrag abschließt und einen Eigenbeitrag überweist.

Zulagen. Der Staat zahlt auf Antrag für jedes Jahr eine oder mehrere Zulagen in den Riester-Vertrag ein. Das Geld geht aber immer erst im darauffolgenden Jahr ein. Den Zulagenantrag erhält der Kunde vom Anbieter. Er muss ihn ausfüllen und zurücksenden. Der Anbieter leitet das Formular an die Zulagenstelle weiter. Der Antrag muss bei Änderung der Familienverhältnisse, etwa nach Geburt eines Kindes, erneuert werden. Pro Kind bekommen Eltern eine Zulage. Sie legen fest, ob die Mutter oder der Vater sie erhalten soll.

Einzahlung. Volle Zulagen sichern sich Sparer, die mindestens 4 Prozent ihres Bruttoeinkommens des Vorjahres minus Zulage einzahlen. Wer weniger spart, erhält weniger Zulage.

Steuervorteile. Sparer können ihre Einzahlung inklusive Zulagen von der Steuer absetzen. Die Zulagen werden vom Steuervorteil abgezogen. Um sich die schon gezahlte Steuer zurückzuholen, müssen Sparer ihrer Steuererklärung eine Bestätigung ihres Anbieters über ihren selbstgezahlten Beitrag beilegen. Seit 2008 werden dauerhaft maximal bis zu 2 100 Euro im Jahr gefördert. Der Beitrag gilt einschließlich eingegangener Zulagen. Der Steuervorteil ist geringer, wenn wegen mehrerer Kinder hohe Zulagen zusammenkommen.

Statt einer lebenslangen Rente können Sparer einen Auszahlplan wählen, ihr Geld also in Raten beziehen. Ein Teil des Kapitals muss für eine lebenslange Rente ab 85 Jahren reserviert werden. Das Restkapital ist aber vererbbar.

Rentenversicherungen laufen gleich auf eine lebenslange Rentenzahlung hinaus. Kunden können den Anbieter aber vor oder mit Beginn der Auszahlungsphase noch einmal wechseln, beispielsweise um doch lieber einen Auszahlplan zu nutzen.

Kein Nachteil als Rentner im EU-Ausland

Rentner mit einem Riester-Vertrag müssen die staatliche Förderung nicht mehr zurückzahlen, wenn sie ins EU-Ausland umziehen. Dies hat der Europäische Gerichtshof (EuGH) entschieden und die Bundesregierung aufgefordert, die Regeln für die Riester-Rente zu ändern (Az. C-269/07).

Die Bestimmung, wonach Rentner die Förderung zurückzahlen müssen, wenn sie auswandern, widerspreche der Freizügigkeit. Bislang müssen Rentner die Zulagen zurückzahlen, wenn sie im Alter ihren Wohnsitz in ein anderes EU-Land verlegen. Der EuGH bescheinigte der Rückzahlungspflicht einen „abschreckenden Charakter". Denn Erwerbstätige, die über einen späteren Umzug ins Ausland nachdenken, würden womöglich von vornherein auf die Fördergelder verzichten. Die bisherige Regelung hatte auch Vorteile. Gab ein Riester-Rentner seinen Wohnsitz in Deutschland auf und zog ins Ausland, zweigte der Anbieter von jeder an ihn ausgezahlten Riester-Rente 15 Prozent für die Zulagenstelle ab, bis alle Steuervorteile und Zulagen abgezahlt waren – theoretisch. Einen praktischen Fall hatte es bisher noch nicht gegeben. Die Zinserträge aus der Ansparphase wären dem Riester-Sparer nicht genommen worden. Schon das hätte die Sache dennoch rentabel gemacht. Zudem wären aber auch die deutschen Steuern auf die Riester-Rente entfallen.

Der EuGH kippte ebenso die Vorschrift, wonach das mit Wohn-Riester-Verträgen geförderte Kapital nur für den Kauf von Immobilien in Deutschland verwendet werden darf. Künftig dürfen Riester-Sparer überall in der Europäischen Union Wohnungen und Häuser mit staatlich geförderten Darlehen erwerben.

Von der jetzigen Regelung benachteiligt sind nach Auffassung des Europäischen Gerichtshofs auch in Deutschland beschäftigte Arbeitnehmer, die im Ausland wohnen. Bislang haben Arbeitnehmer nur einen Anspruch auf Zulagen, wenn sie in Deutschland Steuern zahlen. Die sogenannten Grenzarbeitnehmer, die hier arbeiten und in einem Nachbarland wohnen, sind aber häufig dort steuerpflichtig. Nach dem EuGH-Urteil haben sie ebenfalls ein Recht auf Riester-Förderung.

Sechs Vertragsarten für Sparer

Riester-Angebote gibt es viele. Aber längst nicht jeder Anbieter hat das Produkt, das am besten zum Kunden passt.

FÜR JEDEN SPARTYP DER PASSENDE RIESTER-VERTRAG

Die Auswahl des optimalen Produkts ist sehr wichtig für die Höhe der Rente. Doch egal, wofür sich ein Anleger entscheidet: Mindestens die eingezahlten Beiträge und die staatlichen Zulagen stehen ihm am Ende der Sparphase für die Rente zur Verfügung.

Riester-Vertrag	Chancen	Risiken
Klassische Rentenversicherung	Mäßige Renditechancen. Es gibt einen geringen garantierten Zins und normalerweise eine Überschussbeteiligung.	Der Garantiezins von 2,25 Prozent bezieht sich nur auf den Teil des Beitrags, der nach Abzug der Kosten übrig bleibt. Die zusätzlichen Überschüsse hängen davon ab, wie kostengünstig der Versicherer arbeitet und wie erfolgreich er das Geld seiner Kunden anlegt. Wegen der Abschlusskosten ist ein Wechsel oft teuer.
Rentenversicherung mit Fonds	Höhere Renditen als bei klassischen Rentenversicherungen möglich.	Zwischenzeitliche Verluste möglich. Wegen der Abschlusskosten ist ein Wechsel des Vertrags oft teuer.
Fondssparplan	Hohe Renditen möglich, weil Anleger von den Chancen an den Aktienmärkten profitieren können.	Zwischenzeitliche Verluste möglich. Bei einem Wechsel muss der Sparer erneut mit einem Ausgabeaufschlag rechnen.
Banksparplan	Mäßige, an der Entwicklung der Kapitalmarktzinsen orientierte Rendite.	Keine. Die Anlage kann nicht ins Minus rutschen.
Bausparvertrag	Niedrige Zinsen. Aber nach Zuteilung Anspruch auf ein günstiges Baudarlehen.	Keine. Aber die Anlage kann anfänglich geringfügig ins Minus rutschen.
Darlehen oder Bauspar-Kombi-Kredit	Nur für diejenigen geeignet, die eine selbstgenutzte Immobilie kaufen oder bauen. Darüber hinaus ist Wohn-Riester, also die Entnahme von Kapital für ein Eigenheim, aus jedem	

Am meisten verkauft werden Rentenversicherungen. Geeignet sind die Policen aber nur für eine Minderheit.

Für jüngere Anleger, die Kursschwankungen über eine lange Laufzeit besser ausgleichen können, sind Fondssparpläne ideal, weil die Renditechancen hier größer sind. Bei kurzen Laufzeiten ist aber die Gefahr groß, dass Sparer am Ende mit einer mickrigen Rendite dastehen.

Ältere Sparer liegen deshalb mit einem Riester-Banksparplan richtig. Dort gibt es sichere Zinsen und der Sparer hat – anders als bei einer Rentenversicherung oder einem Fondssparplan – kaum Kosten. Sparer, die eine selbstgenutzte Immobilie kaufen oder bauen wollen, können ebenfalls auf die Riester-Förderung zurückgreifen. Seit 2008 gibt es Riester-Bausparverträge und Riester-Darlehen.

Besonders geeignet ...
... für Sparer, die zwischen 40 und 50 Jahre alt sind und die Mindesthöhe ihrer Rente bereits bei Vertragsabschluss wissen wollen.
... nur für Anleger, die ihre Einzahlungen auf möglichst viele Fonds verteilen möchten und dafür die höheren Kosten einer fondsgebundenen Rentenversicherung in Kauf nehmen.
... für Anleger bis 45 Jahre, die es verkraften können, dass ihre Anlage während der Ansparphase auch ins Minus rutschen kann.
... für Sparer ab 50 Jahre und für jüngere Sparer, die sichere Erträge wollen oder eine selbstgenutzte Immobilie bauen oder kaufen möchten und das Geld später dafür nutzen wollen.
... für Sparer, die später ganz sicher eine Immobilie für die Selbstnutzung bauen oder kaufen wollen.
Riester-Vertrag möglich. Zur Finanzierung einer Immobilie ist die Riester-Förderung ideal.

Riester-Banksparpläne

Die besten Riester-Banksparpläne verbinden maximale Sicherheit mit guter Rendite. Für viele Riester-Sparer sind sie ideal. Die großen deutschen Finanzinstitute zeigen Riester-Banksparplänen allerdings die kalte Schulter. Im Extremfall müssen Interessierte durchs halbe Land telefonieren, um einen Vertrag abzuschließen. In vielen Regionen Deutschlands gibt es keine einzige Bank, die einen Riester-Banksparplan anbietet. Aus Sicht der Banken mag das verständlich sein, denn an Sparplänen können sie nicht viel verdienen.

Ein Armutszeugnis ist diese Haltung dennoch. Schließlich wird dem Kunden der Zugang zu einer leicht verständlichen und kostengünstigen Sparform erschwert.

Die Angebote stammen aus Günzburg, Pfullendorf, Höxter oder Heuchelheim. Vom Glanz der großen Finanzwelt sind sie Lichtjahre entfernt. Riester-Banksparpläne haben ihre Wurzeln in der deutschen Provinz, sie sind bodenständig und kreuzsolide. Vor ein paar Jahren fanden das viele langweilig, aber in Zeiten internationaler Finanzkrisen wird der vermeintliche Makel zum Pluspunkt.

Finanztest hat das Alterssparen mit Riester-Banksparplänen seit jeher empfohlen, aber auch stets darauf hingewiesen, dass es große Qualitätsunterschiede gibt. Neben einer Reihe ausgezeichneter Produkte gibt es auch bei den Banksparplänen einige, von denen Sparer die Finger lassen sollten.

Die Qualität eines Riester-Sparplans können Kunden kaum selbst beurteilen. Zu unterschiedlich sind die Produkte konstruiert, zu unterschiedlich sind ihre Referenzzinsen und Bonussysteme.

Wie viel bei einem Banksparplan am Ende tatsächlich herausspringt, lässt sich nicht genau vorhersagen. Das hängt von der künftigen Zinsentwicklung ab.

Fast alle Sparpläne sind an die allgemeine Zinsentwicklung gekoppelt. Laut ei-

RIESTER-BANKSPARPLAN

Geeignet für alle Sparer ab etwa 40 Jahren und für jüngere Kunden, die viel Wert auf sichere Renditen und Flexibilität legen.

- ➔ **Renditechance**
- ↑ **Sicherheit**
- ↗ **Flexibilität**
- ↑ **Bequemlichkeit**

nem Urteil des Bundesgerichtshofs ist gar nichts anderes erlaubt. So soll verhindert werden, dass die Banken Kunden mit hohen Zinsen anlocken, um dann in aller Stille abzukassieren. Das können sie recht einfach tun, wenn sie den anfangs gewährten Zins einem steigenden Zinsniveau nicht anpassen oder ihn gar senken.

Auf den aktuellen Zinstrend reagieren nur die Sparpläne unmittelbar, die an einen tagesaktuellen Referenzzins gebunden sind. In der Regel handelt es sich um die Umlaufrendite, die börsentäglich das Zinsniveau von Bundeswertpapieren unterschiedlicher Laufzeiten abbildet.

Diese Sparpläne passen sich Zinssteigerungen oder -senkungen sehr schnell an. Der Zins wird meist vierteljährlich angeglichen. Älteren Sparern, die bis zur Rente eher steigende Zinsen erwarten, empfehlen wir deshalb gute Umlaufrendite-Sparpläne. Die meisten Sparpläne sind jedoch nicht an die Umlaufrendite oder an einen anderen tagesaktuellen Zins gebunden. Sie passen sich schleppender an ein verändertes Zinsniveau an. Ihre Verzinsung bezieht sich auf Zinsmischungen, die für längere Zeiträume zurückgerechnet werden. Es können schon ein bis zwei Jahre vergehen, ehe ihr Zins nennenswert auf eine stärkere Zinserhöhung reagiert.

Dafür belohnen die Anbieter dieser Sparpläne treue Kunden mit Zinsstaffeln und mit zusätzlichen Bonuszahlungen für ihr Durchhaltevermögen. Je länger Sparer bei der Stange bleiben, desto höher ist ihre Rendite.

Für Sparer jenseits der 50 Jahre sind solche Angebote weniger attraktiv als Sparpläne mit Bindung an einen tagesaktuellen Zins. Wer für die nächsten Jahre aber stabile oder fallende Zinsen erwartet, sollte auch als älterer Sparer zugreifen.

Vorsichtig sollten Sparer sein, wenn ein attraktives Angebot für einen Riester-Banksparplan auf freiwilligen Leistungen der Bank beruht. Etliche Institute zahlen zurzeit einen höheren aktuellen Zins, als dem Sparer nach dem Vertrag zusteht. Der Bank tut es nicht weh, für die anfangs recht geringen Sparplansummen einen Zinsaufschlag zu gewähren. Der Sparer hat allerdings keinerlei Anspruch darauf, dass das auf Dauer so bleibt.

Hinweise dazu, wie Interessenten einen guten Banksparplan finden, gibt es auf Seite 69. Für Sparer, die mit ihrem Banksparplan irgendwann unzufrieden sind, ist es auf der anderen Seite einfach, den Anbieter zu wechseln. Verluste müssen sie beim Umstieg nicht befürchten. Die Kosten für eine Kündigung sind meist überschaubar, üblich sind 50 bis 100 Euro.

Riester-Fondssparpläne

Die Finanzmarktkrise hat auch die Riester-Fondssparpläne gerupft. Doch die Einzahlungen der Sparer und die staatlichen Zulagen werden dennoch bei Rentenbeginn garantiert zur Verfügung stehen. Dazu ist der Anbieter verpflichtet. Die Krise beeinträchtigt lediglich zeitweise die Rendite der Aktienfonds, in die Einzahlungen der Sparer fließen.

Riester-Fondssparpläne bestehen aber selten nur aus Aktienfonds. Bei den meisten Produkten steckt ein Teil der Beiträge ohnehin in sichereren Rentenfonds.

Auf lange Sicht werden sich die turbulenten Börsentage im Herbst 2008 wahrscheinlich kaum an der künftigen Rentenhöhe ablesen lassen. Selbst Sparer, deren Rentenbeginn kurz bevorsteht, müssen die Köpfe nicht hängen lassen. Nur wenige Riester-Fondssparer investieren bis zum Rentenbeginn zu 100 Prozent in Aktienfonds. Meist schichten die Manager Jahre vorher in sichere Zinspapiere um.

Sogar in dem unwahrscheinlichen Fall, dass die Fonds in einem Riester-Fondssparplan gar keine Erträge einfahren würden, hätten die betroffenen Riester-Sparer am Ende mehr, als sie selbst eingezahlt haben. Dafür sorgen schon die Zulagen vom Staat.

Riester-Fondssparpläne gibt es nur von sechs Anbietern. Die Fondsgesellschaften DWS und cominvest haben gleich mehrere Varianten von unterschiedlicher Qualität. Cominvest lässt den Riester-Sparern zudem die Auswahl aus mehreren Fonds.

Für Anleger unter 40 Jahren sind die DWS Toprente Dynamik und die UniProfirente von Union Investment nach Finanztest-Untersuchungen die besten Angebote auf dem Markt. Bei beiden Produkten werden bis zu 100 Prozent der Einzahlungen und Zulagen in Aktienfonds investiert. Läuft es an den Börsen gut, lassen sich so die höchsten Renditen erzielen.

Über 40 bleibt risikofreudigen Riester-Sparern nur noch die UniProfirente für ein reines Aktieninvestment.

Ab 50 Jahren sollten Sparer nicht mehr in einen Riester-Fondssparplan einsteigen.

Sparer, die nach ihrem 45. oder sogar 50. Geburtstag beginnen, laufen Gefahr,

RIESTER-FONDSSPARPLAN

Geeignet für Sparer unter 40 Jahren. Sie sollten die hohen Renditechancen der Aktienfonds nutzen. Ungeeignet, wenn sie ein Eigenheim bauen oder kaufen wollen.

- ↗ **Renditechance**
- ↗ **Sicherheit**
- → **Flexibilität**
- ↑ **Bequemlichkeit**

dass die Fondsgesellschaft schon kurz nach Vertragsbeginn die Sicherungsphase einläutet. Sie entscheiden sich für einen Fondssparplan, weil sie noch zehn Jahre oder länger von den Chancen der Aktienfonds profitieren wollen. Doch wenige Jahre später kann ihr Vertrag je nach Börsenphase bereits voll auf Zinspapiere umgestellt sein.

Die Fondsgesellschaften verlagern mit zunehmendem Lebensalter der Sparer das Schwergewicht des Investments von Aktien auf Zinspapiere. So stellen sie die gesetzlich geforderte Garantie für die Einzahlungen und die Zulagen sicher.

Als Zieltermin haben einige Gesellschaften das 60. Lebensjahr gewählt, auch wenn der tatsächliche Rentenbeginn erst fünf Jahre später liegt. Dann setzt die Sicherung viel zu früh ein.

Junge Menschen, die sich für einen Riester-Fondssparplan entscheiden, wissen, dass sie Schwankungen im Wertzuwachs des Riester-Vertrags riskieren.

Läuft es an den Börsen gut, erzielen Riester-Fondssparpläne höhere Renditen als Banksparpläne und Rentenversicherungen, die beiden weiteren Varianten.

Schlecht beraten wären die Anleger, wenn sie wegen der gefallenen Aktienkurse in einen anderen Vertrag wechseln würden, zum Beispiel einen Banksparplan. Damit würden sie die Verluste festschreiben. Beim gegenwärtigen Anbieter sind alle eigenen Einzahlungen und die Zulagen, die in den Riester-Fondssparplan geflossen sind, zum vereinbarten Rentenbeginn garantiert. Weniger kann es nicht werden, auch wenn die Börsenkurse zwischenzeitlich stark nach unten ausschlagen.

Bei einem Wechsel kann der Sparer allerdings nicht die Summe seiner Einzahlungen und die Zulagen mitnehmen, sondern nur die Summe, die sein Konto ausweist. Und die liegt bei vielen Fondssparplänen im Augenblick unter den geleisteten Einzahlungen.

Der neue Anbieter garantiert nur den niedrigeren Betrag, der bei ihm eingezahlt wird. Das Börsentief auszusitzen, bringt also auf jeden Fall mehr als ein Wechsel. Ob Sparer wegen der Finanzkrise schon jetzt mit Abstrichen bei ihrer Rendite rechnen müssen, hängt von ihrem Alter ab. Wenn sie in den nächsten paar Jahren in Rente gehen, bleibt ihnen nicht mehr genug Zeit, um die Verluste dieses Herbstes auszugleichen.

Für Riester-Fondssparer, die noch zehn oder mehr Jahre auf die Rente warten können, sieht es besser aus. Im Augenblick profitieren sie von den niedrigen Preisen für die Fondsanteile. Wenn die Krise der Finanzmärkte ausgestanden ist, dürften die Kurse der Aktien wieder steigen. Die Riester-Fondssparer sind dann an diesen Gewinnen beteiligt.

Klassische Riester-Rentenversicherung

Durch die Garantiezinsen gehen Vorsorgesparer mit den klassischen Riester-Rentenversicherungen keinerlei Risiko ein. Hier fließt das Geld der Kunden überwiegend in sichere Kapitalanlagen. Die garantierte Verzinsung beträgt zurzeit 2,25 Prozent. Die Rente kann durch Überschüsse steigen, wenn das Versicherungsunternehmen das Geld der Kunden am Kapitalmarkt erfolgreich anlegt.

Hier gibt es also immer ein Plus, sofern Kunden den Vertrag wie vereinbart bedienen. Doch sie sollten die Kosten kennen. Und sie sollten wirklich eine klassische Variante mit Garantiezins abschließen und nicht aus Versehen eine fondsgebundene Riester-Police, die wenig aufgeklärten Kunden gern untergejubelt wird.

KLASSISCHE RIESTER-POLICEN

Geeignet für Sparer mittleren Alters bis etwa 50 Jahre, die die Beiträge über die gesamte Laufzeit aufbringen können und das richtige Angebot wählen.

- ➔ **Renditechance**
- ↑ **Sicherheit**
- ↘ **Flexibilität**
- ↑ **Bequemlichkeit**

Viele Gesellschaften verrechnen den überwiegenden Teil der Abschlusskosten in den ersten Vertragsjahren. Dazu zählen die Provisionen für den Vermittler, Kosten für das Prüfen des Antrags und das Ausfertigen der Versicherungspolice. 4 Prozent und mehr von der Beitragssumme können die Unternehmen dafür abziehen.

Durchhalten ist wichtig

Die Versicherungsunternehmen müssen die Gesamtkosten lediglich über die ersten fünf Jahre verteilen. So regelt es das Gesetz für Riester-Versicherungsverträge, die ab 2005 abgeschlossen wurden.

Abschluss- und Verwaltungskosten führen dazu, dass Versicherungsverträge in den ersten Jahren kaum Rendite machen. Viele Sparer sind über Jahre hinaus sogar weit im Minus.

Das gilt für fondsgebundene und klassische Rentenversicherung gleichermaßen. Erträge bringt immer nur der Teil des Geldes, der nicht für Kosten draufgeht. Halten Riester-Sparer ihren Vertrag durch, sind die mageren Anfangsjahre irgendwann vergessen.

Deshalb ist eine Rentenversicherung nur für Sparer zu empfehlen, die über ein regelmäßiges, langfristig sicheres Einkommen verfügen. Das sind meist nicht mehr ganz junge Menschen ab 40 Jahren.

Auf die Garantierente achten

Ob eine gute Rente herauskommt, hängt aber auch davon ab, wie hoch die Kosten eines Anbieters insgesamt waren.

Das macht sich in der garantierten Leistung bemerkbar. Den Garantiezins gibt es schließlich nur auf das, was nach Abzug der Kosten bleibt. Wie teuer ein Vertrag insgesamt ist, lässt sich gut an der Rentenzusage ablesen, die einem Kunden vor Vertragsbeginn auf seine Anfrage hin vorgelegt wird. Je höher die garantierte monatliche lebenslange Rente in diesem Angebot ist, umso geringer sind die Kosten, die dieser Versicherer für sich abzweigt.

Was Versicherer ihren Kunden zusätzlich zur garantierten Leistung als Überschüsse gutschreiben, ist ebenfalls wichtig. Der größte Teil der Überschüsse stammt aus dem Kapitalmarkterfolg jenseits des garantierten Zinses.

Doch dieser ist aktuell nicht berauschend. Fast alle Unternehmen haben durch die Finanzkrise im Jahr 2008 und 2009 weniger erwirtschaftet als in den zurückliegenden Jahren. In Zukunft wird sich das wohl in niedrigeren Überschussbeteiligungen bemerkbar machen.

Aktuelle Testergebnisse für klassische Riester-Rentenversicherungen finden Interessenten unter www.test.de. Kunden, die mit ihrem Vertrag unzufrieden sind, dürfen wechseln. So regelt es das Gesetz.

Die Sparer können ihr Vermögen in einen anderen Vertrag und auch auf einen neuen Anbieter übertragen, wenn das Unternehmen sie mit ihrem Ersparten annimmt. Klappt das nicht, können sie den alten Vertrag stoppen und ihr Geld liegen lassen. Für die weiteren Einzahlungen schließen sie einen neuen Vertrag ab.

Doch zuvor müssen die Sparer zwei Fragen klären: Bringt mir der neue Vertrag wirklich mehr als der alte? Und wenn ja, was kostet mich der Wechsel?

Wer in den ersten Jahren schon einen größeren Teil der Kosten bezahlt hat, stünde bei einem Wechsel besonders schlecht da. Dieses Geld ist weg, wenn sie noch einmal neu anfangen, egal, mit welchem Vertrag.

Den Vertrag gestalten

Zusätzlich kassieren die Versicherer immer gerne einen kleinen Batzen, wenn ihr Kunde etwas am Vertrag ändert. Sterben Riester-Rentner schon bald nach Rentenbeginn, erhalten Erben die Rente bis zum Ende der Rentengarantiezeit weiter, sofern eine solche Frist vereinbart wurde. Sie schmälert die Rentenzusage. Wer keine Angehörigen zu versorgen hat, sollte auf die Rentengarantiezeit verzichten. Dann fällt die zugesagte Rente in der Regel höher aus.

Ein Teil des Beitrags für eine Riester-Rentenversicherung darf auch in einen Berufsunfähigkeitsschutz des Sparers fließen. Die Anbieter begrenzen diesen allerdings meist auf 15 Prozent.

Mit einem Riester-Banksparplan oder einem Fondssparplan geht dieser Zusatzschutz nicht. Nur eine Rentenversicherung kann eine Vorsorge für Berufsunfähigkeit enthalten. Sie dürfte allerdings recht schmal ausfallen.

Investiert der Sparer den im Jahr 2009 geförderten Höchstbeitrag von 2 100 Euro, könnte er 315 Euro davon für den Berufsunfähigkeitsschutz aufwenden.

Für einen solch geringen Beitrag im Jahr bekommt er keine ausreichende Berufsunfähigkeitsrente. Gleichzeitig schmälert der Teil des Beitrags, den ein Riester-Sparer für den Schutz bei Berufsunfähigkeit aufwendet, die Altersrente spürbar. Er sollte sich besser separat für den Fall der Berufsunfähigkeit absichern. Nur wenn er keinen solchen Vertrag erhält, kann er versuchen, wenigstens einen kleinen Schutz über einen Riester-Vertrag zu bekommen. Denn der einzige Vorteil des Berufsunfähigkeitsschutzes im Rahmen der Riester-Rente ist, dass hier die Gesundheitsprüfung einfacher ist. Die Versicherungsunternehmen beschränken sich auf weniger Fragen an den Antragsteller, als dies bei einer separaten Berufsunfähigkeitsversicherung üblich ist.

RIESTER-FONDSPOLICEN

Geeignet für jüngere Sparer, die das Geld auf möglichst viele Fonds verteilen möchten, die mit ihrem Fonds-Favoriten oder einem Ökofonds riestern wollen, denn hier ist die Auswahl größer als unter den Fondssparplänen.

- ➔ **Renditechance**
- ↗ **Sicherheit**
- ↘ **Flexibilität**
- ↑ **Bequemlichkeit**

Riester-Fondspolicen

Die vierte Vertragsvariante ist die Riester-Fondspolice. Sparer schließen oft statt einer klassischen Riester-Rentenversicherung oder statt eines Riester-Banksparplans eine Riester-Fondspolice ab, ohne das wirklich zu wollen oder zu verstehen. Sie suchen einfach nach einem geeigneten Vertrag und landen bei einer Rentenversicherung mit Fonds, weil der Vermittler oder Bankberater zu einem Produkt mit höherer Renditechance rät.

Dass ihnen dann meistens nur der Erhalt des Beitrags am Ende der Sparphase sicher ist, wird nicht besprochen. Denn hier gibt es keinen Garantiezins von 2,25 Prozent auf den Sparanteil.

Teuer und riskant

Das Kundengeld, das nach Abzug der Kosten des Versicherers übrig ist, fließt in Fonds. Was einmal für die Rente zur Verfügung steht, hängt davon ab, wie sich der oder die Fonds entwickeln. Das Fondsangebot variiert je nach Anbieter stark, ist aber teilweise recht umfassend.

Sogar trotz Finanzkrise verkaufen Lebensversicherer von ihren Riester-Policen inzwischen mehr fondsgebundene Varianten als klassische Rentenversicherungen. Im ersten Halbjahr 2009 unterschrieben rund 299 000 Kunden eine Riester-Fondspolice. Für eine klassische Riester-Rentenversicherung mit zurzeit 2,25 Prozent Garantiezins entschieden sich 241 000 Kunden. Von den knapp 9,7 Millionen Riester-Rentenversicherungen, die seit Beginn der

Förderung 2002 bis Mitte 2009 abgeschlossen wurden, sind rund 3,5 Millionen Varianten mit Fonds.

Eine gute Wahl war das oft nicht. So gut wie keine Fondspolice empfahl Finanztest bei seinem letzten Test im Herbst 2009, außer mit Abstrichen die Angebote der CosmosDirekt und der Postbank (PBV). Will jemand beim Riester-Sparen auf Fonds setzen, weil er sich höhere Erträge erhofft, sind Riester-Fondssparpläne besser. Bei den Versicherern machen hohe Kosten viel vom Anlageerfolg zunichte. Und mehr Garantie als bei Sparplänen gibt es bei Fondspolicen selten.

Doch die Vermittler sind um Argumente nicht verlegen. Manchmal wird gesagt, beim reinen Fondssparplan gäbe es Ausgabeaufschläge und Depotgebühren, bei der Fondspolice nicht. Sonstige Gebühren fielen beim Sparplan jährlich auf die gesamte gesparte Summe an, bei der Versicherung nur einmalig auf die eingezahlten Beiträge. Dass die Kosten insgesamt weit über denen von Fondssparplänen liegen, wird verschwiegen. Andere Vermittler sagen, Erträge würden bei Fondssparplänen konventionell besteuert. Bei der fondsgebundenen Rentenversicherung seien gar keine Steuern zu zahlen. Falsch! Tatsächlich sind die Auszahlungen aus allen Riester-Produkten voll steuerpflichtig.

Was tun bei einem schlechten Vertrag?
Sparer, die einen solchen Vertrag haben, sind vielleicht verunsichert. Sollen sie ihr Geld lieber zu einem anderen Anbieter mitnehmen? Das Recht dazu hat der Gesetzgeber ihnen eingeräumt. Besser ist es, wenn Fondspolicensparer ihren Riester-Vertrag beitragsfrei stellen.

Der Vertrag läuft dann zwar weiter, der Sparer zahlt aber nicht mehr ein. So erhält er die Mindestgarantie für sein Geld. Denn jeder Riester-Anbieter muss Sparern zum Rentenbeginn mindestens die eingezahlten Beiträge plus die staatlichen Zulagen garantieren.

Wahrscheinlich liegt derzeit das aktuelle Guthaben der meisten Fondspolicen unter den Einzahlungen. Hohe Anfangskosten und schlechte Börsenphasen dürften das verursacht haben.

Wer jetzt nicht mehr weiterzahlt, zwingt den Versicherer, das Minus bis zur Rente auszugleichen. Für fortlaufende Überweisungen an teure Verträge wie beispielsweise die fondsgebundene Kaiserrente der Hamburg-Mannheimer oder die Victoria Förderrente dual spricht aber wirklich nichts.

Völlig falsch wäre es allerdings, eine fondsgebundene Riester-Rentenversicherung zu kündigen. Dann ist nicht nur die staatliche Förderung aus den ersten Jahren weg. Auch die hohen Anfangskosten sind verloren und die jüngste Verlustphase an den Börsen hat ihr Übriges getan.

Ein Vertragswechsel verdirbt Sparern ihre Zusatzvorsorge ebenfalls unnötigerweise. Mitnehmen und auf einen anderen Riester-Vertrag übertragen können sie lediglich das Guthaben, das im Topf ist – nach Abzug der Kosten.

Besser ist es, alles Spargeld in der Fondspolice bis zur Rente stehen zu lassen und anderswo einen neuen, besseren Riester-Vertrag zu beginnen.

Wo gibt es die passende Riester-Rente?

Weil vielen Sparern nicht das für sie optimale Riester-Produkt empfohlen wird, sollte vor der Wahl der Bezugsquelle immer die Wahl des passenden Produktes stehen. Wer nicht genau weiß, was er will, erliegt leichter den Empfehlungen der Anbieter. Diese sind aber keine unabhängigen Berater, sondern Verkäufer, und manchem liegt die Provision mehr am Herzen als die Aufgabe, das Beste für den Kunden zu finden.

Steht das Produkt erst einmal fest, grenzt das die Fülle der infrage kommenden Riester-Anbieter – von Banken über Versicherer, Investmentgesellschaften, Bausparkassen, jede Art von freien Finanzvermittlern und Maklern – schon deutlich ein. Sogar in Tchibo-Kaffeegeschäften wurden Riester-Renten verkauft. Doch nicht alle Anbieter verkaufen jedes Produkt und auch nicht zu den gleichen Konditionen.

Die neuen Wohn-Riester-Produkte werden zum Beispiel zurzeit hauptsächlich von Bausparkassen angeboten (siehe Seite 71). Riester-Darlehen wollen bisher nur einzelne Banken anbieten.

Auch Sparer, die sich für einen Riester-Banksparplan entschieden haben, kommen in ihren Filialen vor Ort oft nicht weiter. Großbanken mit deutschlandweitem Filialnetz wie Deutsche Bank, Hypovereinsbank oder Commerzbank bieten immer noch keine Riester-Banksparpläne an. Das Geschäft ist diesen Instituten nicht lukrativ genug.

Gut, dass es genug kleinere Geldinstitute gibt, die gute Banksparpläne anbieten. Wer sich für einen Banksparplan entschieden hat, kann diesen auch per Telefon und Schriftverkehr bei einer ortsfremden Bank abschließen.

Finanztest hat Riester-Banksparpläne getestet. Die Ergebnisse finden Interessenten im Internet unter www.test.de. Am besten suchen sie sich dort ein gutes Angebot aus und setzen sich mit der Bank in Verbindung.

Für Riester-Rentenversicherungen gibt es das größte Vertriebsnetz. Allein rund eine halbe Million Versicherungsvermittler versuchen in Deutschland, die Riester-Policen an Versicherungsnehmer zu vermitteln. Auch viele Banken verkaufen bevorzugt die für sie lukrativen Versicherungen ihrer Tochtergesellschaften. Selbst Institute, die Banksparpläne im Programm haben, versuchen erst einmal, eine Versicherung an die Frau oder den Mann zu bringen. Das wissen wir aus Zuschriften und Gesprächen mit unseren Lesern.

Ein Treffen mit einem Vermittler ist für den Abschluss einer Riester-Rentenversicherung meist gar nicht nötig. Wer sich für das Produkt entschieden hat, wendet sich am besten zunächst telefonisch an den Versicherer. Dieser wird meist gerne

Informationsmaterial und das Antragsformular schicken. Weitere Fragen können Kunden dann telefonisch mit den Mitarbeitern des Versicherers abklären.

Bei vielen Anbietern hilft auch das Internet weiter, besonders bei den Direktversicherern, die ihre Produkte nur über Telefon und Internet vertreiben. Hier können Kunden online Beiträge ausrechnen, ein Angebot anfordern und teilweise den gewünschten Vertrag auch abschließen.

Kosten schmälern die Rendite

Riester-Fondssparpläne bekommen Kunden bei Fondsgesellschaften und freien Fondsvermittlern. Die meisten kaufen bei den Investmentgesellschaften und wickeln den Kauf über eine Bankfiliale ab. Einige Fondssparpläne werden jedoch nur über bestimmte Filialen vertrieben, in diesem Fall über die Volks- und Raiffeisenbanken.

Der Kauf über eine Bank oder direkt bei der Fondsgesellschaft hat einen Nachteil: Die Kunden müssen meist den vollen Ausgabeaufschlag zahlen. Das können leicht 5 Prozent von jeder Einzahlung sein.

Von dieser Verkaufsprovision, die beim Erwerb von Fondsanteilen anfällt, bleiben auch die Riester-Fondsangebote nicht automatisch verschont.

Je mehr der Fonds kostet, desto geringer ist später die Rente. Ob sie einen Rabatt auf den Ausgabeaufschlag gewährt, liegt im Ermessen der Bank. Nachfragen lohnt sich – vor allem für langjährige Kunden der Bank.

Die Alternative sind die Fondsvermittler im Internet, die Riester-Fonds mit Rabatten auf den Ausgabeaufschlag anbieten (Adressen siehe Seite 152). Die DWS-Toprente, die in den Tests der Stiftung Warentest ebenfalls oft gut abschneidet, wird anders als die ebenfalls schon mehrfach empfohlene UniProfirente hauptsächlich über freie Vermittler verkauft. Obwohl die Fondsgesellschaft DWS zum Konzern der Deutschen Bank gehört, verkaufen die Mitarbeiter in den Filialen ihren Kunden die Toprente nicht.

Ein Rabatt beim Fondsvermittler sollte aber nicht den Ausschlag für oder gegen ein Angebot geben. Ein gutes Produkt mit Ausgabeaufschlag kann mehr erwirtschaften als ein mittelmäßiges mit Rabatt.

Nach dem Kauf über den Fondsvermittler werden die Anteile bei einer Fondsdepotbank gelagert. Das Depot gibt es dann allerdings selten gratis.

Bekommt der Sparer bei seiner Bank ein kostenloses Depot, sollte er durchrechnen, was für ihn billiger kommt. Wer monatlich nur sehr wenig spart, ist mit dem kostenlosen Depot oft besser bedient, selbst wenn er den vollen Ausgabeaufschlag entrichten muss.

Riester-Bausparverträge

Seit November 2008 zählt auch das Bausparen zum Katalog der geförderten Riester-Verträge. Nach ersten Anlaufschwierigkeiten verzeichnen die Bausparkassen immer mehr Zulauf. Ende 2009 hatten sich bereits mehr als 300 000 Riester-Sparer für die Bausparvariante entschieden.

Erst sparen, dann bauen – das alte Bausparprinzip gilt auch für die neuen Riester-Bausparverträge. Der Bausparer zahlt erst einmal einige Jahre lang regelmäßige Sparraten. Er spart damit nicht nur Kapital an, sondern erwirbt auch das Anrecht auf einen späteren, besonders günstigen Kredit.

Bausparen ist in erster Linie ein Instrument, mit dem sich Sparer vor einem möglichen Zinsanstieg für ihren späteren Immobilienkredit schützen können. Denn der niedrige Zinssatz für das Bauspardarlehen von meist 2,5 bis 4,0 Prozent steht schon für die gesamte Vertragslaufzeit fest – ganz egal, wie sich die Zinsen am Kapitalmarkt in der Zukunft entwickeln.

RIESTER-BAUSPAREN

Geeignet für Sparer, die mittel- bis langfristig ein Eigenheim bauen oder kaufen möchten.

Renditechance [1)]

Sicherheit (↑)

Flexibilität (↘)

Bequemlichkeit (↗)

1) Angabe nicht möglich, da es sich um einen kombinierten Spar- und Darlehensvertrag handelt.

Die Option auf das günstige Darlehen hat allerdings ihren Preis: Bis es so weit ist, müssen sich Bausparer mit mickrigen Sparzinsen von meist 0,5 bis 1,5 Prozent begnügen. Davon gehen eine Abschlussgebühr von 1 Prozent der Bausparsumme und meist auch jährliche Kontogebühren von bis zu 30 Euro im Jahr ab.

Mitunter bekommt der Bausparer nach sieben oder zehn Jahren Sparzeit nicht einmal die eingezahlten Beiträge und Zulagen zurück.

Hat der Kunde das Mindestguthaben und eine von der Bausparkasse berechnete Bewertungszahl erreicht, wird sein Vertrag zugeteilt (siehe „Bauspar-ABC" auf Seite 72). Die Zuteilung markiert den Wendepunkt, an dem er vom Sparer zum Kreditnehmer wird. Dann kann er sein Guthaben und zusätzlich das Darlehen für seine Hausfinanzierung abrufen. Die Höhe des Darlehens entspricht in der Regel der Differenz aus der vereinbarten Bausparsumme und dem angesparten Guthaben. Je nach Tarif kann die Gesamtauszahlung die Bausparsumme aber auch um bis zu 30 Prozent übersteigen.

Die Riester-Bauspartarife unterscheiden sich von ihren ungeförderten Schwestertarifen fast nur durch die staatliche Förderung. In der Riester-Variante bekommt der Sparer Zulagen auf seine Sparbeiträge. In der Darlehensphase kann er sie für die Til-

INFO Kleines Bauspar-ABC

Abschlussgebühr. Die Abschlussgebühr beträgt meist 1 Prozent der Bausparsumme. Bei Riester-Verträgen wird sie auf fünf Jahre verteilt.

Bauspardarlehen. Die Höhe des Darlehens ergibt sich meist aus der Differenz zwischen Bausparguthaben und Bausparsumme. Es gibt aber auch Tarife mit festem Darlehensanspruch von 50 oder 60 Prozent der Bausparsumme. Der Zinssatz beträgt meist 2,80 bis 4,25 Prozent, die Laufzeit oft sieben bis elf Jahre. Bauspardarlehen dürfen nur für wohnungswirtschaftliche Zwecke eingesetzt werden.

Bausparsumme. Die Bausparsumme wird ausgezahlt, wenn der Vertrag die Zuteilungsvoraussetzungen (Mindestguthaben und erforderliche Bewertungszahl) erfüllt. Ihre Höhe wird im Bausparvertrag vereinbart. Von der Bausparsumme hängen Abschlussgebühr, Mindestguthaben und Tilgungsrate ab.

Bewertungszahl. Die Kennziffer für die Sparleistung, von der die Zuteilung und oft auch die Darlehenskonditionen abhängen, wird an mehreren Stichtagen im Jahr von der Bausparkasse ermittelt. Zu den Stichtagen legen die Kassen auch die Zielbewertungszahl fest, die ein Bausparvertrag vor der Zuteilung mindestens erreichen muss.

Guthabenzins. Er beträgt meist 0,5 bis 1,5 Prozent. Bei Darlehensverzicht gibt es in einigen Tarifen einen Zinsbonus.

Mehrzuteilung. Bei Tarifen mit Mehrzuteilung kann der Bausparer ein höheres Bauspardarlehen wählen und sich so mehr als die Bausparsumme auszahlen lassen. Dafür zahlt er einen höheren Tilgungsbeitrag.

Mindestsparguthaben. Vor der Zuteilung des Vertrags muss der Bausparer bei den meisten Tarifen 30 bis 50 Prozent der Bausparsumme ansparen.

Regelsparbeitrag. Monatlicher Sparbeitrag von meist 3 bis 5 Promille der Bausparsumme, zu dem sich der Bausparer verpflichtet.

Tilgungsbeitrag. Die Rate, die der Bausparer monatlich für Zins und Tilgung des Bauspardarlehens aufbringen muss.

Zuteilung. Zeitpunkt, ab dem die Bausparkasse die Bausparsumme zur Auszahlung bereithält – meist drei bis neun Monate nach dem Stichtag, an dem der Bausparer Mindestguthaben und Zielbewertungszahl erreicht.

gung des Bauspardarlehens beantragen. Dadurch spart er mehr Eigenkapital an als mit einem ungeförderten Vertrag. Er kommt in seiner Finanzierung mit einem kleineren Kredit aus, kann ihn schneller tilgen und spart Zinsen.

Welcher Riester-Bausparvertrag sich für ihren Fall am besten eignet, ist für Riester-Sparer aber nicht einfach zu erkennen. Ein Bausparvertrag besteht aus mehr als einem Dutzend Konditionen: Guthaben- und Darlehenszinsen, Abschluss- und Kontogebühren, Mindestguthaben, Tilgungsbeitrag, Zuteilungsvoraussetzungen und vieles mehr. Entscheidend ist das Zusammenspiel dieser Bedingungen. Außerdem ist es wichtig, dass die Bausparsumme auf die Ziele des Bausparers abgestimmt wird. Die optimale Summe ist von Tarif zu Tarif verschieden. Sie hängt aber stets davon ab, wie viel Geld der Bausparer monatlich einzahlt, wie hoch die staatlichen Zulagen sind und wann der Sparer die Bausparsumme voraussichtlich benötigt.

Die nackten Tarifmerkmale verraten noch nicht, ob ein Bauspartarif günstig oder teuer ist. Die Alte Leipziger (Tarif easy finanz Riester) beispielsweise hat mit 3,9 Prozent einen für Bausparkassen recht hohen Darlehenszinssatz – und wurde im Tarifvergleich von Finanztest trotzdem klarer Testsieger. Im Verhältnis zur Sparleistung des Bausparers zahlt die Bausparkasse nämlich ein besonders hohes Darlehen aus. Sie bietet außerdem einen überdurchschnittlichen Guthabenzins und verzichtet auf Kontogebühren.

Bausparer orientieren sich am besten an den Testergebnissen der Stiftung Warentest unter www.test.de und lassen sich von den günstigen Bausparkassen individuelle Angebote erstellen.

Lohnt sich Bausparen?

Miese Sparrenditen und tolle Kreditzinsen – für Bausparer sind das zwei Seiten einer Medaille. Indem sie auf eine bessere Verzinsung verzichten, sichern sich Bausparer schon heute einen Immobilienkredit zu einem Darlehenszinssatz von nur 2,5 bis 4 Prozent. Ohne Bausparvertrag müssten sie in ein paar Jahren den Kredit für ihr Haus komplett bei einer Bank aufnehmen. Das kann teuer werden, falls die Hypothekenzinsen steigen sollten.

Was überwiegt: der Nachteil des Bausparens in der Sparphase oder der Vorteil in der Darlehensphase? Die Antwort hängt einerseits davon ab, wie viel Zinsen

TIPP **Wann sich Riester-Bausparen lohnt**

Eigenheim. Riester-Bausparverträge sind wegen der staatlichen Förderung für den Bau oder Kauf selbstgenutzter Immobilien besser geeignet als ungeförderte Verträge. Wie andere Bausparverträge lohnen sie sich aber nur, wenn Sie später wirklich bauen oder kaufen. Sind Sie unsicher, ist ein Riester-Banksparplan die bessere Wahl.

Plan. Lassen Sie sich von der Bausparkasse einen Spar- und Tilgungsplan inklusive Riester-Zulagen erstellen. Achten Sie darauf, dass der Vertrag etwa zu der Zeit zugeteilt wird, zu der Sie bauen oder kaufen wollen.

Rechner. Mit dem Bausparrechner von Finanztest können Sie Bausparangebote mit und ohne Riester-Förderung miteinander und mit einer Bankfinanzierung vergleichen. Den Excel-Rechner können Sie unter www.test.de/bausparrechner kostenlos herunterladen.

ENTSCHEIDUNG MIT DEM GRENZZINSSATZ

Finanztest hat die Riester-Bausparverträge mit einer Geldanlage und anschließender Immobilienfinanzierung über eine Bank verglichen. Der Sparer spart hier zunächst mit einem Riester-Banksparplan und nimmt dann den noch nötigen Kredit bei einer Bank auf. Bausparen ist günstiger als Banksparen, wenn der Effektivzins für das Bankdarlehen zum Bautermin höher liegt als der Grenzzinssatz in der Tabelle.
Beispiel: Hauskauf in sieben Jahren. Der Banksparplan bringt 3,0 Prozent Rendite. Liegt der Effektivzins des Bankkredits in sieben Jahren über 5,19 Prozent, ist ein Bausparvertrag bei einer günstigen Bausparkasse besser. Die Spanne der Grenzzinsen ergibt sich aus den Werten für die jeweils günstigste und teuerste Bausparkasse im jüngsten Test (Finanztest 12/09).

Rendite (Prozent) eines Riester-Bank-sparplans	Grenzzinssatz für Bankdarlehen (Effektivzins in Prozent) für Bau oder Kauf in ...					
	7 Jahren Riester-Bausparvertrag		10 Jahren Riester-Bausparvertrag		15 Jahren Riester-Bausparvertrag	
	günstig	teuer	günstig	teuer	günstig	teuer
2,0	4,64	5,69	4,17	5,06	4,04	5,34
2,5	4,91	6,16	4,47	5,51	4,39	6,02
3,0	5,19	6,65	4,79	5,99	4,77	6,77
3,5	5,48	7,18	5,13	6,50	5,18	7,61
4,0	5,78	7,75	5,49	7,04	5,62	8,54
4,5	6,09	8,36	5,87	7,63	6,11	9,59
5,0	6,41	9,02	6,27	8,26	6,65	10,78

der Sparer mit einer alternativen Geldanlage erzielen könnte, andererseits davon, wie viel Zinsen er für den anschließenden Bankkredit zahlen müsste.

Fürs Eigenheim sparen und dafür Zulagen vom Staat kassieren könnte der Sparer auch mit einem Riester-Banksparplan. Er ist genauso sicher wie ein Bausparvertrag, lässt sich ohne Verlust für die Eigenheimfinanzierung flüssig machen und bringt eine deutlich höhere Rendite. Je höher die Rendite des Banksparplans bis zum Bau oder Kauf des Eigenheims, desto größer ist der Nachteil des Bausparens in der Sparphase.

Über die Bilanz in der Darlehensphase entscheidet der Zinssatz, den ein Banksparer für das Hypothekendarlehen einer Bank zahlen muss, wenn er dann sein Eigenheim baut oder kauft. Je höher der Darlehenszins ist, desto mehr ist das Bauspardarlehen mit dem niedrigen Festzins dann wert. Wie hoch die Hypothekenzinsen in sieben oder in zehn Jahren liegen werden, kann heute niemand voraussagen. Doch es gibt einen guten Maßstab, an dem sich Riester-Sparer bei ihrer Entscheidung orientieren können: der Grenzzinssatz.

Der Grenzzinssatz gibt an, wie hoch die Zinsen für Hypothekendarlehen von der Bank mindestens steigen müssen, damit ein Bausparvertrag unterm Strich günstiger ist als ein vergleichbarer Banksparplan mit anschließendem Darlehen.

Je niedriger der Grenzzinssatz, desto attraktiver ist der Abschluss eines Bausparvertrags.

Die Tabelle links zeigt: Bausparer, die ihren Vertrag in einer Phase niedriger Sparzinsen abschließen, haben gute Chancen, dass sich ihr Vertrag unterm Strich rechnet.

Wohn-Riester

Seit 2008 können auch Bauherren und Wohnungskäufer von der Riester-Förderung profitieren. Das Geld, das sie auf einem Riester-Vertrag angespart haben, können sie als Eigenkapital für ihre Immobilienfinanzierung verwenden. Außerdem erhalten sie für die Tilgung ihres Darlehens die gleichen Zulagen und Steuervorteile wie für einen klassischen Riester-Sparvertrag. Gefördert werden aber nur selbstgenutzte Immobilien, die Eigentümer nach 2007 gebaut oder gekauft haben. Für eine Modernisierung oder für den Kauf einer vermieteten Immobilie lässt sich die Förderung nicht nutzen.

Wohn-Riester lohnt sich

Kompliziert, schwer vermittelbar, ein bürokratisches Monster – so lautet das Urteil der Kritiker über den sogenannten Wohn-Riester. Damit liegen sie nicht ganz falsch. Doch entscheidend ist: Wohn-Riester lohnt sich!

Finanztest-Berechnungen zeigen: Bauherren und Wohnungskäufer sparen durch Zulagen und Steuervorteile viele tausend Euro bei ihrer Finanzierung. Bis zum Rentenbeginn summiert sich der Vorteil bis über 50 000 Euro. Die Steuern, die sie im Rentenalter auf die geförderten Beträge zahlen müssen, sind in dieser Rechnung schon berücksichtigt (siehe Beispielrechnungen Seite 78/79).

Sparen fürs Eigenheim

Der erste Baustein der Wohn-Riester-Förderung ist die Möglichkeit, das auf einem Riester-Vertrag angesparte Vermögen als Eigenkapital für die eigenen vier Wände zu verwenden. Das gilt nicht nur für die neu geförderten Bausparverträge, sondern für alle Riester-Verträge, also beispielsweise auch für Riester-Bank- oder Riester-Fondssparpläne. Wahlweise kann der Riester-Sparer das gesamte Vermögen oder aber bis zu 75 Prozent entnehmen. Eine Mindestsumme gibt es dafür seit Anfang 2010 nicht mehr.

Die Entnahme muss der Riester-Sparer bei der Zentralen Zulagenstelle beantragen. Sie ist nur in unmittelbarem Zusammenhang mit dem Bau oder Kauf des Eigenheims erlaubt. Davon geht das Finanzamt aus, wenn Riester-Sparer das Geld innerhalb eines Monats vor dem Antrag auf Entnahme und zwölf Monaten nach der Auszahlung für den Bau oder Kauf der Immobilie ausgeben.

Deshalb kann ein Hauseigentümer sein Riester-Vermögen zum Beispiel nicht für die Sondertilgung einer bereits seit Jahren bestehenden Finanzierung nutzen. Eine Ausnahme gilt nur zu Rentenbeginn: Dann kann der Hauseigentümer sein Vorsorgevermögen zur Ablösung von Restschulden einsetzen.

Eigenheimfinanzierung mit Riester-Darlehen

Die Riester-Zulage gibt es nicht nur für einen Sparvertrag, sondern auch für die Tilgung eines Darlehens, das der Eigentümer für den Bau oder Kauf einer selbstgenutzten Wohnung aufnimmt. Hat er bereits vorher einen Riester-Bausparvertrag angespart, kann er die Zulagen für die Tilgung des Bauspardarlehens beantragen.

INFO Bauspar-Kombikredite

Kombikredite der Bausparkassen sind eine Kombination aus einem Bausparvertrag und einem tilgungsfreien Darlehen. Der Kreditnehmer schließt einen Bausparvertrag mit einer Bausparsumme in Höhe seines Kreditbedarfs ab. Mit dem tilgungsfreien Darlehen finanziert die Bausparkasse die Bausparsumme vor, bis der Bausparer ein Mindestguthaben von beispielsweise 40 Prozent angespart hat und der Bausparvertrag zugeteilt wird. Dann bekommt er sein Guthaben und ein Bauspardarlehen ausgezahlt.
Bis zur Zuteilung zahlt der Kreditnehmer die Sparraten für den Bausparvertrag und die Zinsen für das Vorausdarlehen. Wird der Vertrag zugeteilt, löst er das Vorausdarlehen mit dem Guthaben und dem Bauspardarlehen ab. Dann zahlt er die Raten für das Bauspardarlehen. Der Zinssatz ist in der Regel für beide Phasen festgelegt.
Früher waren die Kosten dieser Konstruktion oft kaum zu überblicken, weil Bausparkassen Effektivzinsen angaben, die wesentliche Kosten nicht enthielten. Für die Riester-Kombikredite gilt das nicht: Bausparvertrag und Vorausdarlehen bilden hier einen einheitlichen Vertrag. Dafür muss die Bausparkasse den Gesamteffektivzins angeben, der alle Kosten der Finanzierung berücksichtigt, auch die Abschlussgebühr und die Sparbeiträge für den Bausparvertrag. Ein Kombikredit lässt sich dadurch einfach mit einem Bankdarlehen ähnlicher Laufzeit vergleichen.

Darüber hinaus stehen zwei weitere Kreditmodelle zur Auswahl:

- Ein Riester-Darlehen mit direkter Tilgung (Annuitätendarlehen) und einer Zinsbindung von beispielsweise 10, 15 oder 20 Jahren. Von herkömmlichen Darlehen unterscheidet es sich nur durch die staatliche Förderung.
- Ein Riester-Kombikredit einer Bausparkasse. Er besteht aus einem neuen Bausparvertrag und einem tilgungsfreien Darlehen, mit dem die Bausparkasse die vereinbarte Bausparsumme bis zur Zuteilung vorfinanziert (siehe Infokasten links).

Beide Varianten müssen mehrere Bedingungen erfüllen, damit die Kunden die Förderung bekommen: Der Vertrag muss von der Bundesanstalt für Finanzdienstleistungsaufsicht zertifiziert sein. Die Finanzierung muss in eine selbstgenutzte Immobilie fließen. Sie muss so angelegt sein, dass der Kredit spätestens bis zum 68. Lebensjahr getilgt ist. Zudem muss jeder Ehepartner einen eigenen Kreditvertrag abschließen, um die Förderung auszuschöpfen.

Ob ein Bankdarlehen oder ein Bauspar-Kombikredit günstiger ist, lässt sich pauschal nicht beantworten. Es kommt immer auf die aktuellen Konditionen an, die sich für Baukredite täglich ändern können. Aktuelle Zinssätze für Riester-Darlehen und ungeförderte Kredite finden Immobilienfinanzierer jeden Monat in der Zeitschrift Finanztest.

Wichtig ist: Bei Riester-Darlehen wird nicht die gesamte Kreditrate, sondern nur der Tilgungsanteil bis zum Höchstbetrag von jährlich 2 100 Euro gefördert. In der Bausparvariante, in der das Vorausdarlehen zunächst überhaupt nicht getilgt wird, gibt es die Förderung bis zur Zuteilung des Vertrags auf die Sparbeiträge.

Nur wenige Angebote

Für Bauherren und Wohnungskäufer lohnt es sich, die staatliche Förderung voll für ihre Finanzierung auszuschöpfen. Mit der Tilgung ihres Darlehens erzielen sie eine Zinsersparnis, die dem Effektivzins des Darlehens entspricht. Kein anderer Riester-Vertrag bringt ihnen eine so hohe und zugleich sichere Rendite.

Doch es gibt eine Einschränkung: Die Auswahl an geförderten Krediten ist noch stark begrenzt. Klassische Annuitätendarlehen mit Riester-Zulagen gab es Anfang 2010 bundesweit nicht einmal von einem Dutzend Kreditinstituten.

Und längst nicht jede Bausparkasse hatte einen Riester-Kombikredit im Angebot. Solange das so ist, kann es passieren, dass Kreditnehmer für ein Riester-Darlehen einen höheren Zinssatz zahlen müssen als für ein ungefördertes Darlehen. Dann geht die Förderung ganz oder teilweise durch höhere Zinsen verloren. Ab einem Zinsaufschlag von ungefähr einem halben Prozentpunkt bleibt von der Riester-Förderung kaum etwas übrig.

Immobilienkäufer sollten aus diesem Grund genau darauf achten, ob und in welcher Höhe sie einen Aufschlag gegenüber einem ungeförderten Darlehen zahlen müssen.

Steuern im Rentenalter

Im Rentenalter müssen Riester-Sparer auch für die Eigenheimförderung Steuern zahlen. Dazu werden alle geförderten Beträge aus ihrem Vertrag – Entnahmen und Tilgungsleistungen – auf einem Wohnförderkonto verbucht. Dann wird so gerechnet, als verzinse sich dieses Geld bis zum Rentenbeginn mit 2 Prozent im Jahr.

MIT WOHN-RIESTER IM PLUS

Die Tabelle zeigt den Vorteil einer Riester-Finanzierung für verschiedene Modellfälle. Dabei sind auch die im Rentenalte

Modellfall: **Bau oder Kauf einer selbstgenutzten Wohnung und Finanzierung mit Riester-Darlehen.**	**Kreditlaufzeit[1]**	
	Ohne Riester (Jahre/Monate)	**Mit Riester (Jahre/Monate)**
Arbeitnehmer-Ehepaar (beide 35), 1 Kind (2008 geboren), gemeinsames Bruttoeinkommen 70 000 Euro pro Jahr. Finanzierung: Darlehen 200 000 Euro, Zins 5 Prozent, Tilgung 1,4 Prozent. Rente in 30 Jahren.	30/0	24/9
Arbeitnehmer-Ehepaar (beide 40), 2 Kinder (1998/2001 geboren), gemeinsames Bruttoeinkommen 50 000 Euro pro Jahr. Finanzierung: Darlehen 150 000 Euro, Zins 5 Prozent, Tilgung 2,0 Prozent. Rente in 25 Jahren.	25/0	20/11
Ehepaar (beide 40), 2 Kinder (1998/2001 geboren), Alleinverdiener mit Bruttoeinkommen 50 000 Euro pro Jahr. Finanzierung: Darlehen 150 000 Euro, Zins 5 Prozent, Tilgung 2,0 Prozent. Rente in 25 Jahren.	25/0	22/5
Alleinstehender (45) ohne Kinder, Bruttoeinkommen 40 000 Euro pro Jahr. Finanzierung: 80 000 Euro Darlehen, Zins 5 Prozent, Tilgung 2,9 Prozent. Rente in 20 Jahren.	20/0	17/0

1) Beim Riester-Darlehen haben wir unterstellt, dass der Kreditnehmer neben den Zulagen auch die Steuervorteile für Sondertilgungen einsetzt.
2) Kinderzulagen wurden jeweils bis zum 20. Lebensjahr berücksichtigt.
3) Inklusive Zinsvorteile aus der Riester-Förderung. Der Riester-Hauseigentümer spart bis zum Rentenbeginn die Kreditraten, die er bei einer Finanzierung ohne Riester noch zahlen müsste. Legt er das Geld zu einem Zinssatz von 3 Prozent nach Steuern an, entspricht das Anlagevermögen zu Rentenbeginn dem Bruttovorteil.

Ab Rentenbeginn ist der so errechnete Betrag in gleichen Raten bis zum 85. Lebensjahr des Riester-Sparers von ihm zu versteuern.

Der Eigentümer hat aber noch eine Alternative: Er kann die Steuern auch auf einen Schlag zu Rentenbeginn zahlen. Damit vermindert er den Betrag für das Finanzamt um 30 Prozent.

Beispiel: Ein 40-Jähriger kauft ein Haus, zahlt seinen Kredit in 20 Jahren ab und schöpft die maximale Riester-Förderung mit einer Tilgung von jährlich 2 100 Euro aus. Im Alter von 65 Jahren geht er in Rente. Das Wohnförderkonto weist dann 56 335 Euro aus. Jährlich muss er bis zu seinem 85. Lebensjahr 2 817 Euro versteuern. Bei einem Steuersatz von 20 Prozent

zu zahlenden Steuern berücksichtigt.

Riester-Zulagen[2] (Euro)	**Steuervorteile** (Euro)	**Bruttovorteil zu Rentenbeginn**[3] (Euro)	**Steuern im Rentenalter**[4] (Euro)	**Vorteil zu Rentenbeginn**[5] (Euro)
13 700	18 356	75 121	24 359	50 762
10 723	12 751	47 244	14 986	32 258
11 339	2 817	28 575	8 607	19 968
2 618	9 265	20 594	8 121	12 473

4) Genannt ist der Barwert der Steuerzahlungen zu Rentenbeginn. Der Barwert entspricht dem Betrag, den der Hauseigentümer zu Rentenbeginn in einen Bankauszahlplan anlegen muss, um aus den Auszahlungen die bis zum 85. Lebensjahr auf das Wohnförderkonto zu zahlenden Steuern zu begleichen. Bei der Steuerrechnung wurde unterstellt, dass der Steuersatz im Rentenalter 10 Prozentpunkte unter dem Steuersatz vor Rentenbeginn liegt.

5) Bruttovorteil der Riester-Finanzierung abzüglich Steuern gegenüber der Finanzierung ohne Riester.

sind das jeden Monat zirka 50 Euro an Steuern.

Die staatliche Wohn-Riester-Förderung gibt es ausschließlich für selbstgenutzte Immobilien. Wer sein Haus oder seine Wohnung später verkauft oder vermietet, muss den Stand des Wohnförderkontos daher vorzeitig versteuern.

Es gibt eine Reihe von Ausnahmen. Steuerliche Nachteile lassen sich zum Beispiel vermeiden, wenn der Geförderte innerhalb von vier Jahren nach dem Auszug eine neue Immobilie kauft, die er selbst nutzt. Dazu zählt auch der Kauf eines Dauerwohnrechts in einem Senioren- oder Pflegeheim.

Der Geförderte kann auch innerhalb eines Jahres einen neuen Riester-Sparvertrag abschließen, in den er die geförderten Beträge einzahlt.

Auch eine befristete Vermietung der Wohnung wegen eines berufsbedingten Umzugs ist möglich.

In diesem Fall muss der Eigentümer spätestens bis zu seinem 67. Lebensjahr wieder einziehen.

TIPP

Darauf sollten Sie bei Riester-Darlehen achten

Kreditangebote. Wegen der hohen Förderung vom Staat sind Riester-Darlehen für die Eigenheimfinanzierung erste Wahl. Infrage kommen Kredite mit direkter Tilgung und Kombikredite der Bausparkassen. Holen Sie sich aber auch Kreditangebote ohne Förderung ein. Achten Sie darauf, dass der Effektivzins für die Riester-Variante nicht oder nicht viel höher ist als für ein ungefördertes Darlehen.

Effektivzins. Achten Sie bei Kombikrediten der Bausparkassen auf den Gesamteffektivzins – von den Bausparkassen „Gesamtkosten als jährlicher Prozentsatz“ genannt. Nur über diese Angabe können Sie die Bausparmodelle mit anderen Angeboten ähnlicher Laufzeit vergleichen. Lassen Sie sich auch einen Finanzierungsplan samt Anspar- und Tilgungsplan für den Bausparvertrag erstellen.

Altvertrag. Wenn Sie ein Riester-Darlehen abschließen, sollten Sie die Förderung künftig allein dafür nutzen. Falls Sie schon einen anderen Riester-Sparvertrag haben, stoppen Sie die Einzahlungen dafür.

Steuern. Als Nutzer der Riester-Förderung müssen Sie im Rentenalter Steuern auf die zuvor geförderten Beträge zahlen. Lassen Sie sich am besten von der Bank oder Bausparkasse die Summe ausrechnen, die Sie ab dem Rentenbeginn voraussichtlich versteuern müssen. So können Sie abschätzen, welche Steuerbelastung auf Sie zukommt. Lassen Sie sich aber durch die Steuern nicht von einer Riester-Finanzierung abhalten.

INFO Zulagen auch für Wohnungsgenossenschaften

Riester-Zulagen gibt es unter bestimmten Voraussetzungen auch für Mitglieder einer Wohnungsgenossenschaft, die eine Genossenschaftswohnung selbst bewohnen.

Pflichtanteile. Sparer dürfen das auf einem Altersvorsorgevertrag gesparte Vermögen für den Kauf von Pflichtanteilen an einer Wohnungsgenossenschaft verwenden.

Die entnommenen Beträge werden wie beim Eigenheim auf einem Wohnförderkonto verbucht, das ab Rentenbeginn zu versteuern ist.

Anzahl und Höhe der Pflichtanteile sind je nach Genossenschaft verschieden. Neue Genossen zahlen oft nur wenige hundert Euro, mitunter aber auch 5 000 Euro und mehr.

Sparverträge für Genossen. Wohnungsgenossenschaften können ihren Mitgliedern auch spezielle Riester-Sparverträge anbieten. Mit den Sparbeiträgen kaufen die Sparer weitere Geschäftsanteile an der Genossenschaft. Dafür bekommen sie die gleichen Zulagen und Steuervorteile wie für andere Riester-Verträge.

Dazu kommen Dividenden, die von der Genossenschaft jährlich ausgeschüttet werden. Viele Genossenschaften zahlen 3 oder 4 Prozent.

Es gibt aber auch Unternehmen, die zum Beispiel wegen eines hohen Wohnungsleerstands derzeit keine Dividende zahlen.

Zu Rentenbeginn werden die Geschäftsanteile aufgelöst und dafür verwendet, die Miete für die Wohnung – bei Genossenschaften Nutzungsentgelt genannt – dauerhaft oder befristet zu senken. Wird die Miete nur befristet gesenkt, muss sich eine lebenslange Rente anschließen.

Wie bei anderen Riester-Verträgen müssen im Alter die „Auszahlungen" aus dem Vertrag, also Mietersparnis und Renten, lebenslang gleich hoch bleiben oder steigen. Sie sind in voller Höhe zu versteuern.

Auch Genossenschaften müssen ihre Riester-Sparverträge zertifizieren lassen und Auflagen erfüllen. So darf die Satzung im Falle einer Pleite für die weiteren Geschäftsanteile keine Nachschusspflicht der Genossen vorsehen. Pro Vertrag müssen mindestens 20 000 Euro durch eine Versicherung oder Bankgarantie gesichert sein.

Die Genossenschaft muss darüber hinaus eine Unbedenklichkeitsbescheinigung des zuständigen Prüfverbands einreichen.

Bis Ende 2009 haben sich jedoch nur sehr wenige Genossenschaften einen Sparvertrag zertifizieren lassen. Die Angebote werden aber in den nächsten Jahren zunehmen.

IN EINE BETRIEBLICHE ALTERSVERSORGUNG INVESTIEREN

Arbeitnehmer haben einen Rechtsanspruch auf die Umwandlung von Gehaltsteilen in Altersvorsorge. Viel spricht dafür, es zu nutzen: Beiträge für eine Betriebsrente sind nicht nur bis zu einer Obergrenze (2010: 4 440 Euro) steuerfrei. Sie sind bis zu 2 640 Euro auch frei von Sozialabgaben. Weitere 1 800 Euro sind steuerfrei, aber sozialabgabenpflichtig.

Im Alter fallen allerdings Kranken- und Pflegeversicherungsbeiträge auf die ausgezahlten Renten an. Die müssen Ruheständler dann allein aufbringen. Nur für privat Krankenversicherte ist das kaum ein Thema: Zumindest Krankenversicherungsbeiträge zahlen sie weder jetzt noch im Alter auf ihre Betriebsrente.

Durch die hohe Förderung in der Ansparphase kann die Betriebsrente bei gesetzlich Krankenversicherten mit Bruttoeinkünften bis 45 000 Euro im Jahr aber sogar an Riester-Angebote heranreichen. Gibt der Arbeitgeber etwas dazu, kann sie gar besser sein.

Was steuerfrei gespart wurde, ist bei der Auszahlung steuerpflichtig. Das ist bei Betriebsrenten in vollem Umfang der Fall. Und wer im Alter viel hat, weil er vorher sehr viel verdiente, zahlt auch als Rentner ordentlich Steuern. Dafür hatte er während des Sparens besonders hohe Steuervorteile.

Deshalb kann es sich auch für „Besserverdienende" lohnen, Geld in eine Betriebsrente zu stecken. Bei niedrigeren Einkünften sind die hohen gesparten Sozialabgaben jedoch ein wichtiges Extraplus.

Die Angebote unterscheiden sich in Kosten und Leistung. Die Firma wählt aber das Produkt aus. Der Arbeitnehmer kann nur nehmen, was ihm dort angeboten wird. Doch Verträge in einer Gruppe von Arbeitnehmern sind oft kostengünstiger als für einzelne Privatkunden.

Hinzu kommt, dass Firmen- oder Branchenpensionskassen üblicherweise mit wenig Personal auskommen und dadurch günstig sind. Und steckt ein branchenweiter Träger hinter einem Vertrag, kann ein Arbeitnehmer ihn in einer anderen Firma derselben Branche leicht fortführen.

Bei Angeboten von „normalen" Lebensversicherern schlagen insgesamt

BETRIEBSRENTE PER GEHALTSUMWANDLUNG

Geeignet für Sparer jeden Alters. Renditechance stark abhängig von Einkommenshöhe des Sparers. Der Vertrag sollte bis zur Rente laufen. Ein sicherer Arbeitsplatz in einem stabilen Unternehmen spricht dafür, in eine betriebliche Altersversorgung einzuzahlen.

↑ bis ↘ Renditechance

↗ Sicherheit

↘ Flexibilität

↗ Bequemlichkeit

Kosten stärker zu Buche. Das kann zu hohen Verlusten führen, wenn der Arbeitnehmer bald nicht mehr weiter einzahlt.

Deshalb ist die private Riester-Rente attraktiver als die Betriebsrente. Sie ist flexibler. Die Reihenfolge kann sich aber umdrehen, wenn der Arbeitgeber zur Betriebsrente einen ordentlichen Teil beiträgt.

Wegen der großen Vorteile in der Ansparphase ist die Betriebsrente für viele ein sinnvoller Weg zu einer Zusatzvorsorge. Stimmt das Angebot, ist der Arbeitsplatz sicher und gibt die Firma etwas hinzu, lässt sich mehr Rente herausholen als bei einer rein privaten Geldanlage.

Die angebotenen Varianten

Eine betriebliche Altersversorgung kann über fünf Wege organisiert werden: Pensionskasse, Direktversicherung, Pensionsfonds, Unterstützungskasse oder Direktzusage. In tariflich gebundenen Betrieben kann die Wahl des Durchführungsweges durch den Tarifvertrag eingeschränkt sein.

Direktzusagen und Unterstützungskassen sind interne Lösungen für den Arbeitgeber. Der Betrieb sagt hier eine Versorgung direkt oder über ein firmeneigenes Institut, eine Unterstützungskasse, zu. Meist unterlegt er seine Zusagen nicht oder nicht voll mit Kapital. Der Betrieb kann das Versorgungskapital zwischendurch also für andere Zwecke verwenden. Im Insolvenzfall sind solche Zusagen jedoch abgesichert (siehe „Insolvenzschutz“, Seite 96).

In den drei anderen Varianten, Pensionskasse, Pensionsfonds und Direktversicherung, überweist der Arbeitgeber die Spar-Euros für die späteren Betriebsrenten an externe Versorgungsträger.

Extern oder intern?

Externe Wege haben den Vorteil, dass ein Arbeitnehmer seine Rentenansprüche leichter zu einem anderen Arbeitgeber mitnehmen kann (siehe „Jobwechsel“, Seite 98). Für die internen Varianten gibt es dafür keine gesetzliche Vorgabe.

Während Arbeitnehmer bei der Unterstützungskasse und der Direktzusage weitgehend unbegrenzt steuerfrei für eine Betriebsrente sparen können, gilt bei den drei anderen Varianten die Obergrenze für die steuerfreie Gehaltsumwandlung von derzeit 4 440 Euro im Jahr (2010).

Diese Summe setzt sich aus den 2 640 steuer- und sozialabgabenfreien Euros und weiteren 1 800 Euro nur steuerfreien Einzahlungen zusammen.

Die steuerfreien 1 800 Euro können Arbeitnehmer nur nutzen, wenn sie nicht schon anderweitig zusätzlich Steuern sparen: Sie dürfen keine betriebliche Altersversorgung per Direktversicherung oder über eine Pensionskasse nach der bis Ende 2004 geltenden Regelung haben, die für vorher geschlossene Verträge noch Bestand hat. Arbeitnehmer können in diese Altverträge jährlich bis zu 1752 Euro mit 20 Prozent pauschal versteuert einzahlen. Die spätere Auszahlung ist als Einmalzahlung steuerfrei und als Rentenzahlung nur geringfügig steuerpflichtig.

Mit den zusätzlichen steuerfreien 1 800 Euro im Jahr hat der Gesetzgeber den Wegfall der alten Regelung für Arbeitnehmer ausgeglichen, die bis 2005 keinen solchen Vertrag abgeschlossen hatten.

Auswahl

Der Arbeitgeber entscheidet über die Art der Betriebsrente in seinem Unternehmen, er muss aber einen Anbieter heraussuchen, der günstige Konditionen bietet, und seine Mitarbeiter über Nachteile umfassend aufklären. Sonst kann er schadenersatzpflichtig sein, hat das Arbeitsgericht Stuttgart entschieden (Az. 19 Ca 3152/04). Am besten holt er seine Beschäftigten mit ins Boot. Der Chef sollte seine Mitarbeiter über den Betriebsrat oder direkt an der Auswahl des Angebots beteiligen. Das verhindert Enttäuschungen. Sonst stellen Arbeitnehmer, die dafür auf Gehalt verzichten, womöglich irgendwann fest, dass ihre Altersvorsorge weniger taugt, als sie dachten. Auch wenn der Arbeitgeber allein bestimmt, welches Vorsorgeangebot er den Beschäftigten macht, muss er den Betriebsrat während der Planung darüber informieren. Laut einer Entscheidung des Bundesarbeitsgerichts reicht es nicht, erst auf den Betriebsrat zuzugehen, wenn die Firma den Vertrag mit dem Anbieter des Vorsorgeprodukts abgeschlossen hat (Az. 3 ABR 13/74). Wird in der Firma ausführlich über die Betriebsrente diskutiert, steigt auch die Chance, dass sich viele von den Vorteilen überzeugen lassen.

Pensionskassen

Pensionskassen gibt es seit mehr als hundert Jahren. Sie sind Lebensversicherungsunternehmen, die nur Betriebsrenten anbieten. Zu den alten Branchenkassen haben sich neugegründete Aktiengesellschaften gesellt. Viele Arbeitgeber entscheiden sich für eine Pensionskasse. Hier finden alle Arten von Unternehmen Angebote für ihre Mitarbeiter. Ältere Kassen sind oft nur für bestimmte Branchen zugänglich. In manchen Branchen machen Tarifverträge Vorgaben. Teilweise sind diese so eng gefasst, dass die Firma die Vorsorge nur über eine oder zwei bestimmte Pensionskassen organisieren darf. Vorschriften dieser Art bringen solchen Kassen Kunden. Andere Tarifverträge schreiben nicht die Pensionskasse, sondern Mindestleistungen für das ausgewählte Angebot vor. Dann hat der Arbeitgeber mehr Auswahl.

Wenn der Arbeitgeber die freie Wahl hat, haben Arbeitnehmer gute Chancen, Einfluss zu nehmen. Der Arbeitgeber vergibt sich nichts, wenn er auf die Wünsche

INFO **Betriebsrente: Das kann man falsch machen**

Kostenfalle vermeiden. Lassen Sie sich ein individuelles Angebot vorrechnen, wenn es für Sie möglich ist, über Ihren Arbeitgeber eigenes Geld in eine Betriebsrente zu stecken. Achten Sie auf die verbindliche Rentenzusage, die Ihnen für eine bestimmte Laufzeit und Beitragszahlung gemacht wird. Um festzustellen, ob der Anbieter der Betriebsrente kostengünstig ist, sollten Sie gleichlautende Angebote bei Lebensversicherern für eine klassische private Rentenversicherung erfragen. Fordern Sie dabei auch Angebote bei Direktversicherern an, weil diese meist kostengünstig arbeiten.

Wertentwicklung in den ersten Jahren. Riskieren Sie keinen Verlust! Lassen Sie sich ausrechnen, wie hoch Ihr Sparguthaben nach zwei, drei oder fünf Jahren ist. Daraus können Sie ablesen, ob der Anbieter Ihnen Abschlusskosten in Rechnung stellt, die er von den ersten Beiträgen kassiert oder ob er diese Kosten über die Laufzeit verteilt.
Hohe Anfangskosten sind eine Fessel, denn beim Wechsel des Arbeitgebers ist nicht viel im Topf, was Sie mitnehmen können. Zahlen Sie zum Beispiel wegen Arbeitslosigkeit nicht weiter ein, haben Sie anfangs überdurchschnittlich viel für Kosten verloren.

seiner Mitarbeiter eingeht. Votiert der Betriebsrat mit guten Gründen für eine bestimmte Pensionskasse, wird der Arbeitgeber den Vorschlag kaum übergehen.
Bei vielen älteren Pensionskassen sind die Berechnungsgrundlagen günstiger als die, die Lebensversicherer verwenden. So können sie höhere Garantierenten anbieten. Anders als Lebensversicherer sind nicht alle Kassen an den aktuell gültigen Garantiezins von derzeit 2,25 Prozent gebunden.

Arbeitnehmer sollten auf hohe garantierte Leistungen achten. Eine hohe Garantieverzinsung hat aber auch eine Kehrseite: Sie verringert die Chance auf eine zusätzliche Überschussbeteiligung. Kassen, die weniger garantieren, bieten bessere Chancen auf Extrarente, weil sie weniger Geld für die Garantie gering verzinst fest binden müssen. Doch zuverlässige Vorhersagen zur Höhe der Überschussbeteiligung gibt es nicht. Die Höhe der Garantierente hängt auch von Zusatzleistungen ab. Hinterbliebenen- oder Erwerbsminderungsrenten, die es anstelle einer Altersrente geben würde, gehen zu Lasten der Altersvorsorge.

Günstige Kosten erreichen

Jeder Arbeitgeber sollte sich bemühen, Kostenvorteile herauszuschlagen, wenn er einen Versorgungsvertrag für seine Angestellten abschließt. Je größer seine Firma ist, desto leichter kann er Rabatte für seine Belegschaft aushandeln.

Neue Pensionskassen sind besonders spendabel. Zum Teil sind solche Vergünstigungen sehr ausgeklügelt. Viele der in Form einer Aktiengesellschaft gegründeten Pensionskassen zahlen ihren Vermittlern aus den ersten Beiträgen des Arbeitnehmers die volle Abschlussprovision.

So landet in den ersten Jahren kaum Sparkapital auf dem Konto des Versicherten. Arbeitgeber sollten über diese Kosten verhandeln, um sie am besten über die gesamte Vertragslaufzeit zu strecken. Denn die Arbeitnehmer, die nach kurzer Zeit den Job wechseln, machen sonst ein schlechtes Geschäft.

Einen Hinweis auf die Kosten gibt die Höhe der Rente, die der Kunde bekommt, wenn er nach drei Jahren nicht mehr einzahlt. Danach sollten Arbeitnehmer den Ansprechpartner der Kasse im Betrieb fragen. Ist die Rente gering, zeigt das, dass anfangs kaum Kapital zum Sparen da ist.

AUF DIE LAUFZEIT KOMMT ES AN

Wer plant, den Betrieb bald zu verlassen oder wer um seinen Job oder mittelfristig sogar um die Existenz der Firma fürchtet, sollte ein Angebot, bei dem die Kosten in der Anfangsphase hoch sind, ausschlagen. Daran ändert auch nichts, dass Arbeitnehmer Betriebsrenten aus ab 2005 geschlossenen Verträgen leichter mitnehmen können. Ist kein Kapital da, können sie auch nichts mitnehmen.

Direktversicherung

Arbeitgeber wählen auch gern eine Direktversicherung für ihre Mitarbeiter. Sie ist gleichzeitig das Minimum, das sie anbieten müssen. Direktversicherungen sind Lebensversicherungen, die ein Arbeitgeber für seine Angestellten abschließt.

Die Beiträge kann der Arbeitgeber bezahlen oder der Arbeitnehmer oder beide zusammen. Anspruch auf die Versicherungsleistungen hat in jedem Fall der Arbeitnehmer. Er ist „bezugsberechtigt". Arbeitnehmer, die Gehalt in Beiträge für eine betriebliche Altersversorgung umwandeln wollen, können seit 2002 von ihrer Firma verlangen, dass sie ihnen mindestens eine Direktversicherung anbietet. Der Chef muss allerdings kein Geld dazugeben.

Gibt es in dem Betrieb schon die Möglichkeit, Sparbeiträge in eine Pensionskasse oder einen Pensionsfonds zu investieren, hat der Arbeitgeber seine Schuldigkeit getan. Er muss dann nicht auch noch eine Direktversicherung anbieten.

Direktversicherungen sind vor allem in kleineren Firmen beliebt, weil sie wenig Verwaltungsaufwand erfordern. Die meiste Arbeit erledigen die anbietenden Versicherer für die Betriebe.

Klassisch oder fondsgebunden

Es gibt Direktversicherungen in mehreren Varianten. Üblich ist die klassische Form mit einem Garantiezins. Der Versicherer garantiert eine bestimmte Verzinsung, bei Neuverträgen zurzeit 2,25 Prozent. Nicht die ganze Einzahlung wird verzinst, sondern nur der Teil, der nach Abzug der Kosten für die Geldanlage übrig bleibt.

Die Sparbeiträge können auch in Investmentfonds fließen. Fondsgebundene Direktversicherungen bieten die Chance auf einen höheren Ertrag. Verluste sind allerdings möglich. Eine Verzinsung ist nicht garantiert. Die Renditechancen hängen stark vom Fondsangebot und den Kosten des jeweiligen Versicherers ab.

Geänderte Förderung seit 2005

Direktversicherungen über die Firma werden staatlich gefördert. Die Art der Förderung hängt vom Zeitpunkt des Vertragsschlusses ab. Seit dem 1. Januar 2005 gelten für Neuverträge andere Regeln.

Alte Verträge: Die Beiträge für Verträge vor 2005 sind steuerpflichtig. Im Gegenzug ist die Auszahlung auf einen Schlag steuerfrei, Renten werden nur gering besteuert. Ein solcher „Altvertrag" muss dafür mindestens zwölf Jahre laufen.

Die Steuer auf die Sparbeiträge ist niedrig. Bis zu 1 752 Euro im Jahr werden pauschal mit nur 20 Prozent inklusive Solidarzuschlag besteuert. Dazu kommen der Solidaritätszuschlag und eventuell Kirchensteuer, alles zusammen knapp 22 Prozent. Oft übernimmt der Arbeitgeber diese Steuer für die Angestellten.

Sozialabgabenfrei sind die Beiträge, wenn sie aus einer Sonderzahlung wie dem Weihnachts- oder dem Urlaubsgeld abgeführt werden. In der Auszahlungsphase zahlen gesetzlich krankenversicherte Rentner aber Kranken- und Pflegeversicherungsbeiträge für ihre Betriebsrente. Der Ertragsanteil, der bei Rentenzahlungen steuerpflichtig ist, ist vergleichsweise niedrig. Beginnt die Rente mit 65 Jahren, sind 18 Prozent davon steuerpflichtig. Wird die erste Rente mit 67 Jahren gezahlt, beläuft sich der Ertragsanteil auf 17 Prozent.

Neue Verträge: Die Beiträge für neue Verträge ab 2005 werden steuerfrei aus dem Bruttoeinkommen überwiesen. Die Auszahlung ist dafür voll steuerpflichtig.

Steuerfrei bleiben Beiträge bis zur Obergrenze von 4 Prozent der Beitragsbemessungsgrenze in der gesetzlichen Rentenversicherung (2010: 2 640 Euro). Bis zu diesem Betrag zahlen Arbeitnehmer auch keine Sozialabgaben. Dabei ist es egal, ob die Beiträge aus Einmalzahlungen wie Weihnachtsgeld oder aus laufendem Gehalt finanziert werden.

Der steuerfreie Höchstbeitrag erhöht sich um 1 800 Euro, wenn der Arbeitnehmer einen weiteren Betriebsrentenvertrag hat, in den er bereits pauschal versteuerten Lohn einzahlt. Auf die 1 800 Euro sind aber auch in der Ansparphase Sozialabgaben zu entrichten.

Riester-Förderung möglich

Seit 2002 dürfen Arbeitnehmer Direktversicherungen auch fürs Riester-Sparen nutzen und Beiträge aus dem Nettoeinkommen einzahlen. Den Steuervorteil gibt es dann später per Steuererklärung. Möchte ein Arbeitnehmer dies, muss der Arbeitgeber es ihm ermöglichen.

Das betriebliche Sparen mit Riester-Förderung hat einen gewichtigen Nachteil: Gesetzlich Krankenversicherte zahlen in dieser Variante sowohl für die Einzahlungen als auch für die Auszahlung Kranken- und Pflegeversicherungsbeiträge. Besser ist es, die Riester-Förderung mit einem privaten Vertrag zu nutzen und in die Direktversicherung aus dem Bruttogehalt steuer- und sozialabgabenfrei einzuzahlen.

Gruppenverträge bieten Vorteile

Die hohe staatliche Förderung spricht grundsätzlich für eine Direktversicherung. Außerdem sind Direktversicherungen in einem Gruppenvertrag für mehrere Mitarbeiter oft kostengünstiger als Einzelverträge. Das erhöht die Rendite. Dennoch sollten Arbeitnehmer ein Angebot, das sie mit eigenem Gehalt bezahlen wollen, kritisch prüfen, bevor sie sich darauf einlassen. Wollen sie beispielsweise 100 Euro monatlich oder 1 200 Euro jährlich für eine spätere Rente einzahlen, sollten sie zum Vergleich bei mehreren Lebensversicherern privat gleichlautende Angebote einholen. An der Höhe der garantierten Leistungen sehen sie, ob der Anbieter der Direktversicherung kostengünstig arbeitet oder eher zu den teuren gehört.

Eine Direktversicherung lässt sich leicht zu einem anderen Arbeitgeber mitnehmen. Fast alle Versicherer haben ein Übertragungsabkommen unterschrieben. Sie müssen die Direktversicherung eines Konkurrenten ohne Kosten übernehmen und ein wertgleiches Angebot stricken.

Verliert ein Arbeitnehmer seinen Job, kann er seine unverfallbare Direktversicherung beitragsfrei stellen. Er kann sie auch privat weiterführen. Die Beiträge sind dann allerdings nicht mehr steuerlich begünstigt.

Pensionsfonds

Pensionsfonds sind die jüngste Variante in der betrieblichen Altersversorgung. Erst seit 2002 sind sie als fünfter Weg zugelassen. 27 Pensionsfonds gibt es inzwischen in Deutschland. Pensionsfonds dürfen das Sparkapital von Arbeitnehmern uneingeschränkt in börsennotierte Geldanlagen wie Aktien und Aktienfonds stecken. So können sie die im Vergleich zu Festzinsanlagen langfristig höheren Renditechancen der Börse nutzen.

Im Gegenzug müssen Sparer Abstriche bei der Garantie hinnehmen: Sicher ist ihnen nur das eingezahlte Kapital zu Beginn der Rente. So viel ist vorgeschrieben. Geht ein Pensionsfonds pleite, ist jedoch das gesamte Sparvermögen abgesichert. Der Arbeitgeber muss dem Pensionssicherungsverein angehören (siehe „Insolvenzschutz“, Seite 96).

Chance auf mehr

Die Chance, dass aus dem Geld mehr wird als anderswo, kann den Nachteil der geringeren Garantie ausgleichen. Vor allem für jüngere Arbeitnehmer kann ein gutes Pensionsfondsangebot attraktiv sein. Junge Leute haben Zeit bis zum Ruhestand. Da lässt sich mancher Börsencrash aussitzen.

Welche Rente ein Pensionsfonds später einmal zahlen wird, hängt vom Ertrag ab, der durch Fonds oder andere Vermögenswerte erwirtschaftet wird. Entscheidend sind außerdem die Kosten des Pensionsfonds für Vertragsabschluss, Verwaltung und Zusatzleistungen wie Hinterbliebenenschutz. Kosten entstehen auch für den Beitragserhalt zu Rentenbeginn.

Um Verluste zu verhindern, legen viele Pensionsfonds sehr vorsichtig an. Sie nutzen ihre Chancen zur Aktienanlage kaum und arbeiten bei der Kapitalanlage eher so zurückhaltend wie ein Lebensversicherer.

Einen guten Mittelweg gehen Pensionsfonds, die eine „kapitalmarktorientierte Beitragsstrategie" anwenden. Sie sichern den Beitragserhalt ab, indem sie den Bedarf dafür laufend feststellen oder ihre Kapitalanlage flexibel darauf abstellen. Unternehmen mit „versicherungsorientierter Beitragssicherung" reservieren dagegen von vornherein einen Teil des Geldes für eine Kapital bildende Rentenversicherung. Sie sichert den Beitragserhalt. Das führt zu höheren Kosten und so kann weniger frei investiert werden – etwa in Aktien. Manche Pensionsfonds gehen sogar noch darüber hinaus. Sie bieten Produkte an, die weitgehend mit klassischen Rentenversicherungen identisch sind. Eine zusätzliche Renditechance durch Börseninvestments fehlt fast völlig. Trotzdem müssen sich Sparer mit der geringeren Garantie zufriedengeben. Wichtig ist aber auch, wo das Kapital investiert werden kann.

Arbeitgeber sollten nachfragen, welche Anlagestrategien und -alternativen ein von ihnen ausgesuchter Pensionsfonds im Programm hat. Schon die Zahl der Anlagemöglichkeiten ist ein Anhaltspunkt. Außerdem empfiehlt sich ein kritischer Blick auf die angebotenen Investmentfonds. Über ihre Qualität kann in vielen Fällen der Fondsdauertest der Stiftung Warentest Auskunft geben (siehe www.test.de/fonds). Wir bewerten Fonds, die seit mindestens fünf Jahren am Markt sind.

Wichtig ist gleichzeitig, wie flexibel Sparer sind, wenn sie ihre einmal gewählte Anlagestrategie ändern möchten.

Rabatte und Flexibilität

Bei Pensionsfonds spielen wie bei Pensionskassen Gruppenrabatte eine Rolle; sie machen die Verträge günstiger. Wichtig ist, dass der Rabatt einem Arbeitnehmer auch dann erhalten bleibt, wenn er zum Beispiel die Firma wechselt.

Einbußen kann ein Arbeitnehmer erleiden, wenn ein Pensionsfonds ihm einen Großteil der Kosten in den ersten Jahren berechnet. Der Mitarbeiter steht schlecht da, wenn er sein Unternehmen bereits nach kurzer Zeit verlässt und den Betriebsrentenvertrag mitnimmt oder beitragsfrei stellt. Ihm bleibt wegen der hohen Kosten in den ersten Jahren wenig Sparkapital. Besser ist eine gleichmäßige Verteilung aller Kosten über die gesamte Laufzeit. Bei Pensionsfonds gibt es das häufig. Besonders für jüngere Arbeitnehmer ist das wichtig, denn sie wechseln häufiger den Arbeitgeber als ältere. Das ist ein weiterer Grund, warum sich besonders für jüngere Leute ein guter Pensionsfondstarif eignen kann.

Unterstützungskasse

Unterstützungskassen sind der „verlängerte Arm" des Arbeitgebers. Sie bieten Betrieben viel Gestaltungsspielraum. Für Arbeitnehmer sind sie nicht immer die beste Lösung, auch wenn Einzahlungen hier fast unbegrenzt steuerfrei sind. Gerade deshalb gilt diese Form der betrieblichen Altersversorgung als besonders geeignet für Beschäftigte in den mittleren und oberen Etagen eines Unternehmens, also für die mit den guten Gehältern.

Arbeitnehmer müssen für das Gehalt, das sie in Beiträge für eine Unterstützungskasse umwandeln, keine Steuern zahlen. Sozialabgabenfrei bleiben Beiträge bis zur Obergrenze von 4 Prozent der Beitragsbemessungsgrenze in der gesetzlichen Rentenversicherung (2010: 2 640 Euro). Wandelt ein Angestellter mehr Gehalt um, sind auf den Betrag darüber Beiträge für die Kranken-, Renten- und Arbeitslosenversicherung fällig. Finanziert der Arbeitgeber die Betriebsrente über eine Unterstützungskasse allein, gilt das hierfür verwendete Geld anders als bei Direktversicherungen, Pensionskassen und Pensionsfonds nicht als zusätzlicher Arbeitslohn. Der Chef verpflichtet sich ja auch nur, seinem Mitarbeiter eine Altersversorgung zu finanzieren. Das kann im Arbeitsvertrag festgeschrieben sein, in einer Betriebsvereinbarung oder im Tarifvertrag der Branche. Der Unternehmer bezahlt seine Zusage über Zuwendungen an die Unterstützungskasse. Diese Beträge setzt er beim Finanzamt als Betriebsausgaben ab und kann so seinen steuerpflichtigen Gewinn drücken. Je mehr er einzahlt, umso mehr Steuern spart er.

Auch Sozialabgaben muss der Arbeitgeber für die Einzahlungen nicht abführen – egal, wie hoch sie sind.

Die Zuwendungen an eine Unterstützungskasse müssen nicht in der Bilanz auftauchen. Dieser Vorteil für Arbeitgeber sichert Unterstützungskassen möglicherweise noch sehr lange ihre Position in der betrieblichen Altersversorgung. Teilen sich Arbeitgeber und Arbeitnehmer den Beitrag zur Unterstützungskasse, profitieren beide von den genannten Vorteilen in dem Maße, in dem sie die betriebliche Altersversorgung bezahlen.

Einige Nachteile für Arbeitnehmer

Unterstützungskassen lassen keine flexiblen, vor allem keine sinkenden Beiträge zu. Wer dort einzahlt, muss deshalb stets einen gleich hohen oder gleichmäßig steigenden Beitrag leisten. Nachteilig für Arbeitnehmer ist die geringe Flexibilität der Betriebsrenten aus einer Unterstützungskasse beim Jobwechsel. Nur bei branchenübergreifenden Unterstützungskassen und bei einem Arbeitsplatzwechsel innerhalb einer Branche kann ein Arbeitnehmer seine Betriebsrente in einer neuen Firma wahrscheinlich problemlos fortsetzen. Möglich ist auch die Übertragung von einer Unterstützungskasse auf eine andere. In anderen Fällen ist die Mitnahme des Versorgungskapitals schwierig, wenn nicht unmöglich.

TIPP **Beste Förderung, beste Rendite**

Förderung. Wenn Sie Teile Ihres Bruttogehalts in eine Betriebsrente stecken, sparen Sie Steuern und Sozialabgaben. Jeder Euro für die Firmenrente bringt durch die Förderung bei gleicher Wertentwicklung mehr als die gleiche Einzahlung in eine private Rentenversicherung. Die Rechnung geht auf, obwohl Betriebsrenten im Alter voll steuerpflichtig sind und gesetzlich Versicherte auf die ausgezahlten Renten Kranken- und Pflegeversicherungsbeiträge zahlen müssen.

Einkommen. Die beste Rendite auf ihre Beiträge zur Betriebsrente erhalten privat krankenversicherte Arbeitnehmer mit einem Einkommen von mindestens 4500 Euro im Monat. Für sie ist eine Betriebsrente erste Wahl für die Zusatzversorgung. Für gesetzlich krankenversicherte Durchschnittsverdiener ist die Betriebsrente ähnlich attraktiv wie eine private Riester-Rente. Die betriebliche Vorsorge kann besser als die Riester-Rente sein, wenn die Tarifpartner in der Branche vereinbart haben, dass die einzelnen Firmen einen Teil des Beitrags für ihre Mitarbeiter übernehmen.

Riester-Rente. Ein privater Riester-Vertrag ist immer empfehlenswert, ein betrieblicher Riester-Vertrag selten. Erwägen Sie diese Variante der Firmenrente nur, wenn Sie privat krankenversichert sind, also auf Ihre betriebliche Riester-Rente später keine Beiträge für die gesetzliche Kranken- und Pflegeversicherung zahlen müssen. Ihr Arbeitgeber sollte ein kostengünstiges Produkt auswählen.

Arbeitgeber. Erkundigen Sie sich, ob und wie viel Ihr Arbeitgeber zu einer betrieblichen Altersversorgung dazugeben würde. Viele Unternehmen steuern zumindest den Betrag bei, den sie selbst sparen, wenn ihre Mitarbeiter per Gehaltsumwandlung Bruttobeiträge in eine Betriebsrente stecken lassen. Denn auf dieses Geld muss auch der Arbeitgeber keine Sozialabgaben zahlen.

Das ist durch die neuen Regeln zur Mitnahme von Betriebsrenten ab 2005 nicht besser geworden. Anders als bei Pensionskassen, Pensionsfonds und Direktversicherungen haben Arbeitnehmer weiterhin keinen Rechtsanspruch, ihre Betriebsrente über eine Unterstützungskasse beim Jobwechsel mitzunehmen. Bietet ein Arbeitgeber nur eine Unterstützungskasse an, kann der Arbeitnehmer für die Gehaltsumwandlung eine Alternative verlangen – zumindest eine Direktversicherung.

Steuerbefreite Einrichtungen

Unterstützungskassen sind rechtlich selbstständige Versorgungseinrichtungen. Unternehmen können eigene Unterstützungskassen gründen oder einer Gruppenkasse beitreten.

Die Kassen müssen keine Steuern zahlen. Sie sind gemeinnützig und unterliegen nicht der Aufsicht durch die Bundesanstalt für Finanzdienstleistungsaufsicht in Bonn. Das Geld, das ihnen aus den Zuwendungen ihrer Träger für die Leistungen zur Verfügung steht, können sie weitgehend frei anlegen.

Rechtsanspruch auf Leistungen

Gegenüber einer Unterstützungskasse haben die Versorgungsberechtigten keinen direkten Rechtsanspruch. Die Kasse ist aber der verlängerte Arm des Arbeitgebers, mit dem dieser seine Verpflichtungen erfüllt.

Der Arbeitnehmer hat also gegenüber dem Arbeitgeber einen Rechtsanspruch, dass dieser die Versorgungszusage über eine Altersrente einhält, sobald diese Anwartschaft unverfallbar geworden ist. Betriebsrenten aus Gehaltsumwandlung sind vom ersten Tag an unverfallbar.

Der Arbeitgeber muss der Unterstützungskasse ausreichend Geld zukommen lassen, damit sie die zugesagten Betriebsrenten auszahlen kann. Seine Pflichtmitgliedschaft im Pensions-Sicherungs-Verein schützt die Ansprüche der Arbeitnehmer, wenn ihre Firma pleitegeht. Die meisten Arbeitgeber wählen eine rückgedeckte Unterstützungskasse. Auch hier erhält der Arbeitnehmer die Versorgungsleistungen von der Unterstützungskasse. Sie versichert aber einen Teil oder sogar die gesamten Leistungen über einen Lebensversicherer. Auch Pensionskassen können die Rückdeckung übernehmen. Der Rückdeckungsversicherer legt das eingezahlte Geld am Kapitalmarkt an.

Zusagen des Arbeitgebers

Arbeitgeber, die sich für eine Unterstützungskasse bei der betrieblichen Altersversorgung entscheiden, müssen ihren Mitarbeitern entweder eine feste oder eine beitragsorientierte Leistung zusagen. Im ersten Fall sagen sie ihnen eine Mindestauszahlung zu. Im zweiten verpflichten sie sich zu bestimmten Beiträgen, aus denen sich die Mindestleistung ergibt. Das ist für Firmen weniger riskant.

Arbeitgeber haben aber in beiden Fällen die Pflicht, dafür zu sorgen, dass Rentenzahlungen später regelmäßig angepassst werden, wenn es die Inflation nötig macht. Sie sollten deshalb mit dem Rückdeckungsversicherer einen Tarif vereinbaren, der den Versorgungsberechtigten eine 1-prozentige Steigerung ihrer späteren Rente pro Jahr garantiert. Dann haben sie ihre Pflicht erfüllt.

Wie viel Betriebsrente sie über eine Unterstützungskasse einmal bekommen werden, wissen Arbeitnehmer nicht genau. Das hängt stark von der Zusage ab, die ihnen der Arbeitgeber gibt.

Das Unternehmen garantiert nur eine versicherungsmathematisch errechnete Mindestauszahlung. Gehen die Beiträge regelmäßig ein, ist diese Leistung sicher. Sie kann sich um Überschüsse erhöhen. Wie hoch diese ausfallen, hängt von den Kosten der Kasse ab und von den Erträgen, die sie erwirtschaftet. Arbeitet sie mit einem Rückdeckungsversicherer zusammen, beeinflusst auch seine Art zu wirtschaften die Überschüsse.

Direktzusage

Mit einer Direktzusage werden Unternehmen selbst Träger der betrieblichen Zusatzversorgung für ihre Mitarbeiter. International gelten solche Zusagen als finanzielles Risiko, weil in manchen deutschen Großkonzernen hohe Verpflichtungen in der Bilanz schlummern. Doch die Firmen können sich extern absichern.

Die Direktzusage, oft auch Pensionszusage genannt, ist unter den fünf Wegen der betrieblichen Altersversorgung noch immer vorherrschend. Für diese Form der Vorsorge sind immer noch deutlich mehr Mittel vorgesehen als für andere.

Unternehmen verschieben Ausgaben auf später

Die Direktzusage ist so verbreitet, weil viele Arbeitgeber in den 1950er und 1960er Jahren mit Pensionsrückstellungen Investitionen finanzierten. Sie nutzten den Vorteil, erst einmal Steuern zu sparen und die Ausgaben für die Renten auf später zu verschieben.

Mit einer Direktzusage verspricht der Arbeitgeber seinen Angestellten eine Betriebsrente – fertig. Er beteiligt keinen externen Versorgungsträger. Es sind also nur zwei Parteien im Spiel. Der Unternehmer verpflichtet sich, seinem Mitarbeiter im Alter oder bei Invalidität selbst eine Rente zu zahlen oder dessen Angehörige finanziell zu unterstützen, wenn der Mitarbeiter stirbt. Damit der Chef sein Versprechen später auch halten kann, muss er Rückstellungen bilden. Doch es genügt, wenn er dies auf dem Papier tut, er muss das Kapital nicht wirklich zurücklegen.

In der Bilanz des Betriebes wirken sich diese Rücklagen dennoch steuermindernd aus. Ein Unternehmen, das eine Direktzusage macht, hat also erst einmal mehr Geld zur Verfügung, weil es weniger Steuern zahlen muss. Die versprochenen Leistungen muss es dafür irgendwann einmal in einer Art Umlageverfahren aus laufenden Erträgen bezahlen.

Kommt das Unternehmen in Zahlungsschwierigkeiten, wäre die Rente gefährdet. Die Betriebe zahlen deshalb Beiträge an den Pensions-Sicherungs-Verein, der bei Insolvenz einspringt. Solange eine Firma ihre Geschäfte stetig ausbaut und die Erträge steigen, sind die Verpflichtungen gegenüber ehemaligen Mitarbeitern kein Problem. Zu einer Belastung werden sie bei schlechteren Geschäften.

Die Schwierigkeiten verstärken sich, wenn das Unternehmen seine Verpflichtungen falsch eingeschätzt hat. Vielleicht werden viel mehr Arbeitnehmer, denen die Firma Invaliditätsschutz zugesagt hat, invalide als kalkuliert. Die stetig steigende Lebenserwartung kann außerdem dazu führen, dass das Unternehmen Renten viel länger zahlen muss als geplant. Unternehmen müssen deshalb einen Versicherungsmathematiker hinzuziehen, wenn sie eine Pensionszusage machen. Er kalkuliert die finanziellen Verpflichtungen unter Berücksichtigung von Sterbetafeln.

Rückdeckung

Damit ihnen die Betriebsrenten nicht über den Kopf wachsen, finanzieren viele Unternehmen die Anwartschaften bereits in der Ansparphase. Sie legen also tatsächlich Kapital zurück, nicht nur auf dem Papier. Das vorgesehene Kapital kann im Betrieb angesammelt werden, ist dann allerdings zweckgebunden. Die Rückdeckung einer Direktzusage funktioniert auch, wenn der Betrieb Beiträge an ein Versicherungsunternehmen oder eine Pensionskasse zahlt. Der Versicherer oder die Pensionskasse muss im Gegenzug die Versorgungsverpflichtungen des Unternehmens tragen.

Der Arbeitgeber haftet zwar immer noch für die Leistung. Er muss aber nur einspringen, wenn der Rückdeckungsversicherer zahlungsunfähig wird.

Dass dieser Fall eintritt, ist sehr unwahrscheinlich: Sowohl Versicherungsunternehmen als auch Pensionskassen haben strikte Auflagen für die Kapitalanlage und werden von der Bundesanstalt für Finanzdienstleistungsaufsicht (Bafin) kontrolliert. Mit der Rückdeckung entfällt aber der große unternehmerische Vorteil einer Direktzusage – die unmittelbare Erhöhung der liquiden Mittel. Denn nun gibt das Unternehmen sofort Geld dafür aus und nicht erst in ferner Zukunft.

Direktzusagen sind eine deutsche Besonderheit, die international misstrauisch beäugt wird. Vor allem in den USA gelten die Verpflichtungen, die die Unternehmen mit einer Direktzusage eingehen, als nicht gedeckter Posten in der Bilanz und deshalb als finanzielles Risiko.

Weltweit tätige deutsche Konzerne, die eine Notierung an ausländischen Börsen anstreben, suchen aus diesem Grund seit einiger Zeit nach Möglichkeiten, ihre Pensionsverpflichtungen umzumünzen. Eine Lösung haben Großunternehmen in der Gründung sogenannter Pensionstrusts gefunden. In diese Trusts übertragen sie Kapital für ihre Direktzusagen, die sie bisher nicht ausfinanziert hatten.

Die Direktzusage wird in eine Art Pensionsfonds ausgelagert, auf dessen Mittel

das Unternehmen im Insolvenzfall keinen Zugriff hat. Dafür sorgt in der Regel eine Treuhandvereinbarung. Ein Trustmodell kann die Betriebsrenten für Arbeitnehmer also sicherer machen.

Zusatzschutz

Über den Betrieb können Arbeitnehmer für vieles vorsorgen: für ihr Alter, aber auch für den Fall, dass sie berufsunfähig werden oder sterben. Die Voraussetzungen dafür muss allerdings der Arbeitgeber schaffen. Nur wenn er seinen Mitarbeitern ein Angebot macht, das die Zusatzleistungen Berufsunfähigkeits- und Hinterbliebenenrente möglich macht, können sie sich so umfassend versichern.

Pensionskassen, Pensionsfonds, Direktversicherungen zahlen dann zum Beispiel beim Tod des Versicherten eine Rente an die Hinterbliebenen. Auch bei rein vom Arbeitgeber finanzierten Betriebsrenten aus Direktzusagen und Unterstützungskassen sind diese Leistungen möglich.

Bei Pensionskassen und Pensionsfonds müssen Arbeitnehmer nicht sofort entscheiden, ob sie mehr als eine Altersrente versichern wollen. Sie können das auch später in ihren Vertrag aufnehmen. Die betriebliche Altersversorgung soll allerdings zunächst – zusammen mit der gesetzlichen Rente – dafür sorgen, dass der Lebensstandard gesichert bleibt, wenn der Arbeitnehmer in den Ruhestand wechselt. Hinterbliebenen- und Berufsunfähigkeitsversicherung sind zusätzliche Tarifoptionen, die immer Geld kosten und die Rente schmälern.

An die Angehörigen denken

Optimal ist ein Angebot für eine Betriebsrente, wenn der Versicherte den Risikoschutz ganz nach seinen Bedürfnissen in seinen Vertrag einbauen kann. Dies gilt für die Berufsunfähigkeits- wie die Hinterbliebenenversicherung.

Wenn der Arbeitgeber mit dem Träger der Vorsorge den Hinterbliebenenschutz für alle Arbeitnehmer im Betrieb fest vereinbart hat, ist das Angebot für Singles nicht passend. Sie können niemanden begünstigen und zahlen für den Hinterbliebenenschutz anderer.

Für Paare und Familien, die nicht anderweitig vorsorgen, mildert die Hinterbliebenenversicherung dagegen ein schlimmes Lebensrisiko: den Tod des Hauptverdieners. Denn die gesetzliche Rente reicht nicht aus, um den Lebensstandard der Hinterbliebenen zu sichern. Über den Betrieb ist eine kleine Zusatzversorgung mit einem Tarif, der eine Witwen- oder Witwerrente einschließt, oder mit einem Angebot mit Rentengarantie und Beitragsrückgewähr möglich.

Als Hinterbliebenenrente bekommt der Ehe- oder Lebenspartner beispielsweise 60 Prozent der Altersrente. Bei einer Rentengarantie dagegen wird vereinbart, dass die Altersrente mindestens eine gewisse Zeit gezahlt wird, meist zwischen fünf und zehn Jahren. Stirbt der Versicherte vor Ablauf dieser Zeit, bekommen die Erben bis zum Ende der Frist die Rente.

Stirbt der Arbeitnehmer in der Einzahlphase vor Beginn der Rentenzahlung, bekommen die Hinterbliebenen seine eingezahlten Beiträge zurück, sofern im Vertrag eine Beitragsrückgewähr vereinbart war. Ansonsten hat der Versicherte umsonst eingezahlt. In einer Pensionskasse kämen seine Beiträge dann nach seinem Tod beispielsweise den anderen Versicherten zugute.

Arbeitnehmer, die ihre Hinterbliebenen über den Betrieb absichern wollen, sollten die Abstriche bei der Altersrente berücksichtigen. Sinnvoller kann eine private Risikolebensversicherung sein. Diesen Schutz gibt es schon ab einem Jahresbeitrag von weniger als 150 Euro.

Insolvenzschutz

Trotz Finanzkrise und Absatzflaute – Betriebsrentner können weiterhin mit ihrer Betriebsrente rechnen. Geht eine Firma pleite, gibt es immer ein Sicherungssystem für die Betriebsrentner. Arbeitnehmer können jedoch Ansprüche verlieren.
Bei Insolvenz zahlt in den meisten Fällen der Pensions-Sicherungs-Verein (PSV) die Betriebsrente aus. Er steht für die Betriebsrenten insolventer Firmen gerade. Kann die Firma schon vor der Eröffnung des Insolvenzverfahrens die Betriebsrenten nicht mehr überweisen, zahlt der PSV die Renten bis zu sechs Monaten rückwirkend. Der PSV sichert sowohl laufende Renten als auch die bis zur Pleite erworbenen Ansprüche der Arbeitnehmer. Er übernimmt aber nur Anwartschaften, also Ansprüche auf künftige Betriebsrenten, wenn diese „unverfallbar" sind. Junge Arbeitnehmer, die erst wenige Jahre in einer Firma sind, können bei einer Pleite ihre gesamten Ansprüche verlieren.

Anwartschaften, die der Arbeitgeber finanziert hat, verfallen nicht mehr, wenn zwei Bedingungen erfüllt sind: Der Arbeitnehmer muss mindestens 30 Jahre alt sein und seit wenigstens fünf Jahren vom Arbeitgeber eine Zusage für eine Betriebsrente haben. Für Zusagen ab 2009 wurde das Mindestalter auf 25 Jahre gesenkt. Auch Elternzeit zählt zu den fünf Jahren.

Arbeitnehmer, die ihre Betriebsrente per Gehaltsumwandlung selbst bezahlen, haben immer sofort einen unverfallbaren Anspruch. Finanzieren beide die Rente, ist nur der Teil, den der Arbeitnehmer selbst gespart hat, sofort unverfallbar.

Auf den Vertrag kommt es an

Wie der Schutz aussieht, hängt davon ab, welche Variante der Betriebsrente der Arbeitgeber gewählt hat: Direktzusage, Unterstützungskasse, Pensionsfonds, Direktversicherung oder Pensionskasse.

Firmen, die eine Direktzusage, eine Unterstützungskasse oder einen Pensionsfonds anbieten, sind gesetzlich verpflichtet, Mitglied im PSV zu werden. Direktversicherungen sind Lebensversicherungen und werden von Lebensversicherungsunternehmen angeboten. Geht ein Betrieb pleite, ist das Geld der Kunden durch Protektor, den Sicherungsfonds der Lebensversicherer, geschützt. In Ausnahmefällen springt auch hier der Pensions-Sicherungs-Verein ein. Garantiert der Versicherer, dass er die Altersversorgung unwiderruflich zahlen wird, muss der Arbeitgeber dem PSV nicht beitreten. Zahlt nicht nur der Arbeitgeber Beiträge, sondern auch der Arbeitnehmer per Entgeltumwandlung, ist eine solche Garantie des Direktversicherers gesetzlich vorgeschrieben.

Pensionskassen amtlich kontrolliert

Pensionskassen sind nicht durch den PSV gesichert. Die Bundesanstalt für Finanzdienstleistungsaufsicht (Bafin) kontrolliert sie jedoch. Die meisten Kassen haben die Rechtsform eines Versicherungsvereins auf Gegenseitigkeit. Es gibt aber auch Pensionskassen, die als Aktiengesellschaften auftreten und den Lebensversicherern gleichgestellt sind. Die beiden Arten von Pensionskassen sind auf unterschiedliche Weise geschützt.

Die Aktiengesellschaften können dem Sicherungsfonds Protektor beitreten, und das haben auch alle freiwillig getan. Pensionskassen, die als Versicherungsverein organisiert sind, haben weder den Pensions-Sicherungs-Verein noch Protektor im Rücken. Sie haben dafür Schutzklauseln in ihren Satzungen. Wenn sie in Schwierigkeiten kommen, können die Beiträge erhöht oder Leistungen gekürzt werden. Zudem stehen die Trägerunternehmen ein.

Kommt es zu Beitragserhöhungen, Kürzung der garantierten Leistung oder gar zu einer Insolvenz der Kasse, muss dafür der Arbeitgeber geradestehen, nicht der Versicherte. Der Arbeitgeber hat die Pflicht, Verluste seiner in der Pensionskasse versicherten Mitarbeiter auszugleichen – auch die der ehemaligen Beschäftigten. Eine Pleite gab es bei den Pensionskassen noch nie, zu finanziellen Schieflagen kam es allerdings durchaus. Laut Bundesregierung mussten in den vergangenen sechs Jahren sieben als Versicherungsverein organisierte Pensionskassen zusammen mit der Aufsichtsbehörde, der Bafin, Sanierungskonzepte erstellen.

Eine dieser Pensionskassen war die des Anlagenbauers Babcock-Borsig. Die Kasse strauchelte im Jahr 2006. Pensionskasse und Bafin beschlossen, die finanziellen Schwierigkeiten der Kasse zu beheben, indem sie versprochene Steigerungen bei den Rentenanwartschaften zurücknahmen. Knapp 12 000 Anwärter waren davon betroffen. Der Babcock-Borsig-Konzern, der diese Leistungseinschränkung hätte ausgleichen müssen, war zu dieser Zeit bereits insolvent. Die Nachfolgeunternehmen von Babcock-Borsig haben dann die versprochenen Steigerungen übernommen.

Arbeitgeber kann Ansprüche kürzen

Bei jeder Form der Betriebsrente dürfen Arbeitgeber ausnahmsweise in die von ihnen finanzierte Altersversorgung ihrer Mitarbeiter eingreifen, wenn sie damit eine Pleite abwenden. Sie müssen sich an genaue Vorgaben des Bundesarbeitsgerichts halten. Dabei gilt die Faustregel: Je weiter Versicherte von der Rente entfernt sind, desto einfacher ist ein Eingriff möglich. Betriebsrentner sind deshalb am besten gesichert. An laufenden Renten darf normalerweise nichts geändert werden.

Menschen, die noch im Berufsleben stehen, müssen eher mit Nachteilen rechnen, natürlich ebenfalls nur bei dem Teil der Vorsorge, den der Arbeitgeber bezahlt. Wie stark es sie treffen kann, hängt davon ab, wie schlecht es der Firma geht.

Leidet die Firma unter einer erheblichen wirtschaftlichen Belastung, darf sie die Anwartschaft auf den bereits vom Arbeitnehmer erworbenen Teil einfrieren.

Ungünstiger kommt es für den Arbeitnehmer, wenn dem Betrieb zum Beispiel ein nachhaltiger Substanzverlust drohen würde, falls er die betriebliche Altersversorgung uneingeschränkt weiterfinanzierte. In diesem Fall kann der Arbeitgeber nicht nur die noch kommenden Jahre der Betriebszugehörigkeit bei der Rentenberechnung ausklammern. Er kann außerdem die Betriebsrenten auf Basis des aktuellen Gehalts berechnen, statt nach dem höheren letzten Gehalt vor Rentenbeginn. Am härtesten trifft es Arbeitnehmer, wenn der Arbeitgeber Ansprüche kürzt, die sie bereits erworben haben. Solch ein Eingriff muss jedoch sehr vorsichtig geschehen und ist nur bei einer wirtschaftlichen Notlage des Arbeitgebers möglich. Ein unkalkulierbares Risiko ist eine Betriebsrente für Arbeitnehmer deshalb noch lange nicht. Auch wenn sie in einigen Fällen Verschlechterungen im Vergleich zu der ursprünglichen Zusage hinnehmen müssen – die Betriebsrente gehört zu den sichersten Wegen, für das Alter vorzusorgen.

Jobwechsel

Ein Wechsel des Arbeitsplatzes muss die betriebliche Altersversorgung nicht unterbrechen. Arbeitnehmer haben seit 2005 das Recht, ihre Betriebsrente auf ihre neue Firma zu übertragen. Das Unternehmen muss das mitgebrachte Kapital in sein Versorgungssystem integrieren.
Vor dieser Regelung hatten sich viele Arbeitnehmer gescheut, eigenes Geld in eine Betriebsrente zu stecken. Die Aussicht, selbstgespartes Kapital in einer alten Firma stehen lassen zu müssen, schreckte sie ab. Schließlich sind Beschäftigungsverhältnisse heute unsicher. Das Mitbringrecht gilt für ab 2005 begonnene Betriebs-

renten über eine Pensionskasse, einen Pensionsfonds oder eine Direktversicherung. Verträge, die vor 2005 geschlossen wurden, fallen nicht darunter und generell auch keine Betriebsrenten aus Unterstützungskassen und Direktzusagen. Bisher stecken hinter Betriebsrenten allerdings vor allem Direktzusagen. Der Ausschluss für diese Verträge über die Altersvorsorge ist deshalb ein Hindernis.

Ansprüche müssen unverfallbar sein

Mitnehmen können Jobwechsler nur „unverfallbare" Rentenansprüche. Eine Rente, die sie mit eigenem Geld per Gehaltsumwandlung angespart haben, ist vom ersten Tag an unverfallbar. Hat der Arbeitgeber die Beiträge gezahlt, dauert es länger. Der Rentenanspruch steht dem Arbeitnehmer dann erst nach fünf Jahren fest zu.

FRIST VON EINEM JAHR BEACHTEN

Arbeitnehmer haben nach dem Verlassen einer Firma genau ein Jahr Zeit. Bis dahin können sie ihre Betriebsrente abholen, um sie bei der neuen Firma einzuzahlen. Die Frist hält die Weitergabe von Betriebsrenten für die Firmen kalkulierbar.

Der Übertragungswert entspricht dem Wert der unverfallbaren Anwartschaft auf betriebliche Altersversorgung. Maximal darf jeder Arbeitnehmer einen Betrag in Höhe der jährlichen Beitragsbemessungsgrenze in der gesetzlichen Rentenversicherung mitnehmen. Sind alle einverstanden, können auch noch höhere Beträge mitgenommen werden. Ansonsten muss ein Restbetrag in der alten Firma bleiben.

Die Kosten der Mitnahme trägt der Arbeitnehmer. Sie werden vom übertragenen Kapital abgezogen. Der neue Chef muss mit dem Geld eine wertgleiche Zusage stricken. Was das genau heißt, muss im Einzelnen geklärt werden. Enthält der alte Vertrag einen Invaliditätsschutz, könnte dieser entfallen oder geringer werden, wenn es dafür im Gegenzug mehr Alters- oder Hinterbliebenenrente gibt.

Für die Zusatzversorgung von Angestellten im öffentlichen Dienst, die per Umlage finanziert wird, gilt das Mitnahmerecht nicht. Nur wenn ein öffentlich Bediensteter Anspruch auf eine kapitalgedeckte Zusatzrente hat oder eigenes Gehalt einzahlt, kann er sein Geld bei Verträgen ab 2005 mitnehmen.

Übertragungsabkommen

Betriebsrenten konnten auch früher schon beim anderen Job weiterlaufen, wenn der neue Chef bereit war, den Versorgungsanspruch zu übernehmen und in alle damit verbundenen Zusagen einzusteigen. Das war zwar nicht immer der Fall. Doch bei Direktversicherungen funktioniert die Mitnahme durch ein Übertragungsabkommen schon lange und ist auch weiterhin auf diesem Wege möglich.

Übertragen wird der Zeitwert der Versicherung inklusive Überschussbeteiligung und Schlussüberschussanteilen. Stornoabzüge unterbleiben und Abschlusskosten

INFO

Auch in schlechten Zeiten geschützt

Arbeitnehmer behalten ihre Betriebsrentenansprüche auch dann, wenn der Arbeitgeber die Versorgungszusage widerruft, entschied das Bundesarbeitsgericht (Az. 3 AZR 417/07). Dies gilt für alle Ansprüche, die durch den Pensionssicherungsverein (PSV) geschützt werden.

Der Pleiteschutz des PSV gilt für Unterstützungskassen, Direktzusagen, Pensionsfonds und – in Ausnahmefällen – auch für Pensionsfonds. In diesem Fall wollte die Firma ihre über eine Unterstützungskasse gegebene Versorgungszusage „aufgrund der schwierigen Ertragslage" zurückziehen. Diese Begründung sei schon deshalb nicht statthaft, weil die Pensionsansprüche der Geschäftsführer nicht gekürzt werden sollten.

Betriebsrenten sind vor dem Zugriff von Arbeitgebern geschützt.

fallen nicht an, wenn die Versicherung wertgleich fortgesetzt wird. Ist ein Invaliditätsschutz enthalten, erfolgt keine erneute Gesundheitsprüfung. Die garantierte Leistung kann geringer ausfallen, wenn sich der Rechnungszins oder Annahmen über die Lebenserwartung verändert haben.

Dem Abkommen sind mittlerweile auch viele Pensionskassen beigetreten.

Anspruch prüfen

Interessenten sollten sich in jedem Fall bei ihrer Firma erkundigen, welche Rentenansprüche sie schon haben und wie viel Geld sie mitbekämen. Informationen über den Stand der Betriebsrenten waren in vielen Unternehmen zwar lange Zeit dürftig. Seit 2005 sind die Firmen jedoch verpflichtet, Angestellte bei berechtigtem Interesse über die voraussichtliche Höhe ihrer Zusatzrente zu informieren. Wer seine Betriebsrente nicht mitnehmen will, lässt sie bei seiner alten Firma stehen. Meist kann er sie mit privaten Beiträgen weiter auffüllen. Die Einzahlung ist dann aber weder steuer- noch sozialabgabenfrei. Dafür würde der Anteil der Betriebsrente, der aus der privaten Tasche bezahlt wurde, später nur gering besteuert. Gesetzlich Krankenversicherte zahlen aber auch darauf Krankenversicherungsbeiträge – wie auf Betriebsrenten generell.

Auszahlung im Alter

Rentner, die ihre Betriebsrente von einer Pensionskasse, einer Direktversicherung oder einem Pensionsfonds bekommen, erhalten im Alter meist eine steigende Rente. Die Anbieter verwenden bei diesen Varianten üblicherweise die anfallenden Überschüsse, um die Rente regelmäßig zu erhöhen. Schon wegen des Kaufkraftverlustes durch Inflation empfiehlt es sich auch für Arbeitnehmer, auf eine dynamische Auszahlungsform ihrer Betriebsrente zu pochen.

Betriebsrentner mit einer Rente aus einer Unterstützungskasse oder aus einer Direktzusage müssen oft selbst dafür sorgen, dass ihre Rente mindestens der Inflation angepasst wird. Arbeitgeber tun dies selten von sich aus, obwohl sie alle drei Jahre eine Anpassung der Beträge prüfen müssen. Schließlich verlieren die Renten durch die Inflation an Wert.

Die Prüfung durch den Arbeitgeber sieht Paragraf 16 des Gesetzes zur Verbesserung der betrieblichen Altersversorgung vor. „Prüfen" heißt noch nicht, dass die Firmen die Renten erhöhen müssen. Zu berücksichtigen sind nicht nur die Belange der Rentner, sondern auch die wirtschaftliche Lage des Arbeitgebers selbst.

Die schlechte wirtschaftliche Lage wird oft als Begründung angeführt, die Renten nicht zu erhöhen. Deshalb bleiben die Überweisungen häufig über viele Jahre gleich hoch. Die Exarbeitgeber müssen die Rentner noch nicht einmal unaufgefordert informieren, wenn sie entscheiden, dass die Betriebsrenten unverändert bleiben. Erst wenn Betriebsrentner hartnäckig nachfragen, werden in persönlichen Gesprächen oft einvernehmliche Einzelfalllösungen angeboten. Es reicht übrigens nicht, wenn die Konzernmutter in Schwierigkeiten steckt, die Tochterfirma aber durchaus Geld für die Erhöhung der Betriebsrenten hat, urteilte das Bundesarbeitsgericht (Az. 3 AZR 727/07).

Alle drei Jahre einen Brief schreiben

Rentner fordern ihren Arbeitgeber am besten alle drei Jahre schriftlich auf, die Erhöhung ihrer Renten zu prüfen. Kommt keine Antwort, sollten sie wieder schreiben, bis die Firma ihre Entscheidung schriftlich mitteilt. Lehnt der Arbeitgeber ab oder macht er ein zu dürftiges Angebot, müssen sich die Rentner nicht geschlagen geben. Sie sollten innerhalb von drei Monaten Widerspruch einlegen.

Es reicht aus, dem alten Arbeitgeber mitzuteilen, dass man gegen seine Entscheidung Widerspruch einlegt. Begründen müssen Rentner das nicht. Sie dürfen nur die Dreimonatsfrist nicht verpassen, sonst wird der Bescheid des Arbeitgebers rechtskräftig. Ein Anspruch auf Nachzahlung geht dann verloren.

Reagiert die Firma nicht auf den Widerspruch, bleibt Rentnern nur der Gang zum Arbeitsgericht. Die Firma ist dann in der Beweispflicht und gezwungen, genau zu begründen, warum es nicht möglich ist, die Betriebsrente des Klägers zu erhöhen.

Rentner, die ohne Begründung lange eine unveränderte Rente bekamen, können vor Gericht manchmal sogar größere Nachzahlungen durchsetzen.

Für den Großteil der Rentner lohnt es sich, für eine Erhöhung zu kämpfen. Denn eine Rente, die über Jahre gleich bleibt, sinkt stetig im Wert. Bei einer durchschnittlichen Inflationsrate von 2 Prozent im Jahr sind 100 Euro Rente aus dem Jahr 2000 schon im Jahr 2010 nur noch 82 Euro wert.

RÜRUP-RENTE: RENTE MIT STEUERFÖRDERUNG

Für die private Altersvorsorge gibt es viel Geld vom Staat. Seit 2002 wird die Riester-Rente mit Zulagen und Steuervorteilen gefördert. Außerdem können Arbeitnehmer steuerbegünstigt über den Betrieb fürs Alter vorsorgen. Und seit 2005 gibt es eine weitere staatlich geförderte Altersvorsorge: die Rürup-Rente, benannt nach ihrem „Erfinder", dem Ökonomen Bert Rürup. Die Versicherungsunternehmen nennen sie auch „Basisrente".

Im Gegensatz zur Riester-Rente wird die Rürup-Rente nicht direkt vom Staat mit Zulagen bezuschusst. Sie wird nur über Steuervorteile gefördert: Jeder Vorsorgesparer kann einen Teil seiner Aufwendungen für die Rürup-Rente in der Steuererklärung als Sonderausgaben geltend machen.

Beim Vorsorgesparen à la Rürup gewährt der Staat Steuervergünstigungen für weit größere Summen als beim Riester-Sparen. Bei der Riester-Rente wird höchstens ein Beitrag von 2 100 Euro im Jahr gefördert.

Bei der Rürup-Rente erkennt das Finanzamt Beiträge bis zu 20 000 Euro von Alleinstehenden und 40 000 Euro von Verheirateten an und zieht von den 2010 geleisteten Beiträgen 70 Prozent als Sonderausgaben ab.

Alleinstehende können so ihr zu versteuerndes Einkommen aus dem Jahr 2010 um bis zu 14 000 Euro drücken, Ehepaare um bis zu 28 000 Euro.

Und jedes Jahr wird es mehr: Der Prozentsatz, den Rürup-Sparer von ihren Beiträgen steuerlich absetzen können, steigt jedes Jahr um 2 Prozent an; 2011 sind es 72 Prozent, bis im Jahr 2025 die Endstufe von 100 Prozent erreicht sein wird.

Vorteil für Selbstständige

Arbeitnehmer können aber nicht die vollen 20 000 Euro oder 40 000 Euro für ihren Rürup-Beitrag nutzen. Sie müssen davon den Beitrag abziehen, den sie zusammen mit dem Arbeitgeber in die gesetzliche Rentenversicherung einzahlen. Erst vom Restbetrag berücksichtigt das Finanzamt in der Steuererklärung für das Jahr 2010 70 Prozent als Sonderausgaben.

Ein Alleinstehender mit 40 000 Euro Bruttolohn im Jahr kann zum Beispiel zusätzlich 12 040 Euro in einen Rürup-Vertrag investieren (20 000 Euro minus 19,9 Prozent Rentenbeitrag von 40 000 Euro). Von der Einzahlung erkennt das Finanzamt bei der Steuererklärung für das Jahr 2010 70 Prozent als Sonderausgaben an. Dies sind 8 428 Euro.

Arbeitnehmer können also weniger Geld mit steuerlicher Förderung sparen als Selbstständige, die nicht Mitglied der gesetzlichen Rentenversicherung sind. Dieser Vorteil für Selbstständige ist vom Gesetzgeber gewollt. Denn für sie ist die Rürup-Rente die einzige Möglichkeit, steuerbegünstigt fürs Alter zu sparen. Die Riester-Förderung können Selbstständige nur dann in Anspruch nehmen, wenn ihr Ehepartner sozialversicherungspflichtig beschäftigt ist und selbst eine Riester-Rente abschließt. Eine Betriebsrente können sie gar nicht nutzen. Und Beiträge für eine Kapitallebensversicherung oder eine private Rentenversicherung können sie nicht steuerlich geltend machen.

Rente in drei Varianten

Es gibt drei Varianten der Rürup-Rente: klassische Versicherungen, fondsgebundene Versicherungen und Fondssparpläne. Rürup-Banksparpläne werden nicht angeboten. Volksbanken und Sparkassen verweisen vielmehr auf die Angebote ihrer Versicherungstöchter und machen so ihr Geschäft mit der Rürup-Rente.

Versicherungen

Insgesamt knapp 956 000 Sparer haben inzwischen einen Vertrag abgeschlossen. Das Gros davon sind fondsgebundene Versicherungen. Hier bekommt der Kunde keine garantierte Verzinsung seiner Beiträge. Er trägt während der Ansparzeit das Kapitalanlagerisiko. Wenn die Fonds

INFO **Die fondsgebundene Rürup-Rente ist ganz und gar nicht sicher**

Fondsgebundene Rürup-Rentenversicherungen werden steuerlich gefördert. Doch der Gesetzgeber verpflichtet die Anbieter bislang nicht, bei Vertragsschluss die Berechnungsgrundlagen für die spätere lebenslange Rente zuzusagen. Damit weiß ein großer Teil der Kunden bei Vertragsschluss nicht, mit welchem Rentenfaktor die Rente einmal berechnet wird. Außerdem ist bei einer Fonds-Rente immer ungewiss, wie viel Geld bei Rentenbeginn zur Verfügung steht. Denn der Wert der Fonds schwankt.

Ein Rentenfaktor gibt an, wie hoch die Monatsrente pro 10 000 Euro Deckungskapital ist. Je niedriger er ist, desto geringer die Rente. Erst zu Rentenbeginn muss sich der Versicherer auf den Faktor festlegen. Ist er bei Vertragsbeginn nicht garantiert, erfährt der Kunde erst bei Rentenbeginn, was aus seinem Guthaben wird. Ist während der langen Sparphase der Garantiezins gesunken, kann der Anbieter den Faktor – und somit die Rente – verringern. Das Gleiche gilt, wenn die Lebenserwartung, mit der die Versicherer kalkulieren, gestiegen ist. Erst ab Rentenbeginn ist die Umrechnung fest. Eine fondsgebundene Rürup-Rente ist für Selbstständige, die damit ihren Grundbedarf (Miete, tägliche Lebenshaltungskosten) decken müssen, zu unsicher. Besser ist eine klassische Rentenversicherung mit Garantiezins. Denn mit seiner Altersvorsorge sollte ein Selbstständiger nicht jonglieren.

schlecht laufen, kann der Sparer Verluste machen. Anders als bei der Riester-Rente müssen die Anbieter nicht garantieren, dass bei Rentenbeginn zumindest das vom Kunden eingezahlte Geld zur Verfügung steht.

Mit der klassischen Versicherung legt der Kunde sein Geld dagegen sicherer an. Er bekommt eine garantierte Verzinsung von 2,25 Prozent auf den Sparanteil seines Beitrags; also auf den Teil, der vom Beitrag übrig bleibt, nachdem der Versicherer die Kosten abgezogen hat.

Zum Garantiezins können Überschüsse hinzukommen. Es gibt verschiedene Varianten, wie der Kunde daran in der Ansparphase beteiligt wird. Am günstigsten ist die Bonusrente. Hier werden die jährlichen Überschüsse in die Rürup-Rente investiert. Dies erhöht die garantierte Rente. Über die Höhe der späteren Rente entscheidet auch die Überschussbeteiligung während der Rentenphase. Angeboten werden sowohl für die klassischen als auch für die fondsgebundenen Tarife vor allem zwei Möglichkeiten: eine konstante Rentenzahlung und eine dynamisch steigende Rentenzahlung.

Eine konstante Überschussrente führt zu einem Einkommensverlust, wenn die Kaufkraft durch Inflation sinkt. Die Rente wird sogar gekürzt, wenn die Überschussbeteiligung herabgesetzt wird. Die sinnvollere Variante ist eine dynamische Rente. Dann zahlt der Versicherer anfangs eine geringere Rente aus, aber sie steigt im Laufe der Jahre kontinuierlich.

Rürup-Fondssparpläne

Rürup-Fondssparpläne werden bisher nur von den Fondsgesellschaften Deka, DWS und Allianz Global Investors angeboten.

KLASSISCHE RÜRUP-RENTE

Bei einer klassischen Rürup-Rente bekommt der Kunde eine garantierte Verzinsung von 2,25 auf den Teil seines Beitrags, der nach Abzug der Abschluss- und Vertragskosten übrig bleibt.

- ➔ **Renditechance**
- ↗ **Sicherheit**
- ↘ **Flexibilität**
- ↑ **Bequemlichkeit**

FONDSGEBUNDENE RÜRUP-RENTE

Bei einer fondsgebundenen Rürup-Rente gibt es keine garantierte Verzinsung. Die Höhe der Rente ist völlig ungewiss. Nicht einmal die eingezahlten Beiträge sind garantiert.

- ↗ **Renditechance**
- ↘ **Sicherheit**
- ↘ **Flexibilität**
- ↗ **Bequemlichkeit**

CHECKLISTE **Dies sollten Sie vor Vertragsabschluss bedenken**

- Entscheidung. Die Rürup-Rente eignet sich für Selbstständige, die im Alter eine Rente wollen – keine Einmalzahlung – und die sicher sind, die Beiträge immer aufbringen zu können.
- Varianten. Eine Rürup-Rentenversicherung wird klassisch verzinst oder fondsgebunden angeboten. Außerdem gibt es Rürup-Fondssparpläne. Bei Fonds tragen Sie das Risiko. Wenn die Börsen schlecht laufen, können Verluste entstehen. Wenn Sie ein Rürup-Produkt mit Fonds wählen, nehmen Sie einen Vertrag mit Beitragsgarantie. Dann bleiben wenigstens die Beiträge erhalten. Ein Fonds-Produkt ohne Garantien ist auf jeden Fall dann die falsche Wahl, wenn Sie mit einer Rürup-Rente Ihren Grundbedarf im Alter (Miete, tägliche Lebenshaltungskosten) abdecken wollen. Die Rentenhöhe ist völlig ungewiss; nicht einmal Ihre eingezahlten Beiträge sind garantiert.
- Wechsel. Viele Anbieter lassen von sich aus einen Anbieterwechsel nicht zu. Bestehen Sie darauf, dass eine Wechselmöglichkeit im Vertrag verankert wird.
- Rürup-Zertifikat. Das Zertifikat gibt Ihnen keineswegs Sicherheit, dass es sich bei dem vorgelegten Rürup-Vertrag um ein gutes Produkt handelt. Die staatliche Aufsichtsbehörde bescheinigt damit nur, dass der Vertrag die Voraussetzungen für die staatliche Förderung erfüllt. Das allein ist längst noch kein Qualitätsnachweis für das zertifizierte Produkt. In einem ersten Test der klassischen Rürup-Rentenversicherungen hat die Stiftung Warentest Qualitätsurteile von sehr gut bis ausreichend vergeben.

Die Sicherheit der Fondsanlage hängt von dem Konzept des Anbieters für die Ansparphase ab. Für die Rentenphase schließen die Fondsgesellschaften eine Rentenversicherung ab. Ein Anbieterwechsel ist möglich.

Was tun bei einem schlechten Vertrag?

Auch bei Rentenversicherungen können die Kunden den Anbieter wechseln – aber nur, wenn dies im Vertrag erwähnt ist.

Nur wenige Versicherer tun dies von sich aus. Bei den meisten Angeboten ist dies nicht vorgesehen. Ein Kunde müsste ausdrücklich im Vertrag vermerken lassen, dass er in der Ansparphase den Anbieter wechseln darf, wenn er nicht zufrieden ist. Ob sich der Versicherer darauf einlässt, den Zusatz in den Vertrag aufzunehmen, ist ungewiss. Eine Alternative zum Wechsel wäre es womöglich, den Vertrag beitragsfrei zu stellen.

Doch einige Versicherer verlangen, dass der Sparer bis dahin einen bestimmten Betrag gespart hat, um im Alter eine kleine Rente zu bekommen. Wenn dieser Betrag nicht erreicht wird, sind die gesamten Einzahlungen verloren.

Zusatzschutz schmälert Altersrente

Rürup-Rentenversicherungen sind für die Altersvorsorge gemacht. Die Rürup-Rente wird – wie eine andere private Rente auch

INFO Zusatzschutz kostet extra

Der Rürup-Vertrag dient in erster Linie der Altersversorgung. Doch Kunden können Zusatzversicherungen mit abschließen. Bis zu 49 Prozent vom Beitrag können in Hinterbliebenen- und Berufsunfähigkeitsschutz oder in eine dieser beiden Zusatzleistungen fließen. Das hat den Vorteil, dass Rürup-Sparer Hinterbliebene absichern oder für den Fall der Berufsunfähigkeit vorsorgen können und Steuervorteile für ihre Beiträge kassieren. Dafür müssen sie allerdings Abstriche bei der Altersrente in Kauf nehmen.

Berufsunfähigkeit. Das folgende Beispiel zeigt, wie sich zusätzlicher Berufsunfähigkeitsschutz auswirkt.

Unser Modellkunde ist bei Vertragsbeginn 40 Jahre alt und zahlt 25 Jahre lang jedes Jahr 6 000 Euro Beitrag. Schließt er gar keinen Zusatzschutz ab, bekommt er in unserem Beispieltarif eine garantierte Altersrente von 748 Euro im Monat.

Vereinbart der Kunde für den Fall seiner Berufsunfähigkeit eine Rente, bekommt er mit 65 nur eine garantierte Altersrente von 634 Euro.

Beim Vergleich der Kombiprodukte schauen die Verbraucher vornehmlich auf die Höhe der Rente. Doch diese sollte nicht das vorrangige Kriterium für die Auswahl darstellen. Dreh- und Angelpunkt einer Berufsunfähigkeitsversicherung sind deren Vertragsbedingungen. Viele Anbieter haben Tarife mit günstigeren und damit auch schlechteren Bedingungen sowie teurere und bessere Bedingungen im Angebot.

Hinterbliebenenrente. Ist statt der Berufsunfähigkeitsrente eine Hinterbliebenenrente in den Vertrag eingeschlossen, schmälert dies die Altersrente ebenfalls:

Will der Kunde Hinterbliebene nur für den Fall absichern, dass er vor seinem 65. Lebensjahr stirbt, drückt dieser Schutz seine garantierte Altersrente auf 696 Euro im Monat. Soll der vereinbarte Hinterbliebenenschutz auch dann greifen, wenn der Rürup-Sparer selbst schon Rentner ist, beträgt seine garantierte Altersrente dann nur noch 637 Euro im Monat.

Der Hinterbliebenenschutz gilt nur für Ehepartner und zu versorgende Kinder bis zum 25. Lebensjahr, nicht aber für unverheiratete Partner.

Vereinbart der Kunde keinen Hinterbliebenenschutz, kommt sein angespartes Kapital bei seinem Tod immer der Versichertengemeinschaft zugute. Wer lange lebt, profitiert vom Schutz der Gemeinschaft, wer früh stirbt, zahlt drauf.

Besser separat vorsorgen. Zusatzversicherungen schmälern nicht nur den Rentenanspruch. Wird der Vertrag beitragsfrei gestellt, können die eingeschlossenen Zusatzversicherungen in der Regel nicht separat weitergeführt werden. Der bis dahin erworbene Hinterbliebenen- und Berufsunfähigkeitsschutz ist dann womöglich nicht mehr ausreichend oder fällt ganz weg. Besser ist es daher, eine separate Berufsunfähigkeitsversicherung abzuschließen und die Familie durch eine günstige Risikolebensversicherung zu schützen.

– nicht vererbt. Schließt der Kunde einen Rürup-Vertrag ab, kann er aber Zusatzleistungen vereinbaren: Bis zu 49 Prozent vom Beitrag können in Hinterbliebenen- und Berufsunfähigkeitsschutz oder in eine dieser beiden Zusatzleistungen fließen (siehe Kasten links). Sparer, die mit einer Rürup-Rentenversicherung fürs Alter vorsorgen, investieren jährlich im Durchschnitt rund 2 000 Euro in ihren Vertrag. Nach Angaben des Gesamtverbands der Deutschen Versicherungswirtschaft ist dies viermal so viel wie der Durchschnittsbeitrag, den Kunden in einen Riester-Vertrag stecken. Dort beträgt der durchschnittliche Beitrag, ohne die staatlichen Zulagen, rund 500 Euro im Jahr. Bei einem Rürup-Fondssparplan ist die Sparleistung der Kunden sogar noch höher.

Rürup-Siegel reicht nicht

Einzahlungen in einen Rürup-Vertrag werden ab 2010 nur noch dann steuerlich gefördert, wenn er ein Zertifikat hat. Dies erteilt zunächst die Bundesanstalt für Finanzdienstleistungsaufsicht Bafin (wie bei der Riester-Rente auch), ab dem zweiten Halbjahr 2010 ist dann das Bundeszentralamt für Steuern dafür zuständig. Bisher prüft der Finanzbeamte jeden Vertrag einzeln mit der Steuererklärung. Auch bei der Abrechnung für 2009 wird das noch so sein. In der Jahresabrechnung für 2010 gibt es den Steuervorteil dann nur noch für Verträge mit Zertifikat. Bis Ende 2010 muss es vorliegen.

An großen Nachteilen der Rürup-Rente ändert das Zertifikat nichts. Die Bundesregierung hatte die Kritik der Branche an der Riester-Rente („bürokratisches Monster") noch in den Ohren und gab auch in anderen Punkten nach. Sie achtete bei der Rürup-Rente viel weniger auf Kundenfreundlichkeit der Verträge und Sicherheit der Beiträge als bei der Riester-Rente. Die Anbieter einer Rürup-Rente müssen keine Garantie für die eingezahlten Beiträge übernehmen, bei Produkten mit Fondsinvestment sind also auch Verluste möglich. Sie müssen ihre Kunden auch nicht regelmäßig über die jährlich einbehaltenen Abschluss- und Verwaltungskosten informieren, nur Riester-Kunden haben jedes Jahr Anspruch auf solche Auskünfte.

Abrechnen beim Finanzamt

Die Rürup-Rente im Alter ist steuerpflichtig. Wie bei der gesetzlichen Rente auch müssen Ruheständler, die 2009 in Rente gegangen sind, 58 Prozent ihrer Rürup-Rente versteuern. Dieser Prozentsatz steigt stufenweise an bis 2040; ab dann müssen Neurentner dann 100 Prozent beim Finanzamt abrechnen.

Wie viel Rendite ein Rürup-Sparer auf seine Einzahlungen erzielt, hängt also auch von seinem Alter ab. Vorsorgesparer, die nur noch wenige Jahre bis zur Rente haben, profitieren am meisten von der Rürup-Rente, denn der steuerfreie Teil der Einzahlungen ist größer als später der steuerpflichtige Teil der Rente.

Enge Vorgaben für die Förderung

Anders als bei der Riester-Rente kann ein Rürup-Sparer bei Rentenbeginn gar keinen Teil des Geldes auf einen Schlag entnehmen. Was er angespart hat, mündet immer in eine lebenslange Rente, die frühestens mit 60 Jahren beginnen kann. Und der Vertrag muss noch weitere Bedingungen erfüllen, damit die Behörde ein Zertifikat ausstellt: Er kann nicht vererbt oder auf eine andere Person übertragen werden. Im Gegensatz zu Riester-Verträgen darf weder eine Rentengarantiezeit vereinbart sein noch Kapital auf den Rürup-Vertrag des Ehepartners übertragen werden. Der Vertrag kann nicht verkauft oder beliehen werden. Die Rente darf nicht dauerhaft niedriger ausfallen als bei Rentenbeginn – auch nicht bei sinkenden Überschüssen.

Derzeit prüfen die Finanzämter noch jeden einzelnen Rürup-Vertrag mit der Steuererklärung des Kunden. Nicht alle erfüllen die Anforderungen des Gesetzes. Die Einzelfallprüfung birgt sogar die Gefahr, dass Verträge, die auf den ersten Blick gleich aussehen, von einem Finanzamt als förderungswürdig anerkannt werden, von einem anderen aber nicht. Versicherungsgesellschaften haben zum Beispiel „unter der gleichen Tarifbezeichnung Rentenversicherungen mit verschiedenen Vertragsinhalten abgeschlossen", heißt es in einer Verwaltungsanweisung der Oberfinanzdirektion Karlsruhe. In einer Variante seien die Fördervoraussetzungen erfüllt, in der anderen nicht.

Der Lebensversicherer Clerical Medical verkaufte zunächst Fondspolicen, aus denen der Kunde bei schlechter Überschussentwicklung im Laufe der Jahre weniger Rente bekommt als zu Rentenbeginn. Dies monierte das Finanzamt und Clerical Medical musste seine Bedingungen 2008 ändern. Kunden, die 2007 einen Vertrag mit den unzulässigen Bedingungen abgeschlossen hatten, entging der Steuervorteil. Clerical Medical musste sie dafür entschädigen. Der Steuervorteil sei den Kunden „voll erstattet" worden, sagt der Versicherer. Hätte es damals eine Zertifizierung gegeben, hätte Clerical Medical das Produkt nicht anbieten können und Kunden wäre Ärger erspart geblieben.

VERMÖGENSWIRKSAME LEISTUNGEN

Vermögenswirksame Leistungen (VL) erhalten viele Millionen Arbeitnehmer jeden Monat zusätzlich zu ihrem Gehalt. Arbeitnehmer, die bestimmte Einkommensgrenzen nicht überschreiten, bekommen darüber hinaus Zulagen vom Staat. Besserverdienende können ihre VL steuerbegünstigt in die betriebliche Altersvorsorge einzahlen.

So funktioniert es

Ob eine Firma ihren Arbeitnehmern vermögenswirksame Leistungen (VL) bezahlt, regelt der Tarifvertrag oder eine Betriebsvereinbarung. Je nach Branche gibt es zwischen 6,65 Euro und 40 Euro zusätzlich pro Monat zum Gehalt dazu. Teilzeitbeschäftigte bekommen entsprechend weniger.

Wer in einem Unternehmen arbeitet, das seinen Angestellten keine vermögenswirksamen Leistungen bezahlt, kann aber dennoch von den staatlichen Zulagen profitieren, sofern er die Einkommensgrenzen nicht überschreitet (siehe Kasten unten und Tabelle Seite 110).

Die vermögenswirksamen Leistungen vom Arbeitgeber zu erhalten ist leicht: Der Arbeitnehmer muss nur einen VL-Sparplan abschließen und eine Durchschrift des Vertrags seinem Arbeitgeber vorlegen. Dieser zahlt dann die Sparrate direkt in den Vertrag ein. Bei der Auswahl eines Vertrags hat der Arbeitnehmer eine große Auswahl (siehe Tabelle Seite 110). Besonders beliebt sind Investmentfonds und Bausparverträge.

Der VL-Vertrag läuft normalerweise sechs Jahre. Daran schließt sich noch eine höchstens einjährige Sperrfrist. Erst dann kann der Arbeitnehmer über das Geld verfügen – es sei denn, seine VL fließen in einen Vertrag zur betrieblichen Altersvorsorge ein (siehe Seite 82).

Sparer, die keine staatliche Zulage erhalten, sind nicht an diese langen Fristen gebunden. Viele Verträge sind aber so gestrickt, dass auch für sie kein vorzeitiger Ausstieg möglich ist.

TIPP **Eigener Beitrag**

Zahlt der Arbeitgeber keine vermögenswirksamen Leistungen, oder sind die Zahlungen zu niedrig, um die Mindestanlage für einen guten VL-fähigen Sparplan aufzubringen, lohnt es sich, die Sparrate mit eigenem Geld zu erhöhen. Wichtig ist dabei, dass der Arbeitnehmer den Vertrag nur abschließt. Sämtliche Einzahlungen in den VL-Vertrag muss dann seine Firma für ihn tätigen. Sonst erhält der Arbeitnehmer keine staatliche Förderung.

DIE GÄNGIGSTEN VL-ANLAGEFORMEN MIT STAATLICHER FÖRDERUNG

Anlagemöglichkeit	Einkommensgrenze für die Förderung[1)]	Maximale Förderung pro Jahr	Vor- und Nachteile des Anlageprodukts
Bausparvertrag	Arbeitnehmersparzulage: 17 900 Euro[2)] Wohnbauprämie: 25 600 Euro[2)]	Arbeitnehmersparzulage: 43 Euro[2)] Wohnbauprämie: 45 Euro[2) 3)]	Sicherer Basiszins und Bonuszins, wenn der Sparer später auf das Bauspardarlehen verzichtet. Der Sparer kennt bei Vertragsabschluss den Auszahlungsbetrag am Ende der Laufzeit.
Betriebliche Altersvorsorge (siehe Seite 82)	Keine	Siehe Seite 82	Anleger spart Steuern und Sozialabgaben, die er sonst für die VL zahlt. Er muss nicht alle sechs Jahre einen neuen Vertrag schließen, kommt aber erst im Rentenalter an sein Geld heran.
Aktienfondssparplan	Arbeitnehmersparzulage: 20 000 Euro[2)]	80 Euro[2)]	Aktienfonds bieten die größten Renditeaussichten, bergen aber auch Risiken. Der Wert der Fondsanteile schwankt und die Anlage kann auch mal ins Minus rutschen.
Tilgung eines Baukredits	Arbeitnehmersparzulage: 17 900 Euro[2)]	43 Euro[2)]	Bauherren reduzieren mit den VL-Zahlungen ihre Kreditschulden. Das bringt ihnen meist mehr als jede sichere Geldanlage.

1) Zu versteuerndes Einkommen. 2) Ehepaare das Doppelte. 3) Bausparvertrag muss für wohnungswirtschaftliche Zwecke genutzt werden. Ausnahme: Sparer unter 25 Jahre.

Die verschiedenen Anlageformen

Wer einen VL-Sparplan abschließen möchte, kann zwischen vielen Anlageformen wählen. Vom Bausparvertrag über einen Banksparplan, Sparpläne mit einem Aktienfonds, Genussscheine oder Belegschaftsaktien bis hin zur Tilgung eines Baudarlehens oder auch VL-Sparpläne für Genossenschaftsanteile – alles ist laut Gesetz zulässig. Doch nicht alle Sparformen werden vom Staat gefördert: Die Wohnungsbauprämie gibt es nur für Bausparverträge. Sie ist an „wohnwirtschaftliche Zwecke" gebunden. Dies gilt zumindest für Sparer, die bei Vertragsabschluss über 25 Jahre sind. Die Arbeitnehmersparzulage wird dagegen für Verträge mit Fonds, zur Tilgung eines Bauspardarlehens oder für einen Bausparvertrag gezahlt. Für beide Förderungen dürfen Arbeitnehmer bestimmte Einkommensgrenzen nicht überschreiten (siehe Tabelle oben).

Renditechancen	Geeignet für ...
Je nach Verwendung. Für Renditesparer bis 3,5 Prozent mehr (mit Förderung 2 Prozent).	Sicherheitsorientierte Anleger und solche, die später das Geld zum Bauen oder Modernisieren verwenden möchten.
Hängt vom gewählten Vertrag ab.	Sparer, die keine VL-Förderung erhalten und die den steuerfreien Freibetrag für die betriebliche Altersvorsorge von 2 640 Euro noch nicht ausgeschöpft haben.
Langfristig bis zu 9 Prozent pro Jahr.	Fondseinsteiger und Anleger, die bereit sind, für hohe Renditechancen ein gewisses Risiko einzugehen.
Hängt von den Kreditzinsen des Darlehens ab.	Alle, die einen Baukredit tilgen und deren Institut eine zusätzliche Tilgung akzeptiert.

Bausparvertrag oder Tilgung eines Baudarlehens
Mit einer Arbeitnehmersparzulage von 9 Prozent fördert der Staat vermögenswirksame Leistungen, die in einen Bausparvertrag fließen. Dies gilt aber nur für eine jährliche Einzahlung von maximal 470 Euro. Die Höchstförderung beträgt somit 43 Euro im Jahr. Wer Beträge unter 470 Euro jährlich in einen Vertrag einzahlt, erhält anteilig weniger Förderung. Zahlt die Firma weniger oder gar keine VL, können Arbeitnehmer die monatlichen Sparraten auch mit ihrem Nettogehalt aufstocken (siehe Tipp-Kasten Seite 109).

Die Arbeitnehmersparzulage gibt es auch, wenn die VL in einen Kredit für das eigene Haus oder die eigene Wohnung fließen. Dass es sich besonders lohnt, die vermögenswirksamen Leistungen zur Baukredit-Tilgung zu nutzen, zeigt dieses Beispiel: Zahlt ein Arbeitnehmer monatlich 40 Euro zusätzlich auf sein Kreditkonto, verringert sich die Restschuld bei einem effektiven Zinssatz von 5 Prozent nach 10 Jahren um 6 175 Euro.

Die Aufstockung der monatlichen Raten ist bei Bausparkassen meist kein Problem. Bei Banken und Sparkassen kommt es auf den Kreditvertrag an.

Bausparer können neben einer Arbeitnehmersparzulage auch eine Wohnungsbauprämie erhalten: Wer unterhalb der Einkommensgrenzen eines versteuerbaren Einkommens von 25 600 Euro jährlich für Ledige (51 200 Euro für Verheiratete) liegt, dessen Bausparvertrag wird mit höchstens 45,06 Euro im Jahr (Verheiratete 99,11 Euro) gefördert.

Die Wohnungsbauprämie können somit auch viele Beschäftigte erhalten, die die Einkommensgrenzen der Arbeitnehmersparzulage überschreiten. Das heißt: Wer zu viel für die Arbeitnehmersparzulage verdient, kann möglicherweise stattdessen eine Wohnungsbauprämie beantragen. Es ist auch möglich, für einen Bausparvertrag beide Zulagen zu erhalten (siehe Kasten Seite 113).

WOHNUNGSBAUPRÄMIE NUR NOCH BEI BAU ODER KAUF

Seit Januar 2009 ist die Wohnungsbauprämie an „wohnwirtschaftliche Zwecke" gebunden. Das bedeutet, das Geld muss für Immobilien genutzt werden, etwa um eines Tages zu bauen, zu kaufen oder zu modernisieren. Früher konnten sich Bausparer das Geld aus dem Bausparvertrag auszahlen lassen, ohne dass ihre Wohnungsbauprämie verloren ging. Heute können nur noch Sparer, die bei Vertragsabschluss unter 25 Jahre alt sind, auch weiterhin nach sieben Jahren frei über ihr Geld aus dem Bausparvertrag verfügen.

VL-Sparplan mit Aktienfonds

Eine Arbeitnehmersparzulage gibt es auch für VL-Verträge mit Aktienfonds. Aktienfonds werden mit einer Zulage von 20 Prozent stärker gefördert als Bausparverträge. Für Einzahlungen in einen VL-Aktienfondssparplan von 400 Euro jährlich zahlt der Staat 80 Euro dazu.

Wer sich für einen Aktienfondssparplan entscheidet, sollte alle Sparpotenziale beim Fondskauf und bei der Depotführung ausnutzen (siehe Seite 141).

Wie man beim Abschluss eines VL-Sparplan am besten vorgeht, lässt sich unter www.test.de/VL-Fondssparplan nachlesen (kostenloses Dokument).

VL in betriebliche Altersvorsorge investieren

Arbeitnehmer, die keine Arbeitnehmersparzulage oder Wohnungsbauprämie erhalten, weil sie über den Einkommensgrenzen liegen, können mit ihren vermögenswirksamen Leistungen auch die betriebliche Altersvorsorge aufstocken. Sie sparen so Steuern und Sozialabgaben, weil Zahlungen für die betriebliche Altersvorsorge steuer- und sozialabgabenfrei sind. Dafür werden aber im Alter Steuern, Krankenkassen- und Pflegeversicherungsbeiträge auf die Betriebsrente fällig.

Wer sich für eine Verwendung der VL zur betrieblichen Altersvorsorge entscheidet, muss bedenken, dass er erst im Alter an sein Geld kommt. Alle anderen VL-Sparer können nach spätestens sieben Jahren über ihr Geld verfügen. Die betriebliche Altersversorgung funktioniert über fünf Wege: die Direktzusage, die Unterstützungskasse, eine Direktversicherung, eine Pensionskasse oder über einen Pensionsfonds (siehe Seite 82).

Die Einzahlung von vermögenswirksamen Leistungen ist in allen Varianten möglich. Wer schon einen Vertrag für eine betriebliche Altersvorsorge hat, kann ihn einfach um die Zahlungen des Chefs aufstocken lassen. Oder die Zuzahlungen senken den eigenen Anteil des Beschäftigten entsprechend.

Zahlreiche Arbeitnehmer haben in ihrer Firma allerdings gar kein Wahlrecht, in welchen Vertrag sie ihre vermögenswirksamen Leistungen anlegen möchten. Der Tarifvertrag bestimmter Branchen wie Metall, Chemie, Holz- oder Kunststoffverarbeitende Industrie schreibt eine Verwendung der VL für die Betriebliche Altersvorsorge vor.

Wie kommen Beschäftigte an die Förderung?

Die Arbeitnehmersparzulage müssen Arbeitnehmer jedes Jahr im Rahmen ihrer Steuererklärung beantragen. Dazu bekommen die Anleger von ihrem Anlageinstitut eine Bescheinigung, die sie der Anlage N ihrer Steuererklärung beifügen. Die Wohnungsbauprämie muss über die Bausparkassen beantragt werden.

Für beide Zulagen gilt: Die Förderung zahlt das Finanzamt erst am Ende der bis zu siebenjährigen Sperrfrist auf einen Schlag in den Vertrag ein. Ausnahmen von dieser Frist macht das Finanzamt nur für Sparer, die länger arbeitslos sind oder erwerbsunfähig werden.

Auch für Arbeitnehmer, die sich selbstständig machen wollen, gibt es Sonderregelungen. Bausparer, deren Vertrag für vermögenswirksame Leistungen vor dem Ende der Sperrfrist zugeteilt wird, können ebenfalls mit den Zulagen rechnen.

Für alle anderen Arbeitnehmer, die eine staatliche Förderung erhalten, ist wichtig: Sie sollten ihren Vertrag auf keinen Fall vorzeitig auflösen. Tun sie es doch, verfällt die staatliche Förderung.

TIPP **So schöpfen Sie die maximale Förderung aus**

Wenn Sie weniger als 17 900 Euro brutto im Jahr verdienen (Ehepaare das Doppelte), können Sie sogar dreimal eine staatliche Vermögensförderung bekommen. Sie müssen aber zwei Verträge abschließen und in beide insgesamt 1 382 Euro im Jahr einzahlen, um die maximale Förderung zu erhalten. Das funktioniert folgendermaßen:

- Sie schließen einen Aktienfondssparplan ab und erhalten für die vermögenswirksamen Leistungen eine Arbeitnehmersparzulage vom Staat. Diese beträgt 20 Prozent der jährlichen VL-Einzahlungen. Gefördert werden höchstens 400 Euro. Wer so viel jährlich in einen VL-fähigen Aktienfondssparplan einzahlt, erhält die Höchstförderung von 80 Euro jährlich.
- Zusätzlich schließen Sie noch einen Bausparvertrag ab und sichern sich so eine weitere Arbeitnehmersparzulage von 9 Prozent bezogen auf eine Einzahlung bis 470 Euro im Jahr. Die Höchstförderung beträgt 43 Euro pro Jahr.
- Der Bausparvertrag wird zusätzlich mit einer Wohnungsbauprämie gefördert, die – wenn Sie bei Vertragsabschluss über 25 Jahre waren – für „wohnungswirtschaftliche Zwecke" genutzt werden muss (siehe Seite 112). Möchten Sie auch hier die maximale Förderung rausholen, müssen Sie jedes Jahr weitere 512 Euro (Ehepaare 1 024 Euro) in den Vertrag einzahlen. Der Staat belohnt Sie dafür mit 45,06 Euro jährlich. Zahlen Sie weniger ein, erhalten Sie anteilig weniger.

PRIVAT VORSORGEN

Neben der staatlich geförderten Altersvorsorge gibt es zahlreiche andere Wege, um fürs Alter vorzusorgen. Sie sind für Sparer interessant, die die staatliche Förderung schon nutzen und noch zusätzlich oder besonders flexibel anlegen möchten. Welches Produkt für wen geeignet ist, hängt von individuellen Faktoren ab.

DER RICHTIGE MIX

Vorsorge fürs Alter muss in ihrer Gesamtheit sicherheitsorientiert sein. Anleger, die durch gesetzliche Rente und Riester-Rente schon hinlänglich abgesichert sind, können deshalb durchaus einen Teil ihres Geldes langfristig in Aktien investieren. Für Selbstständige mit geringen Einnahmen hat dagegen eine risikoarme Anlage wie eine klassische Rentenversicherung mit garantierter Mindestverzinsung Priorität.

Insgesamt lassen sich die privaten Angebote, mit denen Anleger fürs Alter sparen können, in vier Gruppen einteilen: In Versicherungen wie Renten- oder Kapitallebensversicherungen, in klassische Bankprodukte wie Sparpläne oder Bundes-

TIPP **Wechselnde Erfordernisse**

Im Laufe der Jahre ändern sich Ihre Lebensumstände immer wieder. Studium, Jobwechsel, Auslandstätigkeit, Partnerschaft, Kinder, eine Hausfinanzierung, vielleicht eine Erbschaft, vielleicht Scheidung, Krankheit, Arbeitslosigkeit. Prüfen Sie gelegentlich, wie es um Ihre Altersvorsorge steht. Welche Beiträge stecken Sie seit wann in welche Geldanlagen? Ist für die Ausbildung der Kinder vorgesorgt? Sind risikoreiche Produkte, die höhere Chancen versprechen, und sichere Anlagen noch angemessen gemischt?

DIE WICHTIGSTEN SPARANLAGEN IM ALTERSVORSORGE-TEST

Die Auswahl ist groß. Anleger können da schnell den Überblick verlieren, wenn es darum geht, ein geeignetes Investment für die Altersvorsorge zu finden. In der Übersicht klopfen wir die Sparvarianten nach Chance, Risiko und Eignung für die private Altersvorsorge ab. Wer eine staatliche Förderung bekommen kann, sollte diese Angebote auf jeden Fall

Anlageform	Ertragschance	Verlustrisiko	Flexibilität
Versicherungen			
Private Rentenversicherung (klassisch)	Mäßig.	Kein Risiko, da garantierte Mindestverzinsung.	Gering.
Private Rentenversicherung (fondsgebunden)	Mittel.	Risiko abhängig vom Aktienfondsanteil.	Gering.
Kapitallebensversicherung (klassisch)	Mäßig.	Kein Risiko, da garantierte Mindestverzinsung.	Gering.
Kapitallebensversicherung (fondsgebunden)	Mittel.	Risiko abhängig vom Aktienfondsanteil.	Gering.
Bankprodukte			
Sparplan	Mäßig.	Kein Risiko.	Abhängig vom ausgewählten Produkt.
Einmalanlage mit Festzins (Sparbrief, Festgeld, Sparkonto)	Mäßig bis mittel.	Kein Risiko.	Mittel. Abhängig von Laufzeit.
Bundesschatzbriefe	Mäßig bis mittel.	Kein Risiko.	Hoch.
Börseninvestments			
Aktien	Hoch.	Hoch. Wegen Kursschwankungen muss Anlagedauer flexibel sein.	Hoch. Aus- und Umstieg jederzeit möglich.
Aktienfonds	Hoch.	Hoch. Wegen Kursschwankungen abhängig von Anlagedauer.	Hoch. Aus- und Umstieg jederzeit möglich.
Rentenfonds	Mäßig bis mittel.	Mittel bis gering, abhängig von Anlagedauer.	Hoch. Aus- und Umstieg jederzeit möglich.

zuerst nutzen. Bei den rein privaten Geldanlagen kommt es auf eine gute Mischung an, die Chancen bietet, aber auch Risiken abfängt. Alle Sparer sollten die Möglichkeit haben, ohne Verlust zwischendurch einmal an eine ausreichende Geldsumme heranzukommen.

Eignung für Altersvorsorge	Steuern
Hoch, weil lebenslange Einkommensquelle.	**Die Rente** ist größtenteils steuerfrei **Kapitalauszahlungen** haben bei Vertragsabschluss seit 2005 Steuervorteile, wenn der Vertrag mindestens zwölf Jahre läuft und das Kapital frühestens mit 60 Jahren ausgezahlt wird. Bei Vertragsabschluss seit 1. April 2009 muss außerdem der Todesschutz mindestens 50 Prozent der Beitragssumme über die gesamte Laufzeit betragen. Die Auszahlung wird um die gezahlten Beiträge gekürzt und dann zur Hälfte mit dem persönlichen Steuersatz versteuert. Die andere Hälfte ist steuerfrei. Sind die Bedingungen nicht erfüllt, ist die Auszahlung nach Abzug der Beiträge eine Kapitaleinnahme, für die oberhalb des Sparerpauschbetrags 25 Prozent Abgeltungsteuer fällig ist.
Mittel wegen des Kursrisikos.	
Mäßig wegen einmaliger Auszahlung.	
Gering wegen einmaliger Auszahlung und wegen Kursrisikos.	
Mäßig. Nur für kleinen Teil des Vermögens sinnvoll.	**Zinsen** werden oberhalb des Sparerpauschbetrags mit 25 Prozent Abgeltungsteuer besteuert.
Mäßig. Nur für kleinen Teil des Vermögens sinnvoll.	
Mäßig. Nur für kleinen Teil des Vermögens sinnvoll.	
Mäßig, aber flexible Ergänzung für risikofreudige und renditeorientierte Sparer.	**Zinsen, Dividenden und Kursgewinne** werden oberhalb des Sparerpauschbetrags mit 25 Prozent Abgeltungsteuer besteuert.
Hoch, wenn Einstieg früh erfolgt und rechtzeitig in sichere Anlagen umgeschichtet wird.	
Mittel. Aber flexible Ergänzung für Späteinsteiger.	

Anlageform	Ertragschance	Verlustrisiko	Flexibilität
Gemischte Fonds	Mittel bis hoch.	Risiko abhängig vom Aktienfondsanteil.	Hoch. Aus- und Umstieg jederzeit möglich.
Öffentliche Anleihen	Mäßig bis mittel.	Kaum Risiko.	Hoch. Aus- und Umstieg jederzeit möglich.
Offene Immobilienfonds	Mittel.	Mittel bis gering, abhängig von Anlagedauer.	Hoch. Aus- und Umstieg in der Regel jederzeit möglich.
Immobilien			
Selbst genutzte Immobilie	Mittel.	Gering bis mittel.	Gering.
Vermietete Immobilie	Mittel.	Mittel.	Gering.

schatzbriefe, in Börseninvestments wie Fondssparpläne sowie in Immobilien.

Niemals sollten Sparer ihr Geld in Produkte anlegen, die sie nicht verstehen. Von komplizierten Zertifikaten, bei denen man vor lauter Zusatzbedingungen im Kleingedruckten das Risiko gar nicht mehr einschätzen kann, ist es besser, die Finger zu lassen. Auch geschlossene Immobilienfonds sind aufgrund ihres hohen Verlustrisikos generell eine äußerst fragliche Investition. Für die Altersvorsorge eignen sie sich überhaupt nicht.

Vorsichtig sollten Anleger immer sein, wenn ihnen ungewöhnlich hohe Wertentwicklungen in Aussicht gestellt werden. „Sicher" ist nur das, was es als festen Zins gibt. In Zeiten niedrigen Zinsniveaus wie derzeit muss es einen Haken geben, wenn viel versprochen wird.

Die Tabelle „Die wichtigsten Sparanlagen im Altersvorsorgetest", die auf Seite 116 beginnt, bietet einen Überblick über Chancen, Risiken und Flexibilität der Produkte, die für die Altersvorsorge infrage kommen.

Eignung für Altersvorsorge	Steuern
Mittel bis hoch. Je höher der Aktienanteil, desto früher sollte der Einstieg erfolgen.	**Zinsen, Dividenden und Kursgewinne** werden oberhalb des Sparerpauschbetrags mit 25 Prozent Abgeltungsteuer besteuert.
Mittel. Aber flexible Ergänzung für Späteinsteiger.	**Zinsen und Kursgewinne** werden oberhalb des Sparerpauschbetrags mit 25 Prozent Abgeltungsteuer besteuert.
Mittel. Ergänzung für Sparer.	**Zinsen und Mieten** aus inländischen Immobilien werden oberhalb des Sparerpauschbetrags mit 25 Prozent Abgeltungsteuer besteuert. **Kursgewinne** sind oberhalb des Sparerpauschbetrags steuerpflichtig, wenn zwischen Kauf und Verkauf der Immobilie weniger als zehn Jahre liegen.
Mittel. Bei ausreichendem Eigenkapital und stetigem Einkommen.	Die eigenen vier Wände gelten steuerlich als **Privatsache**: Der Eigentümer muss keine Einkünfte versteuern, kann aber auch keine Werbungskosten geltend machen. Beim Kauf fallen allerdings 3,5 Prozent (in Berlin und Hamburg 4,5 Prozent) **Grunderwerbsteuer** an.
Mäßig. Abhängig von Finanzierung, Lage, Zustand, Vermietung.	Übersteigen die **Mieteinnahmen** die Werbungskosten (Abschreibungen, Betriebskosten, Zinsen), müssen die Überschüsse mit dem persönlichen Steuersatz versteuert werden. Verluste können mit anderen Einkünften verrechnet werden. Beim Kauf fallen 3,5 Prozent (in Berlin und Hamburg 4,5 Prozent) **Grunderwerbsteuer** an. Wird die Immobilie innerhalb von zehn Jahren wieder verkauft, müssen eventuelle **Veräußerungsgewinne** versteuert werden.

SO SICHER IST IHR GELD

Die Finanzkrise hat private Anleger verunsichert. Was gestern noch wie eine gute Investition für die Zukunft aussah, schien sich von einem Augenblick zum anderen in Luft aufzulösen. So schlimm wie anfangs befürchtet, ist es für die meisten Sparer nicht ausgegangen. Aber die Krise hat ein neues Bewusstsein für die Gefahr geschaffen, Geld zurückzulegen, aber es nicht mehr zu haben. Dieses Bewusstsein sollte nicht wieder verloren gehen.

Tagesgeld, Festgeld, Sparbuch

Bankeinlagen bei deutschen Banken sind durch die verschiedenen Einlagensicherungssysteme in Deutschland gesichert und, falls alle Stricke reißen, durch den Staat. Die Bundesregierung hat eine Staatsgarantie für Kundeneinlagen abgegeben.

Zu den Kundeneinlagen zählt Geld auf Girokonten und Sparkonten, Festgeld, Tagesgeld und Sparbriefe.

Privatbanken in Deutschland, die dem Einlagensicherungsfonds des Bundesverbands deutscher Banken angehören, sichern die Einlagen ihrer Kunden in Millionenhöhe ab. Öffentliche Banken, Sparkassen und Genossenschaftsbanken haben eigene Sicherungseinrichtungen, die unbegrenzten Schutz bieten.

Bei den privaten Bausparkassen sind Beträge bis zu 250 000 Euro pro Anleger abgesichert. Gehört eine Bank nur der gesetzlichen Entschädigungseinrichtung deutscher Banken (EdB) an, sind seit Juli 2009 Einlagen bis 50 000 Euro pro Person zu hundert Prozent abgesichert (SWK Bank, Umweltbank).

Ausländische Banken

Für ausländische Banken gelten die jeweiligen Obergrenzen der Sicherungssysteme der Länder, in denen die Banken ihren Sitz haben.

In Luxemburg wurde die Einlagensicherung 2008 auf 100 000 Euro erhöht. Die Advanzia Bank hat beispielsweise ihren Sitz in Luxemburg.

In den Niederlanden gelten seit 2008 ebenfalls 100 000 Euro. Die Regelung gilt zunächst bis Ende 2010. Beispiele für in Deutschland tätige niederländische Banken sind Amsterdam Trade Bank, Akbank, Credit Europe Bank, DHB Bank, Garantibank, NIBC Direct und Yapi Kredi Bank.

Für die österreichische Einlagensicherung gilt seit 2010 ebenfalls eine Obergrenze von 100 000 Euro (Denizbank, Vakifbank).

In Großbritannien sind pro Person und Bank 50 000 britische Pfund abgesichert, in Frankreich 70 000 Euro.

Es gibt auch Kombinationen aus deutscher und ausländischer Einlagensicherung: Der deutsche Ableger der indischen ICICI Bank hat rechtlich seinen Sitz in Großbritannien, ist aber gleichzeitig Mitglied im Sicherungsfonds des Bundesverbandes deutscher Banken (BdB). Die Direktbank Cortal Consors ist eine Tochter der französischen BNP Paribas und auch im Sicherungsfonds des BdB.

Für ICICI Bank wie Cortal Consors gilt: Im Pleitefall müssten sich Anleger zunächst an die ausländische Einlagensicherung wenden, um den dort maximal abgesicherten Betrag zu bekommen. Nur für darüber hinausgehende Summen sieht sich die Einlagensicherung des BdB zuständig.

Bis 31. Dezember 2010 soll die Einlagensicherung in der gesamten Europäischen Union auf 100 000 Euro pro Kunde erhöht werden.

Höhere Beträge sollten Sparer bei ausländischen Banken aber auch nicht anlegen. Anleger sollten außerdem im Hinterkopf haben, dass sie sich im Pleitefall an die dort zuständigen Institutionen wenden müssen, um ihre Entschädigung zu erhalten. Das könnte komplizierter sein als im eigenen Land.

Aktien

Aktien und Aktienfonds sind von Turbulenzen an Börsen immer direkt betroffen. Einen Ausgleich für Kursverluste gibt es nicht. Anleger, die breit streuende Aktienfonds haben, sollten in einer Krise aber nicht überstürzt verkaufen. Und risikofreudige Anleger nutzen Abwärtsphasen sogar zum Einstieg. Das kann natürlich auch schiefgehen.

Fonds

Fonds sind Sondervermögen und als solche vor einer Pleite der Fondsgesellschaft oder der dahinterstehenden Bank geschützt. Der Preis der Fondsanteile kann allerdings sinken, wenn die Kurse der Wertpapiere in dem Fondsportfolio fallen. Das ist zum Beispiel bei Aktienfonds der Fall, aber auch bei Rentenfonds, die sogenannte ABS-Papiere oder ähnliche Papiere kaufen, hinter denen Immobilienkredite oder andere Darlehensgeschäfte stecken.

Anleihen

Der Käufer einer Anleihe oder Inhaberschuldverschreibung gibt dem Herausgeber der Anleihe einen Kredit. Wird der Herausgeber, der sogenannte Emittent, zahlungsunfähig, kann der Anleger sein Geld ganz oder teilweise verlieren. Im Fall einer Bankenpleite sind Anleihen nicht vom Einlagensicherungsfonds abgedeckt. In Krisenzeiten sind vor allem Anleihen guter Schuldner gefragt, wie etwa Bundeswertpapiere. Dagegen gelten viele Unternehmensanleihen und viele andere Staatsan-

TIPP **Bewusst anlegen**

Ziel. Verlieren Sie Ihr Anlageziel nicht aus den Augen, wenn Sie nach einer geeigneten Sparform suchen. Wollen Sie keinen Verlust riskieren, sind Festzinsanlagen der richtige Weg.
Nachfragen. Lassen Sie sich beim Thema Sicherheit einer Geldanlage nicht von einem Berater auf eine falsche Fährte führen. Fragen Sie genau nach, ob ein Verlust bei einer vorgeschlagenen Anlage wirklich nicht möglich ist. Lassen Sie sich das am besten schriftlich geben.
Renditeziel. Hohe Sicherheit kostet Renditechancen. Setzen Sie als junger Mensch bei der Vermögensbildung auch auf gute internationale Aktienfonds. Je älter Sie werden, desto stärker sollten Sie festverzinsliche Papiere dazumischen.

leihen als weniger sicher, wenn sich die Konjunkturaussichten verschlechtern.

Wertpapiere vom Bund

Wer sein Geld dem deutschen Staat gibt, indem er Staatsanleihen oder Schatzbriefe kauft, kann ruhig schlafen. Bund, Länder und Gemeinden sind ihren Zahlungsverpflichtungen bisher immer nachgekommen. Hinter ihnen stehen das Staatsvermögen und die Steuerkraft der Bürger.

Die Bundeswertpapiere unterscheiden sich vor allem in ihren Laufzeiten. Einige von ihnen sind gezielt für Privatanleger gedacht und bieten für sie spezielle Vorteile. In eine Tagesanleihe etwa können Sparer schon für 50 Euro anlegen. Bundesanleihen kommen eher als langfristige Geldanlage infrage. Der Anleger erhält regelmäßig seine Zinsen und weiß genau, wann und zu welchem Kurs er sein Geld am Ende zurückerhält.

Zertifikate

Auch Zertifikate sind Anleihen. Der Einlagensicherungsfonds sichert diese Papiere nicht ab. Für Anleger, die Zertifikate kaufen, gilt wie für Anleihekäufer: Sie sollten ihr Geld gut verteilen und nicht nur Papiere eines einzigen Emittenten kaufen. Sie sollten außerdem keinesfalls ihr gesamtes Geld in Zertifikate stecken. Je nach der Funktionsweise der Papiere können Zertifikate auch weitere Risiken enthalten, beispielsweise ein Kursrisiko von Aktien.

Lebens- und Rentenversicherungen

Lebens- und Rentenversicherungen sind von einer Finanzkrise unterschiedlich stark betroffen, je nachdem, ob es sich um herkömmliche oder fondsgebundene Verträge handelt. Das Geld für herkömmliche Versicherungen wird nach strengen Regeln von den Lebensversicherungsunternehmen angelegt. Es gibt einen garantierten Mindestzins von derzeit 2,25 Prozent auf den Sparanteil. Das ist der Beitrag nach Abzug der Kosten. Dazu kommen oft Überschüsse. Diese können sinken – zumal, wenn eine Krise lange anhält.

Bei fondsgebundenen Versicherungen hängt die Rendite außer von den Kosten des Unternehmens davon ab, wie viel vom Beitrag in welche Fonds fließt und wie diese Investments sich entwickeln. Hier kann es auch zu Verlusten kommen.

Sollte eine Versicherungsgesellschaft pleitegehen, springt die Sicherungseinrichtung Protektor ein. Die Protektor Lebensversicherungs-AG führt dann die Policen von Lebensversicherern in Finanznot weiter. Bisher musste sie dies erst einmal tun – im Jahr 2003 für die Mannheimer Lebensversicherung.

Die Kunden von Pleiteunternehmen erhalten mindestens die Garantieleistungen für ihre Verträge. Eine Überschussbeteiligung ist möglich und für die ehemaligen Mannheimer-Kunden inzwischen auch wieder gegeben, wenn auch eine vergleichsweise geringe.

Gegründet wurde Protektor Ende 2002 unter Federführung des Gesamtverbandes der Deutschen Versicherungswirtschaft. Jedes Lebensversicherungsunternehmen hat sich verpflichtet, wenn nötig maximal 1 Prozent seiner Kapitalanlagen zur Verfügung zu stellen, damit die Protektor AG die Garantieleistungen für die Kunden zahlen kann. Kunden der Mannheimer sollten ihre Policen auf keinen Fall kündigen, um einen finanziellen Verlust zu vermeiden. Denn die vertraglich garantierten Leistungen werden auch nach der Übertragung auf die Protektor AG ausgezahlt.

Seit 2004 gibt es einen gesetzlichen Sicherungsfonds für Lebensversicherungsverträge. Dessen Aufgaben wurden auf die Protektor AG übertragen.

Lebensversicherungsunternehmen mit Sitz in Deutschland müssen Protektor angehören. Für in Deutschland tätige ausländische Versicherer gilt dies allerdings nicht. Hier können die Einlagen durch Sicherungssysteme in den jeweiligen Ländern im Insolvenzfall geschützt sein. Garantiert ist das allerdings nicht.

Immobilien

Einen Schutz vor dem Preisverfall für Immobilien gibt es nicht. Wer in Wohnungen oder Häuser investiert, muss seine eigene Kalkulation aufmachen, um abzuschätzen, ob sich die Sache für ihn lohnt oder er vielleicht sogar am Ende mit einem Verlust herausgeht.

Auch Anleger in Immobilienfonds sind vor Verlusten nicht sicher. Es gibt geschlossene und offene Immobilienfonds. Geschlossene Immobilienfonds sind nichts für die Altersvorsorge, denn sie sind sehr riskant. Hat ein Fonds genug Geld zusammen, um damit wie geplant Objekte zu kaufen, wird der Fonds für weitere Anleger geschlossen. Die Investoren profitieren von den Mieteinnahmen und am Ende der Laufzeit vom Erlös des Verkaufs der Häuser. Erst dann klärt sich, ob die Einkaufscenter und Bürohäuser, in die investiert wurde, an der richtigen Stelle standen und die Anlage wirklich erfolgreich war. Die Anteile an einem solchen Fonds können Anleger zwischendurch nur sehr schwer verkaufen. Sie haften zudem für mögliche Verluste.

An offenen Immobilienfonds können sich Anleger schon mit kleinen Summen, meist ab 50 Euro, beteiligen. Die Manager kaufen mit dem eingesammelten Geld auf dem deutschen Markt Immobilien. Wollen Anleger ihre Anteile zurückgeben, konnten Sie das bis zum Jahr 2006 jederzeit tun. Seither kann ein Fonds in einer Krise geschlossen werden, weil eine Anlegerflucht droht, maximal zwei Jahre lang. In dieser Zeit können die Anteile nur an der Börse verkauft werden.

VORSICHT, GRAUER KAPITALMARKT

Gar keinen Schutz vor Verlust gibt es bei Produkten des sogenannten „Grauen Kapitalmarkts“. Hier können sich Sparer leicht die Finger verbrennen und viel Geld verlieren. Einige Beispiele dafür stehen auf den Seiten 184 bis 189.

GELDANLAGEN MIT SICHEREN ZINSEN

Zinsangebote sind für sicherheitsorientierte Anleger erste Wahl. Sie sind vergleichsweise gut zu durchschauen und verursachen keine Kosten.

Dennoch liegt die Tücke im Detail. Vor Abschluss eines Zinsangebots sollten Sparer nicht nur die Zinsen vergleichen, sondern auch die Produktbedingungen genau lesen.

Banksparpläne

Banksparpläne sind ideal für Anleger, die ohne Risiko regelmäßig sparen wollen, weil sie beispielsweise nicht mehr viel Zeit bis zur Rente haben oder zu einem festen Zeitpunkt einen bestimmten Geldbetrag benötigen. Viele Angebote sind so gestrickt, dass der Anleger am Ende der Laufzeit weiß, über welchen Geldbetrag er verfügt. Banksparpläne können nicht ins Minus rutschen und verursachen auch keine Kosten. Üppige Zinsen dürfen die Anleger für so viel Komfort aber derzeit schon gar nicht erwarten. Anfang 2010 hatten gute Sparpläne je nach Laufzeit eine Rendite zwischen 2 und 3 Prozent.

BANKSPARPLÄNE

Geeignet für sicherheitsbewusste Sparer, die regelmäßig sparen wollen.

- → bis ↘ **Renditechance**
- ↑ **Sicherheit**
- ↗ **Flexibilität**
- ↑ **Bequemlichkeit**

Banksparpläne sind eine einfache Anlageform, die fast jede Bank im Angebot hat. Ihre Grundstruktur ist bei fast allen Angeboten gleich: Der Anleger schließt einen Sparvertrag mit der Bank ab. Hierin ist festgeschrieben, wie hoch seine monatliche Sparrate ist, wie lange der Vertrag läuft, ob er vor dem Ende der Laufzeit kündigen kann und welche Zinszahlungen ihm zustehen.

Die Laufzeit eines Sparplans liegt normalerweise zwischen ein und 15 Jahren. Bei einigen Angeboten muss sich der Sparer beim Abschluss auf eine Laufzeit festlegen und kann nicht vorzeitig aus dem Vertrag aussteigen. Andere Produkte sind nach einer gewissen Wartefrist auch vor Vertragsende kündbar. Die Mindestrate beträgt bei vielen Ratensparplänen 25 Euro im Monat.

Fester oder variabler Zins?

Große Unterschiede gibt es bei den Zinsbedingungen der Banksparpläne. Einige schreiben bei Vertragsabschluss die Höhe der Zinsen für die gesamte Laufzeit verbindlich fest. Andere bieten einen variablen Zins an, der sich dem Auf und Ab der Geldmärkte anpasst.

Hinzu kommen häufig noch Prämien, Zuschläge oder Boni, die teilweise erst am

Ende der Laufzeit gezahlt werden. Wer einen Sparplan abschließen möchte, sollte sich nicht von hohen Boni oder Prämien blenden lassen. Sie sagen nichts über die effektive Rendite eines Sparplans aus (siehe Checkliste unten). Anleger sollten bei der Auswahl eines Sparplans auf die Zinsbedingungen achten. Es gibt folgende Varianten:

- fest vereinbarte gleichbleibende Zinsen für die gesamte Laufzeit,
- Zins steigt auf einer fest vereinbarten Zinstreppe Jahr für Jahr etwas an,
- variabler Zins.

Angebote mit einem fest vereinbarten Zins sind für den Anleger erste Wahl. Er weiß von Anfang an, mit welcher Auszahlungssumme er am Ende der Laufzeit rechnen kann. Einige Banken zahlen einen vorab festgelegten Zins, der sich die ganze Laufzeit über nicht verändert. Andere Banken belohnen Sparer, wenn sie lange

CHECKLISTE

Das sollten Sie bei Banksparplänen beachten

- **Zins.** Bevorzugen Sie Sparpläne mit festem Zins. Einen Vertrag mit variablem Zins sollten Sie nur abschließen, wenn eine Bezugsgröße für Zinsänderungen genannt wird.
- **Vergleich.** Holen Sie mehrere Angebote ein. Bestehen Sie auf der Angabe einer jährlichen Rendite oder lassen Sie sich die Höhe des Guthabens zum Laufzeitende ausrechnen. Sie haben sonst keine Möglichkeit, verschiedene Banksparpläne zu vergleichen.
- **Flexibilität.** Bevorzugen Sie einen Vertrag, den Sie spätestens nach zwei bis drei Jahren ohne Verlust kündigen können. So bleiben Sie flexibel und können bei steigenden Zinsen einfach ein besseres Angebot nutzen.
- **Laufzeit.** Legen Sie sich nicht zu lange fest. Nur in außergewöhnlichen Hochzinsphasen ist es sinnvoll, eine extrem lange Laufzeit zu wählen.
- **Rate.** Wichtig ist auch die Flexibilität der Ratenzahlung. Prüfen Sie deswegen, ob Sie die Raten während der Laufzeit des Sparplans senken oder erhöhen können, ohne dass Ihnen Nachteile entstehen.
- **Alternative.** Wollen Sie kurz und ohne Einschränkungen sparen, dann bietet sich auch ein gutverzinstes Tagesgeldkonto an (siehe Seite 127). Die Zinsen können sich hier zwar täglich ändern, liegen bei guten Angeboten aber oft immer noch höher als der Zins vieler Banksparpläne.

dabeibleiben, indem sie ihre Produkte mit einer Zinstreppe ausstatten. Je länger der Sparer dabeibleibt, desto höher steigt der Zins.

Viele dieser Verträge haben zudem ein Kündigungsrecht und lassen dem Kunden so ein Hintertürchen offen. Steigen die Zinsen am Kapitalmarkt, oder benötigt der Anleger das Geld unerwartet, kann er den Sparplan mit einer gewissen Wartefrist kündigen und über das Geld verfügen oder es zu höheren Zinsen wieder anlegen. Eine Kündigung ist bei vielen Verträgen nach ein oder zwei Jahren möglich.

Anleger, die einen Banksparplan mit variablem Zins abschließen, wissen am Ende der Laufzeit nicht genau über welchen Anlagebetrag sie verfügen können. Ihr Geld ist zwar genauso sicher und ihre Geldanlage kann – wie bei Banksparplänen mit fester Verzinsung auch – nicht ins Minus rutschen, die Höhe ihrer Zinsen hängt aber von der allgemeinen Zinsentwicklung ab. Steigen die Zinsen über längere Zeit, profitieren Anleger mit variabel verzinsten Verträgen automatisch, sinken sie, können sie meist mit einer Frist von drei Monaten schnell wieder aus dem Vertrag aussteigen.

In der Vergangenheit haben die Banken die Zinsen von variablen Sparplänen im Falle einer Zinserhöhung oft nur sehr zögerlich angehoben. Nach der aktuellen Rechtsprechung des Bundesgerichtshofes müssen die Banken für Sparpläne mit variablem Zins und Boni aber eine feste Bezugsgröße angeben, an die sie ihre Sparzinsen koppeln.

Als Maßstab für Zinsanpassungen kommt zum Beispiel der Leitzins der Europäischen Zentralbank infrage oder der Euribor, ein Zins, zu dem sich die Banken gegenseitig Geld leihen.

Wer einen Ratensparplan mit variablem Zins abschließen will, sollte nur einen Vertrag mit fester Bezugsgröße für Zinsänderungen wählen. Sonst kann es sein, dass die Bank die Zinsen nach Gutsherrenart verändert. Die Angaben zur Bezugsgröße stehen bei variablen Sparverträgen meistens in den „Sonderbedingungen für den Sparplan".

TIPP **Die Rendite von Banksparplänen berechnen**

Viele Banken weigern sich, die Rendite von Sparplänen anzugeben, und kaum ein Sparer kann diese Informationen allein mit dem Taschenrechner ausrechnen. Die Stiftung Warentest bietet daher kostenlos im Internet ein Rechenprogramm an. Es kalkuliert die Rendite aller gängigen Angebotsvarianten – Pläne mit jährlicher Prämie ebenso wie einmalige Schlussboni. Den Rechner finden Sie unter www.test.de. Klicken Sie unter „Tests + Themen" das Thema „Geldanlage und Banken" an und dort schließlich die Rubrik „Rechner".

Kurzfristige Anlagen

Zinsanlagen gibt es mit unterschiedlichen Laufzeiten. Zu kurzfristigen Anlagen zählen Tagesgeld und Festgeld.

Tagesgeld

Der Name verrät es schon. Beim Tagesgeld kann der Anleger ohne eine Kündigungsfrist täglich über sein angespartes Geld verfügen. Im Gegenzug können die Geldinstitute den Zins für das Konto allerdings auch täglich ändern. Die Banken orientieren sich hierbei am allgemeinen Zinstrend des Geldmarktes. Im Allgemeinen bieten gute Tagesgeldangebote höhere Zinsen als andere kurzfristige Geldanlagen, wie zum Beispiel das klassische Sparbuch.

Die Zinshöhe für Spitzenangebote lag Anfang 2010 zwischen 1,7 und 2,3 Prozent pro Jahr.

Ein Tagesgeldkonto ist ein Geldparkplatz für den Notgroschen. In der derzeitigen Niedrigzinsphase können sie aber auch Anlegern mit einem längerfristigen Sparziel wertvolle Dienste leisten. Wer keinen guten Banksparplan findet oder die Raten für einen Sparplan nicht regelmäßig aufbringen kann, ist mit einem Tagesgeldkonto gut bedient. Der Anleger kann kleine Summen auf ein Tagesgeldkonto überweisen und so auf eine Mindestanlagesumme für höher verzinste Einmalanlagen sparen (siehe Seite 130).

Die Eröffnung eines Tagesgeldkontos ist unkompliziert. Gute Angebote machen häufig die Direktbanken (siehe Kasten Seite 131 unten). Sie können günstige Konditionen bieten, weil sie auf ein kostspieliges Filialnetz verzichten. Der Sparer muss sich telefonisch oder per Computer mit ihnen in Verbindung setzen. Auch die Unterlagen zur Kontoeröffnung muss er auf diesem Weg anfordern.

Die Kontoeröffnung erfolgt mithilfe des Postident-Verfahrens (siehe Kasten Seite 128). Seine kompletten Kontounterlagen mitsamt Geheimzahl oder Codewort bekommt der Anleger einige Tage später auf dem Postweg zugeschickt. Die Kontoführung und die Eröffnung des Kontos sollten kostenlos sein. Sonst wird die ohnehin schon mäßige Rendite noch unnötig geschmälert.

Die meisten guten Tagesgeldkonten verlangen keine Mindestanlagesumme, sondern verzinsen Beträge ab dem ersten Euro. Für den Sparer ist dies das Beste, weil er so flexibel bleiben kann.

TAGESGELD

Geeignet für sicherheitsbewusste Sparer, die Geld für kurze Zeit mit minimalem Aufwand anlegen wollen oder die flexibel eine größere Summe ansparen möchten.

- ↘ **Renditechance**
- ↑ **Sicherheit**
- ↑ **Flexibilität**
- ↗ **Bequemlichkeit**

Der Anleger kann sich sicher sein, dass er im unwahrscheinlichen Fall einer Bankenpleite sowohl den Anlagebetrag als auch die Zinsen erhält.

Einige ausländische Banken, die Tagesgeldkonten mit guten Konditionen in Deutschland anbieten, können auch Mitglied in der Sicherungseinrichtung ihres Herkunftslandes sein, zum Beispiel die DHB Bank oder die Credit Europe in den Niederlanden, die Advanzia Bank in Luxemburg, die Bank of Scotland in Großbritannien oder die Deniz- und Vakifbank in Österreich. In diesen Ländern sind die Anlegergelder im Falle einer Bankenpleite nur bis zu einer bestimmten Summe vollständig gesichert (siehe „So sicher ist Ihr Geld" Seite 119 bis 123).

Bei Kontoauswahl auf Zinspolitik achten

Wer ein Tagesgeldkonto eröffnen will, sollte sich auch mit der Zinspolitik seiner Bank befassen. Ob eine Bank nämlich Zinsen bietet, die deutlich über dem Marktniveau liegen, hängt auch von ihrer Marketingstrategie ab.

Einige Anbieter achten auf Kontinuität und bieten über einen langen Zeitraum hohe Zinsen an. Andere Banken rollen den Markt zunächst mit Top-Zinsangeboten auf, um bekannt zu werden und neue Kunden zu gewinnen, senken jedoch im Anschluss sehr stark ihre Zinsen, wenn sie ihr Ziel erreicht haben.

Hohe Zinsen in der Vergangenheit sind zwar keine Garantie dafür, dass die Bank diese Geschäftspolitik in der Zukunft auch verfolgen wird, aber es ist zumindest ein Anhaltspunkt bei der Suche nach einem geeigneten Konto (siehe Kasten Seite 131 unten).

Nicht für den laufenden Zahlungsverkehr

Das Tagesgeldkonto ist ein „One-Way-Konto". Ein- und Auszahlungen sind normalerweise nur auf ein vorab definiertes

INFO

So funktioniert das Postident-Verfahren

Mit dem Postident-Verfahren können Direktbanken die Identität und die nötige rechtsgültige Unterschrift eines Kunden über den Postweg einholen. Nach dem Geldwäschegesetz sind sie hierzu vor der Kontoeröffnung verpflichtet.

Um sich zu legitimieren, muss der Neukunde mit einem speziellen Postident-Formular, das er meistens von seiner Bank erhält, in die nächste Postfiliale gehen. Dort zeigt er seinen Personalausweis oder Reisepass.

Der Postmitarbeiter vergleicht dann die Angaben auf dem Formular mit dem Personalausweis.

In Gegenwart des Postangestellten muss der Kunde anschließend eine Unterschrift leisten. Das Postident-Verfahren ist für Kunden kostenlos.

Referenzkonto möglich. Das ist in der Regel das eigene Girokonto. Nach der Kontoeröffnung bekommt der Sparer meist vierteljährlich einen Kontoauszug.

Festgeld

Für Sparer, die Geld kurzfristig anlegen wollen, gibt es noch eine weitere Anlagemöglichkeit: das Festgeld, auch Termingeld genannt. Hierunter fallen Anlagen, für die eine vorab festgelegte, wenn auch kurze Anlagedauer und ein fester Zins vereinbart wurden. Üblich sind 30, 60, 90, 180 oder 360 Tage. Während dieser vereinbarten Laufzeit kommt der Anleger nicht an sein Geld. Im Gegensatz zu Tagesgeld haben Festgelder fast immer eine Mindestanlagesumme von 2 500 Euro oder 5 000 Euro.

Die Zinsen hängen von der Höhe der Anlagesumme, der gewünschten Anlagedauer und dem allgemeinen Zinsniveau ab. Die Zinsen für Festgelder liegen normalerweise über denen für Sparbücher, oft aber unter denen von sehr guten Tagesgeldangeboten. Bei Festgeld haben die Anleger jedoch die Sicherheit, dass sich der Zins für den vereinbarten Anlagezeitraum nicht ändert.

Die höchsten Zinsen bieten – wie bei Tagesgeldangeboten auch – normalerweise die Direktbanken (siehe Kasten 131). Anfang 2010 boten Topangebote mit einer Mindestanlagesumme von 5 000 Euro und einer Laufzeit von 90 Tagen einen jährlichen Nominalzins zwischen 1,31 und 2,17 Prozent effektiv. Der Zins wird üblicherweise am Ende der Laufzeit gezahlt.

In der Regel gilt: Je länger die vereinbarte Laufzeit und je höher der Anlagebetrag, desto mehr Zinsen gibt es. Viele Banken und Sparkassen staffeln ihre Konditionen nach der Höhe der Anlagebeträge, wobei es für größere Summen höhere Beträge gibt. Die Grenzen für höhere Zinssätze liegen oft bei 25 000 oder 50 000 Euro.

In Bezug auf die Einlagensicherung gelten die gleichen Bestimmungen wie beim Tagesgeld und den Banksparplänen (siehe Seite 119 und 120).

Einfach zu eröffnen

Die Einrichtung eines Festgeldkontos ist ähnlich einfach wie die Eröffnung eines Tagesgeldkontos (siehe Seite 127). Ist die Entscheidung für ein bestimmtes Angebot gefallen, muss der Anleger bei der Bank seiner Wahl ein gesondertes Festgeldkonto eröffnen und einen Vertrag über die Festanlage abschließen. Hier werden der Anlagebetrag, die Anlagedauer und der Zins festgeschrieben.

Genau beschäftigen sollte sich der Anleger damit, was am Ende der Vertragslaufzeit mit seinem Geld passiert.

Bei einigen Angeboten überweist die Bank die fällige Summe auf das Girokonto des Sparers.

Es gibt aber auch Angebote, die einige Tage vor Fälligkeit des Geldes gekündigt werden müssen. Versäumt dies der Anleger, kann es passieren, dass die Bank oder Sparkasse sein Geld zu den dann aktuellen Konditionen für die gleiche Laufzeit noch einmal anlegt. In diesem Fall ist er wieder an die Laufzeit gebunden und kommt nicht an sein Geld. Anleger sollten beim Abschluss von Festgeld die Vertragsmodalitäten genau klären.

Während der Laufzeit erhält der Anleger normalerweise keine Kontoauszüge von der Bank. In punkto Sicherheit gelten die gleichen Bestimmungen wie beim Tagesgeld und den Banksparplänen (siehe Seite 119 und 120).

Mittel- bis langfristige Einmalanlagen

Festverzinste Sparkonten, Festgelder oder Sparbriefe mit Festzinsgarantie eignen sich für Anleger, die ihr Geld sicher und ohne Kursrisiko für ein bis zehn Jahre anlegen wollen. Allen Produkten ist gemeinsam, dass sie eine Kapitalgarantie haben. Der Anleger kann sich sicher sein, dass er sowohl sein angelegtes Geld als auch die Zinsen erhält.

Festverzinste Einmalanlagen werden von den Banken mit und ohne Kündigungsmöglichkeit während der Laufzeit angeboten. Für gute Angebote ohne Kündigungsmöglichkeit gibt es in der Regel höhere Zinsen als für solche mit Ausstiegsoption.

Angebote ohne Kündigungsmöglichkeit

Hierzu zählen langfristige Festgelder, Sparbriefe oder Sparkonten mit Festzinsvereinbarung. Ihnen ist gemeinsam, dass der Zins für die gesamte Laufzeit festgeschrieben wird. Schon bei Vertragsabschluss kann der Kunde also errechnen, welchen Ertrag seine Geldanlage abwirft. Zinsschwankungen am Markt müssen ihn nicht mehr kümmern.

Einmalanlagen ohne vorzeitige Kündigungsmöglichkeit haben fast immer eine Mindestanlage, oft zwischen 500 und 5 000 Euro. Anfang 2010 lagen die Renditen für gute Angebote mit einer Laufzeit von drei Jahren zwischen 3 und 3,5 Prozent pro Jahr, für Laufzeiten von vier Jahren gab es häufig etwas mehr Zins.

Bei der Auswahl einer Einmalanlage ohne vorzeitige Kündigungsmöglichkeit müssen sich die Anleger genau überlegen, wie lange sie ihr Geld entbehren können. Danach bestimmen sie die Anlagesumme und die Laufzeit.

Die Zinsen der Banken unterscheiden sich sehr stark, sodass ein Konditionenvergleich sinnvoll ist (siehe Servicekasten Seite 133).

Langfristige Festgelder

Einige Banken bieten mehrjährige Festzinsanlagen an und bezeichnen sie ebenfalls als Festgeld. Der Anleger erhält die Zinsen jährlich ausgezahlt oder sie werden auf sein Festgeldkonto gebucht und wiederanlegt.

Die Variante, bei der die Zinsen dem Festgeldkonto gutgeschrieben werden, ist sinnvoller, weil der Sparer so vom Zinseszinseffekt profitiert. Er muss sich zudem nicht selbst um die Wiederanlage der Zinsen kümmern.

Sparkonten mit Festzinsvereinbarung

Sie funktionieren ganz ähnlich wie die langfristigen Festgelder. Oft muss der Anleger aber drei Monate vor Vertragsende kündigen, um ohne Einschränkungen über sein Kapital zu verfügen. Auch hier gibt es Angebote, die die Zinsen ausschütten oder sie wiederanlegen.

Sparbriefe

Sparbriefe sind Wertpapiere, die von Banken und Sparkassen herausgegeben werden. Sie müssen üblicherweise nicht am Ende der Laufzeit gekündigt werden. Es gibt Sparbriefe, die ihre Zinsen jährlich ausschütten. Außerdem gibt es noch auf- und abgezinste Sparbriefe. Hier werden die Zinsen angesammelt und am Ende der Laufzeit ausgeschüttet. Die Zinsen sind

TIPP **Das sollten Sie beim Tages- und Festgeld beachten**

- **Auswahl.** Spitzenangebote für Tages- und Festgeld machen oft die Tochterunternehmen ausländischer Banken mit einer Anschrift in Deutschland. Bei ihnen ist die Einlagensicherung häufig auf einen bestimmen Betrag begrenzt (siehe Seite 120). Es ist empfehlenswert, nicht mehr anzulegen als diesen abgesicherten Betrag.
- **Tagesanleihe.** Die Deutsche Finanzagentur gibt seit Kurzem auch eine täglich verfügbare Tagesanleihe heraus (siehe auch Kasten Seite 134). Es handelt sich um eine Alternative zu den Tagesgeldangeboten der Banken. Weil der Referenzzins der Anleihe so stark gesunken ist, ist dieses Produkt für Anleger derzeit nicht empfehlenswert.

INFO **Service der Stiftung Warentest zu Tages- und Festgeld**

Die Zeitschrift Finanztest veröffentlicht in jeder Ausgabe jeweils eine Liste mit den 20 besten überregionalen Tages- und Festgeldangeboten. Eine Liste der Gesamtstichprobe mit aktuellen Konditionen für Tagesgeldkonten und Festgelder können Sie auch per Fax abrufen: 0 900 1/51 00 10 86 24 (1,50 Euro plus 80 Cent Verbindungspauschale). Oder über www.test.de unter „Tests + Themen", „Geldanlage und Banken", „Infodokumente" (1,50 Euro).

LANGFRISTIGE FESTGELDER, SPARBRIEFE

Geeignet für sicherheitsbewusste Sparer, die mittelfristig Geld anlegen wollen und mehr Zinsen als beim Sparbuch erwarten.

- ➔ **Renditechance**
- ↑ **Sicherheit**
- ↘ **Flexibilität**
- ↑ **Bequemlichkeit**

dann auf einen Schlag steuerpflichtig und können so leicht den Sparerpauschbetrag überschreiten. Sie eignen sich deswegen nicht für jedermann.

Angebote mit vorzeitiger Kündigungsmöglichkeit
Für Anleger, die sicher anlegen wollen, aber flexibel sein möchten, bieten sich die Sparanlagen mit vorzeitiger Ausstiegsmöglichkeit an. Bei Bedarf können sie vor dem Ende der Laufzeit über ihr Geld verfügen. Sie erhalten dafür aber normalerweise weniger Zinsen als Anleger, die diese Ausstiegsoption nicht haben.

Um den Sparen trotz Kündigungsmöglichkeit einen Anreiz zu schaffen, weiterzusparen, haben die Banken und Sparkassen diese Produkte mit einer Zinstreppe ausgestattet. Jahr für Jahr steigt der Zins, sofern die Geldanlage nicht gekündigt wird. Als Vorbild für solche Angebote gilt der Bundesschatzbrief. Seine Konditionen sollten bei der Produktauswahl als Vergleichsmaßstab herangezogen werden. Bevor sie sich für ein Angebot entscheiden, sollten die Anleger die Regelungen zur vorzeitigen Kündigung gut durchlesen. Die Banken sind hier sehr kreativ. Viele bieten eine dreimonatige Kündigungsfrist an. Andere Angebote lassen sich frühestens nach einem Jahr kündigen. Sie haben neben der Kündigungsfrist noch eine einjährige Sperrfrist, ehe der Anleger kündigen kann.

Finanzierungsschätze
Finanzierungsschätze sind Wertpapiere der Bundesrepublik Deutschland. Sie sind die Kurzläufer unter den Bundeswertpapieren und werden mit einer Laufzeit von einem oder zwei Jahren ausgegeben. Das Zinspapier „Finanzierungsschatz" wird nicht an der Börse gehandelt.

Die Mindestanlagesumme beträgt 500 Euro.

Der Anleger hat keine Möglichkeit, vor dem Ende der Laufzeit auszusteigen. Beachten müssen Anleger, dass es sich hier um ein abgezinstes Papier handelt. Das heißt, der Kaufpreis ermittelt sich aus dem Nennwert abzüglich der Zinsen. Möchte ein Sparer zum Beispiel einen Finanzierungsschatz mit einem Nennwert von 500 Euro kaufen, zahlt er nicht die volle Summe, sondern nur 494,60 Euro (Nennwert minus Nominalzins von 1,08 Prozent). Am Ende der Laufzeit erfolgt die Rückgabe dann zum Nennwert.

Finanzierungsschätze gehören zu den Daueremissionen des Bundes und sind ständig bei den Banken, Sparkassen, Landeszentralbanken und direkt bei der deutschen Finanzagentur im Angebot. Der Kauf und Verkauf ist kostenlos. Am sinnvollsten ist es, die Finanzierungsschätze direkt bei der Finanzagentur zu kaufen und zu lagern. Im Gegensatz zu vielen Hausbanken ist die Verwahrung der Papiere hier kostenlos (siehe Kasten Seite 134).

Die aktuellen Konditionen für einjährige Finanzierungsschätze betrugen Anfang 2010 (Stand 21. Januar) 0,43 Prozent pro Jahr. Bei einer Anlagedauer von einem oder zwei Jahren bieten viele Banken für Festgelder oder Sparbriefe mit dem gleichen Anlagezeitraum deutlich höhere Zinsen. Sie verlangen jedoch vielfach höhere Mindestanlagesummen als der Finanzierungsschatz. Auch gute Tagesgeldangebote sind eine Alternative zum Finanzierungsschatz (siehe Seite 127).

Bundesschatzbriefe

Das bekannteste Bundeswertpapier ist der Bundesschatzbrief. Er eignet sich für Anleger, die ihr Geld länger als ein Jahr anle-

CHECKLISTE **Das sollten Sie beim Abschluss von Einmalanlagen beachten**

- **Laufzeit.** Greifen Sie in der aktuellen Niedrigzinssituation nur zu Angeboten mit kürzeren Laufzeiten (bis maximal drei Jahre). Bei Angeboten ohne vorzeitige Kündigungsmöglichkeiten können Sie sonst nicht von steigenden Zinsen profitieren.
- **Einlagensicherung.** Für sehr hohe Anlagebeträge sind Banken mit deutscher Einlagensicherung erste Wahl. Im Ausland sollten Sie auf die Sicherungsgrenzen achten. Bei Banken mit niederländischer, österreichischer und luxemburgischer Einlagensicherung empfehlen wir weiterhin, nicht mehr als die dort geltenden Sicherungsgrenzen anzulegen (siehe Seite 120).
- **Zinseszinseffekt.** Wählen Sie ein Angebot, das die Zinsen nicht ausschüttet, sondern Jahr für Jahr wieder anlegt. Nur so profitieren Sie vom Zinseszinseffekt.

INFO **Service der Stiftung Warentest zu Einmalanlagen**

Die aktuellen Konditionen für Einmalanlagen mit Festzins und ohne vorzeitige Ausstiegsmöglicheit können Sie per Fax abrufen unter 0 900 1/51 10 86 23 (4 Seiten, 1,50 Euro plus 80 Cent Verbindungspauschale). Sie bekommen die Übersicht auch über das Internet: www.test.de unter „Tests + Themen“, „Geldanlage und Banken“, „Infodokumente“ (1,50 Euro).

INFO **Direktkauf bei der Deutschen Finanzagentur**

Die Tagesanleihe des Bundes, Bundesschatzbriefe, Finanzierungsschätze und Bundesobligationen lassen sich direkt und kostenlos bei der Deutschen Finanzagentur kaufen. Im Gegensatz zu den Banken ist hier die Verwahrung der Wertpapiere ebenfalls kostenlos. Die Voraussetzung für den Direktkauf per Telefon oder Internet ist ein sogenanntes Schuldbuch. Den Eröffnungsantrag können Sie sich im Internet unter www.deutsche-finanzagentur.de herunterladen oder telefonisch unter der Servicenummer 08 00/222 55 10 (kostenlos) bestellen. Bei der Einrichtung eines Schuldbuches muss sich der Anleger legitimieren. Dies kann er auf zwei Wegen tun: Entweder anhand des Postidentverfahrens (siehe Seite 128) oder er lässt sich seine Unterschrift von seinem Girokonto führenden Institut bestätigen. Beim letztgenannten Weg können Kosten anfallen. Wer schon Bundeswertpapiere in einem Bankdepot hat, kann sie kostenlos auf das Schuldbuch übertragen lassen.

gen wollen und danach flexibel bleiben wollen. Bundesschatzbriefe haben eine feste Laufzeit.

Wenn der Anleger möchte, kann er jedoch nach dem ersten Jahr kostenlos wieder aussteigen. Diese Flexibilität ist allerdings begrenzt. Pro Serie kann der Anleger nur 5 000 Euro alle 30 Tage zurückgeben.

Die Mindestanlagesumme von Bundesschatzbriefen ist mit 52 Euro vergleichsweise gering. Kauf- oder Lagerkosten fallen nicht an, wenn der Anleger die Bundesschatzbriefe direkt bei der Finanzagentur kauft (siehe Kasten oben).

Bundesschatzbriefe sind nicht nur die bekanntesten, sondern auch die beliebtesten Wertpapiere des Bundes. Das liegt nicht nur an ihrer Flexibilität, sondern auch an ihrer Sicherheit. Bundeswertpapiere dienen dem Staat zur Finanzierung seines Haushalts.

Besichert werden sie, wie auch die Bundesanleihe oder der Finanzierungsschatz, mit dem Staatsvermögen und den Steuereinnahmen. Sicherer kann eine Geldanlage kaum sein.

Zwei Typen zur Auswahl

Es gibt zwei Varianten von Bundesschatzbriefen:

- Typ A hat eine Laufzeit von sechs Jahren. Seine Zinsen werden jährlich ausgeschüttet.
- Typ B hat eine siebenjährige Laufzeit. Die Zinsen werden hier angesammelt und am Ende der Laufzeit auf einen Schlag ausgezahlt. Sparer, die Typ B kaufen, haben so die Gewissheit, dass sie vom Zinseszinseffekt profitieren. Aufpassen soll-

ten sie aber, dass bei der einmaligen Auszahlung der Zinsen der Sparerpauschbetrag von 1 602 Euro für Verheiratete und 801 Euro für Nichtverheiratete nicht überschritten wird. Sonst zahlen sie Abgeltungsteuer (siehe Seite 190 bis 192).

Beide Varianten sind mit einer Zinstreppe ausgestattet. Jährlich steigt der Zins. Die höchste Zinsstufe gibt es nur, wenn der Anleger bis zum Schluss durchhält.

Ihre durchschnittliche jährliche Rendite lag Anfang 2010 für Typ A (6 Jahre Laufzeit) bei 2,29 Prozent, für Typ B (7 Jahre Laufzeit) bei 2,56 Prozent. Gute Angebote der Banken brachten zu diesem Zeitpunkt deutlich mehr ein.

BUNDESSCHATZBRIEFE

Geeignet für sicherheitsbewusste Sparer, die eine Summe für einen mittleren bis längeren Zeitraum mit geringem Aufwand anlegen wollen, jedoch die Möglichkeit haben möchten, zwischenzeitlich über das Geld verfügen zu können.

➔ bis ↘ Rendite
↑ Sicherheit
↗ Flexibilität
↑ Bequemlichkeit

Kauf und Verwaltung

Bundesschatzbriefe gehören wie die Finanzierungsschätze auch zu den Daueremissionen des Bundes. Sie sind ständig bei der Deutschen Finanzagentur und bei Banken und Sparkassen im Angebot. Der Kauf von Schatzbriefen ist immer kostenlos. Depotgebühren und Verkaufsgebühren können anfallen, wenn die Anleger ihr Depot nicht direkt bei der Deutschen Finanzagentur verwalten lassen (siehe Kasten links).

TIPP Einfach sparen mit Bundeswertpapieren

Bei den Finanzierungsschätzen und Bundesschatzbriefen passt der Bund die Zinskonditionen regelmäßig der Marktentwicklung an. Unter www.deutsche-finanzagentur.de können Sie im Internet jederzeit die aktuellen Konditionen abrufen. Per Fax gibt es sie unter der Nummer 0 800/222 55 90. Eine telefonische Ansage vom Band erhält man unter 0 800/222 55 60. Die Deutsche Finanzagentur bietet auch Sparpläne für Bundeswertpapiere an. Die Mindestanlagesumme beträgt ebenfalls 52 Euro. Es werden auch ungerade Summen akzeptiert, sofern die Mindestanlage eingehalten wird. Der Sparplan kann jederzeit ohne Zusatzkosten unterbrochen werden.

INVESTMENTFONDS

Investmentfonds sind ein wichtiger Baustein für die private Altersvorsorge. Gleich, ob es sich um Aktienfonds handelt oder um Fonds, die in Anleihen investieren – Anleger können schon mit wenig Geld einsteigen. Es handelt sich bei Fonds um eine der flexibelsten Geldanlagen überhaupt: Anleger können einzahlen wie es ihnen beliebt, monatlich, vierteljährlich, mal ein paar Jahre gar nicht. Das angesparte Geld ist außerdem jederzeit verfügbar. Für den langfristigen Vermögensaufbau eignen sich Aktienfonds, weil sie die höchsten Renditechancen bieten. Fonds mit Anleihen, sogenannte Rentenfonds, dienen als Sicherheitsbaustein.

Sparpläne mit Aktienfonds

Aktienfonds bringen auf lange Sicht meist eine gute Rendite. Je länger man spart, desto stärker wirken sich die hohen Ertragschancen auf das Sparergebnis aus. Und je länger man spart, umso mehr Zeit hat man auch, zwischenzeitliche Rückschläge auszusitzen.

Im langjährigen Mittel haben Aktienfonds in der Vergangenheit zwischen sieben und zehn Prozent pro Jahr gebracht. Doch die Kurse klettern nicht gleichmäßig in die Höhe, sondern schwanken stark. In guten Zeiten können Aktienfonds in einem Jahr um 20, 30 oder sogar 50 Prozent zulegen. In Boomjahren hat sich der Wert von Aktienfonds binnen kurzer Frist sogar verdoppelt. Aber auch die Verluste können herb sein. Aktienfonds haben schon oft genug über die Hälfte ihres Wertes verloren, je nach Fonds betrugen Verluste zwischenzeitlich bis zu 90 Prozent. Theoretisch könnte ein Fonds auch völlig wertlos werden. Das ist aber noch nie passiert.

Keine Angst vorm Aktienmarkt

Selbst regelrechte Kurseinbrüche können wieder aufgeholt werden. Das war so nach dem Börsenkrach an der Wall Street 1929, dem schwarzen Freitag, dem die Weltwirtschaftskrise folgte. Es war so nach dem schwarzen Montag vom Oktober 1987 und auch Anfang des jetzigen Jahrtausends, nach dem Platzen der New-Economy-Blase. Selbst die heftigen Kursverluste nach der Pleite der US-Bank Lehman Brothers im Herbst 2008 waren ein dreiviertel Jahr später teilweise wieder wettgemacht.

Aktienfonds eignen sich für jüngere Anleger, die noch viel Zeit zum Sparen haben. Wer nur noch wenige Jahre bis zur Rente und noch nicht genug Geld auf der hohen Kante hat, sollte nicht mehr in Aktienfonds investieren.

Breite Streuung heißt geringeres Risiko

Aktienfonds investieren in Aktien, manche verteilen das Geld der Anleger auf vierzig bis fünfzig verschiedene Werte, andere kaufen mehrere hundert verschiedene Ti-

tel. Eine solche Streuung des Fondsvermögens verringert das Verlustrisiko im Vergleich zum Kauf einer oder weniger einzelner Aktien.

Zum Vermögensaufbau empfehlen sich vor allem Aktienfonds Welt, Europa oder Euroland. Das Fondsportfolio ist breit über verschiedene Branchen und mehrere Länder gestreut und bietet deshalb ein vergleichsweise sicheres Aktieninvestment. Die Erträge der Fonds stammen zum einen aus den Kursgewinnen der Aktien an der Börse und zum anderen aus den Dividenden, die die Aktiengesellschaften ausschütten.

Gut für Einsteiger geeignet

Anleger können bereits mit bescheidenen Summen einsteigen. Für einen Sparplan reichen 50 bis 100 Euro pro Monat. Einige Direktbanken bieten Sparpläne an, die der Anleger quartalsweise besparen kann, er zahlt dann zum Beispiel 50 Euro alle drei Monate.

Fonds sind eine sehr flexible Geldanlage. Anleger können die Höhe der Einzahlungen beliebig ändern und über ihr angespartes Vermögen jederzeit ganz oder teilweise verfügen. Wer einen Sparplan abschließt, muss sich auf keine feste Rate und keine bestimmte Laufzeit festlegen, wie zum Beispiel bei einer Lebens- oder Rentenversicherung, sondern kann einfach mal drauflos sparen. Stellt er fest, dass die Rate zu hoch ist, kann er sie verringern oder aussetzen. Kann er mehr sparen als gedacht, hat er die Möglichkeit, die Rate zu erhöhen oder zur bestehenden Rate zusätzliche Beträge zu überweisen. So flexibel ist kein anderes Ratensparprodukt, auch Banksparpläne nicht. Ein Fondsinvestment bleibt auch dann bestehen, wenn man für Monate oder Jahre nichts einzahlt. Es ist jederzeit möglich, die regelmäßigen Zahlungen wieder aufzunehmen.

Auch bei Einmalanlagen müssen sich die Anleger auf keine bestimmte Laufzeit festlegen. Sie können über ihr Geld täglich verfügen und es ganz oder teilweise abheben. Kündigungsfristen gibt es keine. Wer sich entschließt, Anteile zu verkaufen, hat das Geld üblicherweise nach drei, vier Werktagen auf seinem Konto.

Nach guter Qualität suchen

Es gibt mehrere hundert Aktienfonds Welt, viele Dutzend Aktienfonds Europa und immer noch zahlreiche Aktienfonds Euroland. Anleger haben die Qual der Wahl. Ohne fachkundige Hilfe gliche die Suche nach einem passenden Produkt der nach der berühmten Nadel im Heuhaufen. Wie einen guten Fonds finden?

Die Krux ist: Längst nicht alle Fondsmanager liefern eine gute Arbeit ab. Viele von ihnen schaffen es nicht, besser abzuschneiden als der Markt, in den sie investieren. Mit „Markt“ ist zum Beispiel der deutsche, der europäische oder der weltweite Aktienmarkt gemeint. Gemessen wird das Abschneiden des Marktes anhand von Börsenindizes. In Deutschland gilt der Aktienindex Dax, der die 30 größten deutschen Unternehmen vereint, als Gradmesser.

Hilfe bei der Auswahl bieten Ratingagenturen – das sind Unternehmen, die die Qualität der angebotenen Fonds ermitteln. Auch die Stiftung Warentest bewertet Investmentfonds. Die Ergebnisse werden jeden Monat auszugsweise im Magazin Finanztest veröffentlicht und lassen sich außerdem im Produktfinder Investmentfonds unter www.test.de gegen eine geringe Gebühr abrufen.

INFO Die Fondsidee

Investmentfonds sind eine geradezu geniale Erfindung. Viele Anleger zahlen Geld in einen gemeinsamen Topf und lassen es von einem Fachmann verwalten. Keiner der Anleger braucht viel Geld und keiner muss viel von Geldanlage verstehen. Die Fachleute, die Manager der Fonds, investieren das ihnen anvertraute Vermögen je nach Ausrichtung des Fonds in Aktien (Aktienfonds), in Anleihen (Geldmarkt- und Rentenfonds), in Immobilien (offene Immobilienfonds) oder aber sie mischen die verschiedenen Anlageformen (Mischfonds, Dachfonds, Vermögensverwaltungsfonds).

Weil der Manager das Geld auf viele verschiedene Papiere verteilen kann, reduziert sich das Risiko für den einzelnen Anleger, der – auf sich selbst gestellt – eine solche Mischung niemals hinbekommen würde.

Für den Gegenwert der Einzahlung erhalten die Anleger eine bestimmte Anzahl von Fondsanteilsscheinen. Die Anteilspreise ergeben sich aus dem Kurs der Wertpapiere, die im Fondsportfolio liegen. Sie werden in Tageszeitungen und im Internet veröffentlicht, zum Beispiel auf den Seiten von Direktbanken und bei den Fondsgesellschaften selbst. Dass alles seinen ordentlichen Gang nimmt, darüber wacht die Bundesanstalt für Finanzdienstleistungsaufsicht (Bafin). Beispielsweise muss das Geld der Anleger getrennt vom Vermögen der Fondsgesellschaft verwaltet werden. Die Wertpapiere werden aus Sicherheitsgründen bei separaten Depotbanken verwahrt (Sondervermögen). Das bietet Schutz vor Insolvenz. Geht eine Fondsgesellschaft pleite, hat der Insolvenzverwalter keinen Zugriff auf das Vermögen der Anleger.

Das entscheidende Kriterium für die Qualität eines Fonds ist die Wertentwicklung. Je häufiger und deutlicher der Fonds die anderen Fonds aus seiner Vergleichsgruppe schlägt, desto besser ist er. In die Bewertung fließt außerdem ein, wie konstant seine Leistung ist.

Anlagestrategien

Fonds lassen sich in zwei Gruppen einteilen. Die bekanntere Gruppe bilden die aktiv gemanagten Fonds. Hier kümmern sich Fachleute um die Anlage des Fondsvermögens, das sind die Fondsmanager. Sie beobachten die konjunkturellen Entwicklungen, halten Ausschau nach aussichtsreichen Branchen und wählen gezielt Unternehmen aus, von denen sie sich hohe Gewinne erhoffen. Anleger, die schon einmal Fondsanteile gekauft haben, haben von ihrem Berater höchstwahrscheinlich einen solchen aktiv gemanagten Fonds verkauft bekommen.

Im Gegensatz dazu sind die passiv gemanagten Fonds noch eine vergleichsweise junge Gruppe. Besser bekannt sind sie als Indexfonds oder ETF. ETF ist die Abkürzung für exchange traded funds, was auf deutsch börsengehandelte Fonds heißt. Passiv gemanagt heißen sie deshalb, weil die Manager keine aufwendigen Analysen betreiben, sondern einen Marktindex nachbilden, wie zum Beispiel den deutschen Aktienindex Dax. Indexfonds werden in aller Regel an der Börse notiert, wo sie ähnlich wie Aktien fortlaufend gehandelt werden. Um das Jahr 2000, als die ETFs hierzulande noch neu waren, wurden sie daher auch als Indexaktien bezeichnet. Es gibt ein paar wenige Indexfonds, die nicht an der Börse gehandelt, sondern ähnlich wie aktiv gemanagte Fonds über die Fondsgesellschaft zu beziehen sind.

Aktives und passives Management im Vergleich

Darüber, welche Fondsvariante besser ist, die aktiv oder die passiv gemanagte, wird seit Jahren teils heftig gestritten. Klar ist: Ein Indexfonds kann nur so gut oder schlecht sein wie der Index, den er nachbildet. Ein guter Fondsmanager kann den Index jedoch schlagen und für die Anleger eine viel bessere Rendite herausholen – und das, obwohl sein Fonds teurer ist als ein Indexfonds, schließlich muss der Anleger für das Management bezahlen.

Allerdings, und das ist die Kehrseite der Medaille, kann es auch passieren, dass der Manager hinter dem Index zurückbleibt. Tatsächlich schaffen es sogar sehr viele Fondsmanager nicht, besser abzuschneiden als der Markt, in den sie investieren.

Die Anhänger von Indexfonds sagen, die Wahrscheinlichkeit, einen guten aktiv gemanagten Fonds zu erwischen, sei so gering, dass es sich nicht lohne, dieses Risiko einzugehen. In den meisten Fällen würden die Anleger mit aktiv gemanagten Fonds schlechter abschneiden als mit Indexfonds.

Die Befürworter aktiv gemanagter Fonds verweisen dagegen darauf, wie viel

mehr Anleger mit aktiv gemanagten Fonds verdienen können. Ein Beispiel: Per 31. August 2009 lag der Weltindex, der MSCI World, über fünf Jahre mit 0,3 Prozent pro Jahr im Plus. Einer der besten aktiv gemanagten Fonds erreichte im selben Zeitraum ein Plus von 13,7 Prozent pro Jahr. Ein Anleger, der am 31. August 2004 eine Summe von 5 000 Euro in einen Indexfonds gesteckt hätte, hätte im August 2009 5 075,45 Euro herausbekommen. Wer die 5 000 Euro dagegen jenem Fondsmanager anvertraut hätte, der die 13,7 Prozent Rendite geschafft hat, könnte sich über 9 501,07 Euro freuen. Das lohnt sich dann doch.

Natürlich muss man den besten Fondsmanager erst finden. Wer seinen Fonds nach dem Zufallsprinzip aussucht, der hat dabei tatsächlich schlechte Karten. Orientiert er sich jedoch an professionellen Fondsbewertungen, dann steigt die Wahrscheinlichkeit, einen guten Griff zu tun. Letztlich muss jeder selbst entscheiden, welches Fondsprinzip ihm besser gefällt.

Wo gibt es Sparpläne auf Aktienfonds?

Am gebräuchlichsten sind Fondssparpläne auf aktiv gemanagte Fonds. Sie gibt es bei jeder Bank, sei es in der Filiale um die Ecke, bei der Direktbank oder beim Fondsvermittler im Internet. Wer zur Hausbank geht, bekommt zumeist die hauseigenen Fonds aufgetischt. Das muss nicht schlecht sein, doch oft gibt es bessere Alternativen von anderen Gesellschaften. In der Filiale wird auch meistens der volle Ausgabeaufschlag fällig. Der Ausgabeaufschlag ist eine Kaufgebühr. Sie beträgt bei Aktienfonds meist um die 5 Prozent der Anlagesumme.

Billiger kommt weg, wer über seinen Sparplan bei einer Direktbank abschließt. Die Depotführung ist hier allerdings nur über Telefon oder übers Internet möglich. Die Direktbanken, beispielsweise comdirect, Cortal Consors oder die ING Diba, geben auf fast alle Ausgabeaufschläge Rabatte. Dann kosten Aktienfonds nicht mehr 5, sondern nur noch 2,5 Prozent oder sogar noch weniger. Allerdings bieten nicht alle Anbieter auf alle Fonds Sparpläne an.

Am günstigsten ist der Fondskauf über Fondsvermittler im Internet (siehe Seite 152). Sie gewähren so hohe Rabatte, dass manchmal gar kein Ausgabeaufschlag mehr anfällt. Das Depot eröffnet der Anleger bei einer speziellen Fondsbank. Der Haken: Die Depotführung ist anders als bei den meisten Direktbanken bei Fondsbanken nicht kostenlos, oder erst dann kostenlos, wenn eine fünfstellige Summe angelegt wird. Das sollten Sparer, die mit dem Vermögensaufbau erst anfangen, berücksichtigen.

Wo gibt es Sparpläne auf Indexfonds?
Anleger, die sich für börsengehandelte Indexfonds entscheiden, werden bei ihrer Hausbank nicht bedient. Sparpläne auf Indexfonds bieten bislang nur einige Direktbanken an (siehe Tabelle unten). Die Depotführung ist bei allen fünf Direktbanken, die in der Tabelle aufgeführt sind, gratis. Wichtig sind aber die Kaufgebühren für die Fonds. Vor allem Kunden, die nur kleine Raten zahlen wollen, müssen aufpassen. Einige Banken verlangen nicht nur prozentuale, sondern zusätzlich auch feste Gebühren.

Comdirect beispielsweise stellt pro Rate 2,50 Euro in Rechnung, zuzüglich 0,4 Prozent. Wer 25 Euro monatlich zahlt, kommt auf Kosten von 10,4 Prozent. Das lohnt sich nicht. Wer nur kleine Beträge sparen will, ist bei Cortal Consors und sbroker am besten aufgehoben. Hier fallen nur prozentuale Gebühren an. Die hohen Fixkosten umgehen können Anleger außerdem, indem sie ihre Rate nicht monatlich, sondern nur alle drei Monate überweisen, zum Beispiel statt 25 Euro monatlich 75 Euro pro Quartal. Dann kostet der Sparplan bei comdirect auch nicht mehr 10,4 Prozent, sondern nur noch 3,7 Prozent. Richtig günstig wird es bei comdirect – und bei maxblue, die das gleiche Gebührenmodell haben – aber erst bei Raten von 200 Euro.

Teilweise noch günstiger sind ETF-Sparpläne bei Fondsvermittlern im Internet zu bekommen. Die Kosten und das Fondsangebot hängen davon ab, mit welchen Fondsbanken die Vermittler zusammenarbeiten.

Auf den Ausstieg kommt es an
Einen Fondssparplan zu beginnen, ist denkbar einfach. Ob die Kurse gerade hoch oder niedrig sind, ist in den ersten Jahren völlig egal. Manch einer freut sich in dieser Phase sogar über ein schlechtes

WAS SPARPLÄNE AUF INDEXFONDS KOSTEN

Anbieter	**Kosten**	**Mindestanlage** (Euro)	**Kosten bei Einzahlung von … Euro pro Rate** (Prozent)				
			25	50	75	100	200
comdirect	2,50 Euro zzgl. 0,4 %	25	10,4	5,4	3,7	2,9	1,7
Cortal Consors	2,00 %	25	2,0	2,0	2,0	2,0	2,0
DAB bank	2,50 Euro zzgl. 0,25 %	50	–	5,3	3,6	2,8	1,5
maxblue	2,50 Euro zzgl. 0,4 %	50	–	5,4	3,7	2,9	1,7
sbroker	2,50 %	50	–	2,5	2,5	2,5	2,5

TIPP **So sollten Sie vorgehen**

- **Anlage:** Wenn Sie für später sparen, kaufen Sie am besten Aktienfonds Welt, Europa und Euroland. Hier ist Ihr Vermögen breit auf verschiedene Länder und Branchen verteilt und das Risiko somit gut gestreut.
- **Strategie:** Sie können sich entscheiden zwischen aktiv gemanagten Fonds und Indexfonds (ETF). Indexfonds schneiden so gut oder schlecht ab wie der Markt, in den sie investieren. Aktiv gemanagte Fonds bieten Ihnen die Chance auf eine höhere Rendite. Allerdings kann es Ihnen passieren, dass Sie mit einem solchen Fonds auch schlechter abschneiden als der Markt.
- **Fondssuche:** Wenn Sie auf aktiv gemanagte Fonds setzen wollen, ziehen Sie die Fondsbewertung von Finanztest heran. Wählen Sie einen Fonds aus dem oberen Bereich der Tabelle. Es muss nicht zwingend der beste sein. Achten Sie außer auf eine gute Bewertung auch darauf, welche Strategie er verfolgt und ob Sie eine günstige Kaufquelle für diesen Fonds finden.
- **Indexauswahl:** Entscheiden Sie sich für Indexfonds, wählen Sie möglichst breit aufgestellte Indizes, in denen sowohl große als auch kleine Unternehmen abgebildet werden. Sehr gut geeignet sind der Weltindex MSCI World, er enthält mehrere 100 Werte. Für den europäischen Aktienmarkt kommen vor allem der MSCI Europe und der Index DJ Stoxx 600 infrage, die ebenfalls beide mehrere 100 Aktien abbilden. Der DJ Stoxx 50 enthält dagegen nur die 50 größten Unternehmen Europas.
- **Depotcheck:** Sie sollten regelmäßig prüfen, ob Ihr Fonds noch gut ist. Das gilt insbesondere dann, wenn Sie einen aktiv gemanagten Fonds gekauft haben. Um Ihr Vermögen besser aufzuteilen, können Sie nach ein paar Jahren Ihre Raten in einen anderen Fonds einzahlen. Den alten behalten Sie bei und lassen das bisher angesparte Guthaben stehen.
- **Kauf:** Am preiswertesten bekommen Sie die Fonds bei Direktbanken oder bei freien Fondsvermittlern im Internet. Achten Sie auf Kaufkosten und Depotgebühren.
- **Gewinnsicherung:** Wenn Ihre Rente naht, sollten Sie bisher erzielte Gewinne nach und nach in Sicherheit bringen. Am besten beginnen Sie damit fünf bis acht Jahre bevor Sie das Geld benötigen. Umschichtungen empfehlen sich auch dann, wenn der Aktienmarkt einige Jahre besonders gut gelaufen ist. Als sicherer Hafen eignen sich Festzinsanlagen (siehe Seite 124 bis 135).

Börsenklima, da er die Fondsanteile dann billiger kauft.

Der regelmäßige Kauf zu ständig wechselnden Kursen hat eine glättende Wirkung auf das Ergebnis des Sparplans. Die Fondsgesellschaften heben diesen sogenannten Cost-Average-Effekt gern hervor. Statistisch gesehen sind Sparplanrenditen aber keineswegs verlässlicher als die Rendite bei einem einmaligen Fondskauf. Dennoch gibt es einen großen Unterschied. Bei der Einmalanlage kann man

Pech haben und einen extrem ungünstigen Kaufzeitpunkt erwischen, etwa wenn man auf dem Höhepunkt eines Aktienbooms einsteigt und in der folgenden Korrektur einen großen Teil seines Geldes verliert. Dieses Problem gibt es beim Sparplan nicht.

Dafür ist es umso wichtiger, einen günstigen Moment zum Ausstieg abzupassen. Denn wer seinen langjährigen Sparplan ausgerechnet nach einem Börsencrash beendet, muss einen Großteil der möglichen Rendite abschreiben. Doch Sparer können vorbeugen. Selbst wenn sie sich viele Jahre nicht um die allgemeine Börsenlage geschert haben, sollten sie sich im letzten Viertel des Sparzeitraums regelmäßig mit den Kursen beschäftigen. Nur so können sie auf die Rendite Einfluss nehmen.

Sinnvoll ist es, sich bereits frühzeitig ein Sparziel zu setzen, also eine bestimmte Summe, die der Sparplan erreichen sollte. Beim Festlegen dieses Ziels hilft unser Rechner im Internet (www.test.de > Geldanlage und Banken > Rechner > Anlagestrategien).

Ist dieses Ziel bereits zwei oder drei Jahre vor dem geplanten Ausstieg in greifbarer Nähe, sollten Sparer zumindest einen Teil des Geldes in sichere, festverzinsliche Anlagen umschichten. Wer bis zum Ende wartet, riskiert, einen Teil seines Gewinns wieder zu verlieren. Doch selbst in diesem Fall gibt es noch eine Option.

Wer notfalls ein oder zwei Jahre dranhängen kann, erhöht die Chance auf ein besseres Sparplanergebnis. Manchmal reichen schon wenige Monate, um nach einem Börsencrash den größten Teil der Verluste wieder auszugleichen.

AKTIENFONDS WELT UND EUROPA

Geeignet für risikobereite Sparer, die langfristig, mindestens 10, besser 20 Jahre sparen möchten und mögliche Kursverluste ertragen oder aussitzen können.

- ↑ **Renditechance**
- ↘ **Sicherheit**
- → **Flexibilität**
- ↘ **Bequemlichkeit**

Einmalanlagen mit Fonds

Wer schon eine Weile gespart und eine kleine Summe auf der hohen Kante hat, sollte sein Geld aus den Sparplanfonds nach und nach auch in andere Fonds umschichten. Das können andere Aktienfonds sein, um das Risiko zu minimieren, ausgerechnet dem falschen Fondsmanager sein Geld anvertraut zu haben. Manche Anleger möchten auch gezielt in bestimmte Branchen oder Länder wie Russland, China oder Indien investieren.

Ganz wichtig: Auch der Mix muss stimmen. Ausschließlich Aktienfonds im Depot zu haben, ist zu riskant. Mindestens ein Viertel des Vermögens sollte in jedem Fall sicher angelegt sein, beispielsweise in Rentenfonds Euro oder sicheren Anleihen. Wer viel Wert auf Sicherheit legt, muss mindestens die Hälfte, wenn nicht gar drei Viertel seines Vermögens in sichere Anlagen stecken.

Aktienfonds bieten eine große Vielfalt

Wie für Sparpläne gilt auch für Einmalanlagen: Die beste Streuung gibt es mit Aktienfonds Welt, Europa und Euroland. Wer will, kann sich sein „Weltdepot" aber auch selbst zusammenstellen, zum Beispiel mit Regionen- und Länderfonds. In Regionenfonds sind mehrere Länder bestimmter Kontinente zusammengefasst, beispielsweise USA und Kanada für Aktienfonds Nordamerika. Für viele Ländermärkte gibt es auch Einzelfonds, angefangen von Deutschland über die Schweiz, Großbritannien, die skandinavischen Länder bis hin zu Spanien oder Italien.

Was den asiatischen Raum angeht, gilt es, Industrienationen wie Japan, Australien, Hongkong oder Singapur von den Schwellenländern zu unterscheiden. Hierzu gehören China, Indien, Indonesien, Südkorea, Taiwan oder Thailand. Osteuropäische Börsen sind meist in den Regionenfonds Aktien Osteuropa zusammengefasst, nur die Türkei gibt es als Einzelfonds. Bei diesen Fonds handelt es sich genauso um Schwellenländerinvestments wie bei den Aktienfonds Lateinamerika.

Klassischerweise sind die Aktienmärkte der Schwellenländer riskanter als die Börsen etablierter Industrieländer. Die Kursausschläge sind heftiger, das bedeutet höhere Renditechancen, aber auch tiefere Abstürze. Nach der Finanzkrise haben sich die Börsen einiger Schwellenländer schneller erholt als die etablierten Märkte. Viele Experten sind der Ansicht, dass Schwellenländer (englisch: Emerging Markets) heutzutage in ein gut gestreutes Depot gehören. Finanztest hat nachgerechnet: Wer seinem Depot einen weltweit anlegenden Emerging-Market-Fonds beimischt, kann seine Renditechancen steigern und – weil sich diese Märkte anders verhalten als die hiesigen Börsen – gleichzeitig das Verlustrisiko mindern.

Sicherheitsbaustein: Rentenfonds Euro

Rentenfonds investieren das Geld der Anleger in Anleihen, auch verzinsliche Wertpapiere oder Renten genannt. Die Erträge der Fonds stammen zum einen aus den regelmäßigen Zinseinkünften der Anleihen. Man unterscheidet fest und variabel verzinste Papiere. Zinsen gibt es meistens jährlich oder halbjährlich, bei variabel verzinsten Papieren oft auch vierteljährlich. Zum anderen hängt die Rendite der Rentenfonds davon ab, wie sich die Kurse der Anleihen entwickeln.

Kursveränderungen von Anleihen hängen vor allem davon ab, wie sich das allgemeine Zinsniveau verändert. Ein weiterer Grund für Kursschwankungen ist die Kreditwürdigkeit der Anleiheherausgeber. Verschlechtert sich die Kreditwürdigkeit, fällt der Kurs der Anleihe. Das ist während der Finanzkrise bei zahlreichen Papieren vorgekommen. Verbessern sich die Aussichten, steigen auch die Kurse wieder. Geht ein Anleiheherausgeber pleite, kann es auch zu einem Totalverlust kommen.

Für den Sicherheitsbaustein im Depot kommen nur Rentenfonds Euro infrage. Die Manager dieser Fonds kaufen ausschließlich Anleihen, die auf Euro lauten, oder sichern Fremdwährungsanleihen gegenüber dem Euro ab. Anleger aus Deutschland gehen daher kein Währungsrisiko ein. Bei den Anleihen im Fonds handelt es sich überwiegend um sichere Staatsanleihen und Pfandbriefe erstklassiger Bonität sowie zum Teil auch um Unternehmensanleihen – vorausgesetzt, die Anleiheherausgeber, die Emittenten, sind absolut kreditwürdig.

Rentenfonds Euro gelten als sichere Geldanlagen. Zwar kann es passieren, dass die Fonds kurzzeitig Verluste machen, doch in der Regel dauert eine solche Phase kaum länger als ein Jahr. Veränderungen der Kreditwürdigkeit spielen in dieser Fondsgruppe normalerweise keine Rolle. Die Kursschwankungen der Rentenfonds Euro resultieren im Grunde nur aus Zinsänderungen am Kapitalmarkt.

Fallen zum Beispiel die Zinsen am Kapitalmarkt, steigen die Kurse der Anleihen. Dann macht auch der Rentenfonds einen Gewinn. Nach der Pleite der US-Bank Lehman Brothers zum Beispiel, als die Notenbanken in aller Welt die Zinsen senkten, konnten Rentenfonds kräftige Kursgewinne verbuchen und teilweise um mehr als 8 Prozent pro Jahr zulegen. Im langjährigen Mittel brachten die Fonds in der Vergangenheit zwischen 5 und 7 Prozent Rendite pro Jahr. Steigen die Zinsen am Kapitalmarkt jedoch, sinken die Kurse der Anleihen – und mit ihnen die Kurse der Fonds. Nach kurzer Zeit können die Fonds diese Verluste aber wieder aufholen, weil sie mit den neuen, besser verzinsten Anleihen nun höhere laufende Zinserträge erzielen.

RENTENFONDS EURO

Geeignet für relativ sicherheitsbewusste Sparer. Bei einer Anlagedauer von mehr als fünf Jahren ist das Verlustrisiko gering.

- ➔ **Renditechance**
- ➚ **Sicherheit**
- ➚ **Flexibilität**
- ➔ **Bequemlichkeit**

Rentenindexfonds

Nicht nur die Aktienmärkte, auch die Anleihemärkte können sich Anleger in Form von börsengehandelten Indexfonds (ETF) erschließen.

Geeignet ist entweder ein Index auf deutsche oder europäische Staatsanleihen, die alle auf Euro lauten müssen, oder ein Index für Pfandbriefe. Außerdem sollten in diesem Index sowohl kurze als auch lange Laufzeiten abgebildet sein.

Rentenindexfonds auf solche Indizes haben den Vorteil, dass die Kunden die Gewähr haben, dass keine unsicheren Anleihen im Fonds sein können.

Zudem ist es bei Rentenfonds besonders schwer für aktive Manager, gegenüber dem Markt einen Mehrwert zu erzielen. Diese Märkte sind sehr effizient und die Renditen nicht hoch genug, als dass Fehlentscheidungen durch gute Entscheidungen so leicht kompensiert werden könnten. Rentenindexfonds sind daher eine gute Wahl.

Bei manchen Banken können Sie auch Sparpläne auf solche Fonds abschließen.

Weitere Informationen zu Rentenindexfonds gibt es unter www.boerse-frankfurt.com im Internet.

Exkurs: Anleihen

Vorsorgesparer können den Sicherheitsbaustein außer mit Rentenfonds Euro auch mit Anleihen bestücken. Infrage kommen nur sichere Anleihen, allen voran die Anleihen der Bundesrepublik Deutschland. Ebenfalls als sicher gelten Staatsanleihen anderer Euroländer sowie deutsche Pfandbriefe. Diese Papiere sind mit Sicherheiten hinterlegt.

Wer Anleihen kaufen will, braucht ein Wertpapierdepot. Dabei spielt es keine Rolle, ob der Anleger die Anleihe über die Börse bezieht oder bei seiner Bank zum Festpreis kauft. Die Bank bucht sie ins Kundendepot. Die Kosten für die Verwahrung von Wertpapieren sind je nachdem, ob es sich um eine Filial- oder Direktbank handelt, unterschiedlich. Bundesanleihen können kostenlos bei der Deutschen Finanzagentur gelagert werden (siehe „Bundesschatzbriefe" Seite 133).

Pfandbriefe können statt im Bankdepot auch bei der Hypothekenbank verwahrt werden, die den Pfandbrief ausgegeben hat. Auch das ist kostenlos. Anleger müssen ihre Papiere dann jedoch bis zur Fälligkeit halten.

Anleihen werden nach der Ausgabe in der Regel in den Börsenhandel eingeführt. Das bedeutet, dass es möglich ist, täglich seine Papiere an der Börse zu verkaufen oder weitere nachzukaufen. Anleger haben dann allerdings das Risiko, dass je nach Zinsniveau sowie Angebot und Nachfrage der Kurs schwanken kann, ähnlich wie bei Aktien, nur nicht so stark. Viele Anleihen werden zudem nur in den ersten Wochen nach der Emission tatsächlich gehandelt. Später, wenn sie sich in festen Händen von Investoren befinden, findet kaum noch Handel statt: das Papier ist illiquide. Für private Anleger wird es dann sehr schwer, eine Anleihe vor Ende der Laufzeit wieder zu verkaufen.

Bundesanleihen werden dagegen während der gesamten Laufzeit regelmäßig gehandelt und können jederzeit problemlos ge- und verkauft werden. Auch für Jumbo-Pfandbriefe, besonders große Pfandbrief-Emissionen, findet ein regelmäßiger Handel statt. Während der Finanzkrise konnten infolge des Zusammenbruchs der Bank Hypo Real Estate Pfandbriefe zwischenzeitlich nicht mehr gehandelt werden.

Als sicher angesehen werden mit kleinen Abstrichen auch Bankanleihen. Früher galten die Papiere gemeinhin als sehr sicher. Seit der Pleite der US-Großbank Lehman Brothers hat die Kreditwürdigkeit einiger Institute allerdings gelitten.

Interessant sind vor allem die Anleihen

der Volksbanken und Sparkassen – wegen ihrer besonderen Art der Einlagensicherung. Sie entschädigen nicht die Opfer einer Pleitebank – wie der Einlagensicherungsfonds der privaten Banken –, sondern vermeiden eine solche Pleite von vornherein. Insofern sind die Käufer von Anleihen der Sparkassen und Volksbanken vor einem Zahlungsausfall geschützt (siehe Seite 121).

Ihre eigenen Anleihen bieten die Banken oft zum Festpreis an. Es fallen keine extra Kaufgebühren an, oft ist auch die Verwahrung im hauseigenen Depot dafür kostenlos.

Rentenfonds mit höheren Renditechancen

Andere Arten von Rentenfonds, wie zum Beispiel Rentenfonds Europa, Rentenfonds Welt oder Rentenfonds High Yield taugen als sichere Grundlage kaum. Sie lassen sich aber in ein bereits gut gestreutes Depot einbauen, als chancenreiche Beimischung. Rentenfonds Europa zum

TIPP **So können Sie Anleihen für die Altersvorsorge einsetzen**

Für die Altersvorsorge sollten Sie überwiegend in sichere Zinspapiere investieren. Es ist weniger wichtig, dass Sie mit Ihrem Geld Papiere verschiedener Herausgeber kaufen, wie es etwa bei Aktien der Fall wäre. Ihr Anleihedepot kann durchaus nur aus Bundesanleihen oder den besser verzinsten Pfandbriefen bestehen.

Viel wichtiger ist, dass Sie Papiere mit unterschiedlichen Laufzeiten mischen. Wenn Sie ein größeres Vermögen – 30 000 Euro oder mehr – in festverzinsliche Papiere investieren wollen, können Sie ein gleich gewichtetes Depot aus allen Laufzeiten zwischen einem und zehn Jahren zusammenstellen. Dieses Depot enthält zehn Einzelwerte, jedes Jahr wird eines der Papiere fällig, und jedes Mal kommt ein neues zehnjähriges Papier dazu. Alternativ ist es auch möglich, sein Depot aus Anleihen fünf verschiedener Laufzeiten aufzubauen, nämlich 2, 4, 6, 8 und 10 Jahre. Der Vorteil ist, dass Sie nur alle zwei Jahre ein neues Papier dazukaufen müssen. Das ist bequemer und spart Gebühren. Der Nachteil ist, dass das Depot in jedem zweiten Jahr aus Papieren mit kürzeren Laufzeiten zusammengesetzt ist, nämlich 1, 3, 5, 7 und 9 Jahre. Dadurch verlieren Sie mögliche Kursgewinne. Außerdem riskieren Sie in den Jahren, in denen Sie nicht kaufen, von einem Hochzinsjahr nichts abzubekommen. Informieren Sie sich vor dem Kauf von Anleihen gründlich über den Herausgeber, um das Risiko zu begrenzen. Je höher die in Aussicht gestellte Rendite über der von Bundesanleihen gleicher Laufzeit liegt, desto riskanter ist die Anleihe.

Beispiel investieren auch in Anleihen, die in britischen Pfund oder Schweizer Franken notieren. Rentenfonds Welt haben traditionell einen hohen Anteil an US-Dollar-Anleihen. Mit diesen Fonds hoffen Anleger zum einen auf Währungsgewinne und setzen zum anderen auf teilweise höhere Zinsniveaus im Ausland. Ende 2009 beispielsweise lagen die australischen Leitzinsen um ein Vielfaches höher als in Euroland. Auch der australische Dollar ist gegenüber dem Euro gestiegen, 2009 um 16,3 Prozent (Stichtag 1. Dezember 2009).

Rentenfonds High Yield, deutsch: hohe Erträge, kaufen gezielt Anleihen von Emittenten schlechterer Bonität. Das sind zum Beispiel bestimmte Industrieunternehmen oder Schwellenländer. Weil ihre Kreditwürdigkeit zweifelhaft ist, müssen diese Emittenten mehr Zinsen bezahlen. Das beschert dem Fondsanleger höhere Einnahmen. Umgekehrt muss er dafür größere Risiken in Kauf nehmen. Geht einer der Anleiheherausgeber pleite, gibt es keine Zinsen und oft auch das eingesetzte Geld nicht mehr zurück.

Geldmarktfonds: Nur zum kurzfristigen Parken

Geldmarktfonds investieren das Geld der Anleger in kurzlaufende Zinspapiere. Die Fonds sind meistens sicher, aber die Ertragschancen sind vergleichsweise gering. Geeignet sind die Fonds nur zum kurzfristigen Parken von Geld, das bald wieder längerfristig angelegt werden soll. Sie empfehlen sich zum Beispiel für Geld, das aus Fonds abgezogen und in andere Fonds neu umgeschichtet werden soll – sofern dabei die sogenannten Switchkosten gespart werden können, die für den Tausch von Fonds anfallen. Für die Barreserve ist Tagesgeld meistens die bessere Alternative, weil zumindest bei den Topanbietern die Zinsen höher sind als die Renditen der Geldmarktpapiere.

Fondsanleger sollten zudem vorsichtig sein: Einige Geldmarktfonds haben sich in der Finanzkrise regelrecht verzockt. Um

INFO **Fonds: Das kann man falsch machen**

- Lassen Sie sich nicht von Ihrer Hausbank einen Fonds aufschwatzen, der nichts taugt. Auch neue Fonds, die noch keine fünf Jahre alt sind und deren Qualität man nicht kennt, eignen sich nicht.
- Behalten Sie Ihre Nerven im Griff und verkaufen Sie nicht ausgerechnet dann, wenn die Börse gerade abgestürzt ist. Erfahrungsgemäß verkaufen zu den schlechtesten Zeitpunkten vor allem private Anleger.
- Trennen Sie sich von schlechten Fonds. Warten Sie nicht im Minus ab, bis Sie Ihren Einstandskurs wieder erreicht haben. Mit einem neuen, guten Fonds sind Sie schneller wieder im Plus als mit der alten Lusche.

trotz niedriger Zinsen am Kapitalmarkt attraktive Renditen zu erzielen, haben sie riskante Papiere gekauft – und damit Schiffbruch erlitten. Die Dummen sind die Anleger, da die meisten dieser Geldmarktfonds diese Verluste kaum mehr aufholen werden.

Gemischte Fonds

Mischfonds investieren in Aktien und Anleihen. Je nachdem, wie viel Risiko sie eingehen, kann man sie als eher offensiv, eher defensiv oder ausgewogen bezeichnen. Im Grunde verkörpern Mischfonds die Fondsidee am besten, denn Anleger bekommen einen fertigen Aktien- und Anleihemix und müssen nicht selbst entscheiden, wie sie ihr Geld auf Aktien und Anleihen aufteilen.

Allerdings sind den Managern der Mischfonds oft die Hände gebunden, weil die Fondsgesellschaften ihnen Vorgaben machen, zum Beispiel, was die Höchstmenge an Aktien angeht, die im Fonds sein dürfen. Geht es an der Börse steil bergauf, können sie dann nicht das gesamte Fondsvermögen in Aktien stecken, sondern müssen einen Teil der Anleihen behalten. Umgekehrt sind sie auch in Abwärtsphasen nicht voll flexibel. Für den Anleger haben diese Vorgaben aber auch den Vorteil, dass sie wissen, worauf sie sich einlassen.

Eine Idee aus den Neunzigern: AS-Fonds

Das AS steht für Altersvorsorge-Sondervermögen. AS-Fonds mischen wie Mischfonds verschiedene Wertpapiere. Außer in Aktien und Anleihen investieren sie noch in Immobilien oder offene Immobilienfonds – in welchem Umfang, ist gesetzlich vorgegeben.

MISCHFONDS

Geeignet für bequemere Anleger mit durchschnittlicher Risikobereitschaft, die mittelfristig sparen wollen.

↑ bis → Renditechance

↗ bis ↘ Sicherheit

↗ bis → Flexibilität

→ bis ↘ Bequemlichkeit

Maximal 75 Prozent des Fondsvermögens dürfen in Aktien stecken, mindestens müssen es 21 Prozent sein. Höchstens 30 Prozent dürfen die Manager in Immobilien oder offenen Immobilienfonds anlegen. 51 Prozent des Vermögens müssen in Aktien oder Immobilien angelegt sein. Papiere mit Währungsrisiken dürfen höchstens 30 Prozent des Bestandes ausmachen.

Gedacht waren AS-Fonds als Baustein der Altersvorsorge. Sie sollten, so dachte sich das die Fondsbranche, ähnlich wie es bei Kapitallebensversicherungen war, steuerlich gefördert werden. Daraus wurde nichts. Deshalb können Kunden die AS-Fonds heute als Alternative zu normalen Mischfonds nutzen. Teilweise schlagen sich diese Fonds hervorragend.

Auch ein Mix: Dachfonds

Dachfonds investieren nicht in einzelne Wertpapiere, sondern in andere Fonds. Es gibt Dachfonds, die nur Aktienfonds kaufen, sie müssen sich daher mit anderen Aktienfonds messen. Dachfonds, die Aktien- und Rentenfonds mischen, sind der Kategorie der Mischfonds zuzuordnen. Dachfonds versprechen Vermögensverwaltung auch für den kleinen Geldbeutel. Die Idee ist gut. Nicht der Anleger, sondern der Fondsmanager stellt ein Depot aus verschiedenen Fonds zusammen. Eigentlich sollte er das als Fachmann besser können als ein Laie. Aber die Ergebnisse sind durchwachsen. Zwar gibt es einige Dachfonds, die Spitzenergebnisse liefern. Das sind häufig die, die sich nach den besten Fonds am gesamten Markt umschauen. Doch zahlreiche Dachfonds kaufen ausschließlich Fonds ihrer eigenen Gesellschaften und erwischen dabei zwangsläufig auch weniger gute.

Mit Einführung der Abgeltungsteuer erlebten Dachfonds einen Boom. Mit Dachfonds könne man die ungeliebte Steuer vermeiden, hieß es. Anders als man selbst in seinem eigenen Depot könne der Fondsmanager die Fonds steuerfrei umschichten. Das stimmt zwar: Verkäufe auf Fondsebene sind nicht abgeltungsteuerpflichtig. Aber das gilt gleichermaßen für alle anderen Fonds. Und wie bei anderen Fonds auch, sind die Kursgewinne, die ein Anleger beim Verkauf eines Dachfonds erzielt, abgeltungsteuerpflichtig. Aus Sicht des Anlegers ist es daher gleich, ob er die Steuer beim Verkauf eines Einzelfonds oder eines Dachfonds bezahlt.

Die Krux mit Immobilienfonds

Offene Immobilienfonds gelten als solide. Über fünf Jahrzehnte lang haben sie auf Jahressicht keine Verluste geschrieben. Diese Zeiten sind allerdings vorbei. Seit die Fonds verstärkt im Ausland Immobilien kaufen, haben sich Renditechancen, aber auch Risiken erhöht. Anders als hierzulande, wo sich der Immobilienmarkt meist nur wenig bewegt, geht es auf ausländischen Märkten häufig auf und ab.

Vor Ausbruch der Finanzkrise kam es an einigen Standorten wie London, in Irland oder Spanien zu regelrechten Preisblasen. Auch in Asien war der Immobilienmarkt überhitzt, ganz zu schweigen von den USA, dem Ausgangspunkt der Immobilien- und Finanzmarktkrise. In den USA waren allerdings zuvorderst die Wohnimmobilien vom Preisverfall betroffen. Offene Immobilienfonds kaufen und verwalten jedoch überwiegend Geschäftsimmobilien, Büros, Hotels und Einkaufszentren.

Dass sie dennoch von der Krise schwer getroffen wurden, hat denn auch in erster Linie mit mangelnder Liquidität zu tun. Das heißt, sie halten nicht genug Geld flüssig.

Offene Immobilienfonds legen mindestens die Hälfte des Anlegergelds in Immobilien an, den anderen Teil stecken sie in kurz laufende Zinspapiere. Weil die Fondsanteile jederzeit ge- und verkauft werden können, müssen sie ausreichend flüssige

Mittel vorhalten. Als die Krise so richtig tobte, im Herbst 2008 nach der Pleite von Lehman Brothers, zogen Anleger jedoch so viel Geld auf einen Schlag ab, dass die Liquiditätsreserve nicht mehr ausreichte. Es waren vor allem die Großanleger, die ihr Geld wiederhaben wollten.

In der Folge mussten insgesamt 13 offene Immobilienfonds schließen. Sie stellten zunächst für drei Monate den Rückkauf von Anteilen ein. Privatanleger, die aus den Fonds aussteigen wollten, mussten entweder bis zur Wiederöffnung warten oder ihre Anteile über die Börse verkaufen, allerdings zu niedrigeren Kursen. Die meisten Fonds konnten auch nach drei Monaten nicht wieder öffnen und mussten die Schließung verlängern. Auch ein Jahr später waren immer noch vier der 13 Fonds geschlossen.

Die Geldklemme der offenen Immobilienfonds heizte auch die jahrelange Debatte um die Bewertungsmethoden der Fonds wieder an. Um wieder an flüssige Mittel zu kommen, mussten sie entweder neues Geld einsammeln oder Immobilien verkaufen. Doch der Verkauf erwies sich als schwierig. Branchenbeobachter gaben den Bewertungen die Schuld dafür: Die Preise seien zu hoch angesetzt.

Die Sachverständigen legen für die Ermittlung der Immobilienwerte nicht die aktuellen Marktpreise zugrunde, sondern die langfristig erzielbaren Einkünfte. Preisschwankungen an den Immobilienmärkten werden auf diese Weise geglättet. Oder, anders gesagt, die Preise der Fondsimmobilien steigen in guten Zeiten weniger als die Preise am Markt, fallen in schlechten Zeiten aber auch weniger.

IMMOBILIENFONDS HÖCHSTENS ALS BEIMISCHUNG

Gerade die geringen Schwankungen lassen eine Anlage in offene Immobilienfonds als attraktiv erscheinen. Anleger sollten trotzdem die offenen Immobilienfonds als das betrachten, was sie sind: ein Brancheninvestment, mit allen Risiken, die eine so einseitige Ausrichtung mit sich bringt. Deshalb empfiehlt Finanztest diese Fonds auch lediglich zur Beimischung.

Kauf und Auswahl eines Fonds

Es gibt in Deutschland weit mehr als 10 000 zum Vertrieb zugelassene Fonds. Doch die Vielfalt sollte Anleger nicht abschrecken. Wer sich auf die Suche begibt, kann die Anzahl der Möglichkeiten sehr schnell sehr weit einschränken.

Hilfe dabei bietet zum Beispiel der Produktfinder Investmentfonds der Stiftung Warentest. Dort sind die Fonds in verschiedene Gruppen eingeteilt, sortiert zum einen grob nach Aktien-, Renten-, Misch-

INFO Eine Auswahl an freien Fondsvermittlern

Anleger, die Fonds bei einem Vermittler über das Internet kaufen, können tolle Schnäppchen machen. Viele Spitzenfonds gibt es hier ganz ohne oder nur mit einem geringen Ausgabeaufschlag. Wir haben einige Adressen von Anbietern aufgeführt. Beachten Sie, dass Sie zwar Ausgabeaufschläge sparen, dafür aber oft Depotgebühren zahlen.

Der Kauf von Fonds über einen freien Vermittler eignet sich nur für erfahrene Anleger, denn es gibt keinerlei Beratung. Die Fondskäufe werden über eine Fondsbank abgewickelt. Dort bekommen Sie ein Verrechnungskonto und führen das Depot, in dem Sie aber nur Fonds lagern können, keine Anleihen oder Aktien.

Sollte der Vermittler Sie bitten, das Geld für Ihren Fondskauf auf eines seiner Konten zu überweisen, gehen Sie unbedingt woanders hin. Ebenfalls unseriös ist es, wenn der Vermittler eine Vollmacht von Ihnen haben möchte oder Ihnen die versprochenen Rabatte nicht gewährt. Wachsam sein sollten Sie, wenn Ihr Vermittler mit Ihnen einen Vermögensverwaltungsvertrag abschließen oder eine Honorarvereinbarung für Beratungsleistungen treffen will, obwohl Sie nur Fonds kaufen wollen. Mitunter bekommen Sie auch Geldanlagen angeboten, an denen der Anbieter direkt oder indirekt beteiligt ist, wie zum Beispiel Beteiligungen am eigenen Unternehmen oder selbst gemanagte Fonds. Hier heißt es ebenfalls aufgepasst. Häufig nutzen freie Vermittler den Fondsverkauf als Türöffner und schicken Ihnen Werbeprospekte zu anderen Geldanlagen nach Hause, an denen sie mehr verdienen können.

Internetadressen

www.100fondsdiscount.de
www.aad-fondsdiscount.de
www.avl-investmentfonds.de
www.best-in-fonds.de
www.dima24.de / www.happyfonds.de
www.discount-fonds-service.de
www.fonds-sparkauf.de
www.first-in-fonds.de
www.fit4fonds.de
www.fonds4you.de
www.fondsclever.de
www.fondsexperte24.de
www.fonds-for-less.de
www.fonds-im-netz.de
www.fondspower.de
www.fondsrabatt-mainz.de
www.fonds-supermarkt.de
www.fondsvermittlung.de
www.fondsvermittlung24.de
www.freier-fondsvermittler.de
www.fund-discount.de
www.investmentfondsdirekt.de
www.laransa.de
www.profinance-direkt.de
www.trigonus.de

und offenen Immobilienfonds und zum anderen fein, je nach Anlageschwerpunkt. In den Tabellen finden sich nicht nur die aktiv gemanagten Fonds, sondern auch die Indizes und die Indexfonds – in der Rangfolge ihrer Qualität. Der Produktfinder ist gegen eine geringe Gebühr über das Internet abzurufen unter www.test.de. Er wird monatlich aktualisiert.

Die Kosten rund um Fonds

Fonds kosten Geld. Das fängt schon beim Kauf an. Wer Fondsanteile bei seiner Filiale ordert, zahlt meist einen Ausgabeaufschlag. Der beträgt rund 5 Prozent bei Aktien- und offenen Immobilienfonds und rund 3 Prozent bei Rentenfonds. Geldmarktfonds sollten gar nichts kosten. Direktbanken bieten Rabatte auf die Ausgabeaufschläge. Noch günstiger ist der Fondskauf über freie Vermittler im Internet (siehe Kasten links).

Wer seine Bankgeschäfte lieber in der Filiale als via Internet betreiben möchte, kann trotzdem sparen. Dazu muss er seinen Berater anweisen, die Fondsanteile über die Börse zu kaufen. Auf diese Weise kann sich der Anleger die Ausgabeaufschläge sparen. Stattdessen zahlt er die üblichen Spesen für den Börsenkauf, die in vielen Fällen niedriger sind als die Ausgabeaufschläge (siehe Kasten unten).

Verwaltung und Verwahrung

Fondsmanager erbringen ihre Dienste nicht umsonst. Für das Management der Fonds zahlen die Anleger jährlich eine Verwaltungsgebühr.

Die Gebühr liegt meist zwischen 0,5 und 2 Prozent. Rentenfonds kosten weni-

INFO **Fondskauf über die Börse**

Erst wenige Jahre ist es möglich, Fonds ähnlich wie Aktien auch über die Börse zu kaufen. Statt des Ausgabeaufschlags muss der Kunde die üblichen Spesen für Börsenkäufe zahlen, bei Filialbanken ist das in der Regel 1 Prozent vom Kurswert, Direktbanken sind günstiger. Bei geringen Beträgen lohnt sich der Kauf über die Börse wegen der Mindestgebühren nicht. Sie betragen bei Filialbanken oft zwischen 20 und 50 Euro, Direktbanken verlangen weniger pro Order. Des Weiteren muss der Anleger auf den Spread achten, den Unterschied zwischen An- und Verkaufskurs. Bei einigen stark gehandelten Fonds beträgt der Unterschied 0,5 Prozent, bei anderen, weniger oft gehandelten Fonds bis zu 2 Prozent. Auch diesen Betrag muss man berücksichtigen, wenn man wissen will, ob der Kauf über die Börse günstiger ist, als den Fonds auf herkömmliche Art mit Ausgabeaufschlag zu beziehen. Bereits ab einem Anlagebetrag von 500 Euro lohnt es sich, nachzurechnen.

KLEINER EINKAUFSFÜHRER

Welcher Vertriebsweg sich für welchen Anleger eignet

Kauf und Verwahrung bei	Vorteil	Nachteil
Fonds- bzw. Kapitalanlagegesellschaft (KAG)	▪ Oft kostenlose Depotführung oder moderate Preise. ▪ Meist günstige Konditionen beim Wechsel in andere Fonds, automatische Wiederanlage der Erträge. ▪ Anleger erhält Informationen über die Fonds schnell und aus erster Hand.	▪ Meist keine Rabatte auf den Ausgabeaufschlag. ▪ Keine Beratung. ▪ Depotführung nur für die Fonds der einen Gesellschaft, selten sogenannte Fonds-Supermärkte mit Fremdfonds.
Bank oder Sparkasse	▪ Verwaltung des Depots in einer Hand (Aktien, Renten, Fonds). ▪ Rabatt auf den Ausgabeaufschlag ist vereinzelt möglich (Verhandlungssache). ▪ Beratung. ▪ Unterstützung bei der Abwicklung.	▪ Teilweise hohe Depotpreise. ▪ Oft nur konzerneigene Fonds. ▪ Bei Fremdfonds zusätzliche Kauf- und Verkaufsspesen. ▪ Fondswechsel und Wiederanlage der Erträge häufig teuer und umständlich.
Freie Fondsvermittler Fondsbank	▪ Große Auswahl an Fonds. ▪ Teilweise Beratung. ▪ Teilweise hohe Rabatte. ▪ Depotverwahrung bei der Fondsgesellschaft. ▪ Keine zusätzlichen Kauf- und Verkaufsspesen.	▪ Teilweise Angebote fondsfremder Produkte (Lebensversicherungen, Steuersparmodelle). ▪ Beratungsqualität ungewiss.
Discountbroker/Direktbank	▪ Rabatt auf den Ausgabeaufschlag. ▪ Verwaltung des Depots in einer Hand (Aktien, Renten, Fonds).	▪ Meist keine Anlageberatung. ▪ Fondsswitch ist meist teurer als bei der Fondsgesellschaft. ▪ Automatische Wiederanlage der Erträge oft nicht möglich oder umständlich.

Geeignet für
■ Anleger, die keine Beratung brauchen. ■ Fondssparer, die monatlich in einen Sparplan einzahlen. ■ Aktive Anleger, die häufig ihre Fonds wechseln.
■ Kunden, die auf Beratung nicht verzichten wollen. ■ Anleger, die ihre gesamte Geldanlage (Aktien, Renten, Fonds) in einem Depot haben wollen. ■ Anleger größerer Summen, die eine starke Verhandlungsposition haben.
■ Anleger und Fondssparer, die den Rabatt mitnehmen wollen. ■ Anleger, die sich gut im Fondsgeschäft auskennen. ■ Aktive Anleger, die häufig umschichten wollen.
■ Anleger, die auf Beratung verzichten können, aber auf einen Rabatt nicht verzichten wollen. ■ Anleger, die ihre gesamte Geldanlage in einem Depot haben wollen. ■ Anleger, die ihre Geldgeschäfte über Telefon, Fax oder Computer abwickeln.

ger als Aktienfonds, Indexfonds weniger als aktiv gemanagte. Außer für das Management fallen auch Gebühren für die Käufe und Verkäufe der Wertpapiere in den Fonds an.

Zudem kostet die Lagerung der Wertpapiere Geld. Die Fondsgesellschaft muss das Geld ihrer Kunden beziehungsweise die Wertpapiere, die sie dafür gekauft hat, getrennt von ihrem eigenen Vermögen verwahren – bei der sogenannten Depotbank.

Immer häufiger verlangen die Gesellschaften auch noch eine erfolgsabhängige Gebühr. Sie fällt an, wenn der Fonds besser abgeschnitten hat als sein Vergleichsindex oder wenn er eine bestimmte Rendite übertrifft.

Wer Fonds kauft, braucht dafür ein Depot. Das Depot können Fondskäufer entweder bei ihrer Bank führen, bei einer speziellen Fondsbank oder direkt bei der Fondsgesellschaft.

Das Depot kostet in der Regel Geld. Wie viel, kommt auf die Anzahl der Fonds und die Anlagesumme an. Direktbanken im Internet bieten oft kostenlose Depots an. Freie Vermittler, die Fonds über das Internet anbieten, erstatten in bestimmten Fällen die Depotgebühr.

In den Fondsbewertungen von Finanztest sind die internen Kosten wie die Verwaltungsgebühr schon berücksichtigt. Die Kauf- und Depotkosten sind dagegen nicht eingerechnet, weil sie je nach Anleger und dessen Bankverbindung unterschiedlich ausfallen.

ALTERSVORSORGE MIT VERSICHERUNGEN

Die Versicherungswirtschaft hält auch bei der ungeförderten Altersvorsorge diverse Angebote vor. Am besten verkauft sich die private Rentenversicherung. Vorteil ist deren lebenslange Sicherheit bei günstiger steuerlicher Behandlung der Renten im Alter. Nachteil ist ihre geringe Flexibilität. Außerdem rechnet sich eine private Rentenversicherung nur für Leute, die sehr alt werden. Am Schwesterprodukt Kapitallebensversicherung haben die Menschen weniger Interesse, seit die Auszahlung nicht mehr steuerfrei ist.

Private Rentenversicherungen

Eine private Rentenversicherung sichert im Alter ein lebenslanges Zusatzeinkommen, das weitgehend steuerfrei ist. Anders als bei der gesetzlichen Rente ist bei der klassischen Variante einer privaten Rentenversicherung durch den Garantiezins von derzeit 2,25 Prozent auf den Sparanteil im Kundenbeitrag eine bestimmte Rentenhöhe garantiert. Dazu können Überschüsse kommen. Vorsicht: Bei Fondsvarianten gibt es keine oder lediglich eine geringe Garantierente (siehe Seite 165).

Für die Einzahlung gibt es zwei Möglichkeiten: Unterschieden wird die aufgeschobene Rentenversicherung mit einer Ansparphase. Der Kunde zahlt viele Jahre lang Beiträge ein. Erst dann beginnt die Rentenzahlung. Angeboten werden auch sogenannte Sofortrenten gegen Einmalbeitrag. Hier beginnt die lebenslange Rente unmittelbar nach Einzahlung einer größeren Geldsumme zu fließen (siehe Seite 162).

Bei der klassischen Rentenversicherung wird das Kundengeld überwiegend konservativ angelegt. Die Rente setzt sich aus einem garantierten Teil und einem nicht garantierten Teil aus Überschüssen zusammen. An der garantierten Rente lässt sich ablesen, ob ein Versicherer kostengünstig kalkuliert.

KLASSISCHE PRIVATE RENTENVERSICHERUNG

Geeignet für Selbstständige, die ihr Erspartes im Alter vielleicht doch auf einen Schlag entnehmen wollen, und Arbeitnehmer zusätzlich zur Riester-Rente, wenn sie kein gutes Angebot für eine Betriebsrente haben.

- ➔ **Renditechance**
- ↑ **Sicherheit**
- ↘ **Flexibilität**
- ↑ **Bequemlichkeit**

Rente nur gering besteuert

Eine private Rentenversicherung sollten Vorsorgesparer erst nach einem Riester-Vertrag in Betracht zeihen, denn dieser lohnt sich durch die Förderung beim Spa-

ren mehr. Ein Riester-Vertrag reicht aber nicht, um zusammen mit der gesetzlichen Rente im Alter die Grundversorgung zu sichern.

Staatlich gefördert wird auch das Sparen für eine Betriebsrente. Zur Betriebsrente kann eine private Rentenversicherung eine Alternative sein, wenn Arbeitnehmern keine Betriebsrente angeboten wird, sie keine wollen oder damit nicht ausreichend versorgt sind.

Riester- und Betriebsrenten sind allerdings im Alter voll steuerpflichtig. Anders die private Rentenversicherung: Fließt hier die erste Rente mit 65 Jahren, muss der Ruheständler nur 18 Prozent von ihr versteuern. Wird die erste Rente mit 67 Jahren ausgezahlt, sind 17 Prozent steuerpflichtig.

Jüngere Frauen und Männer von heute werden auf den größten Teil ihrer gesetzlichen Rente Steuern zahlen. Bei Rentenbeginn ab 2040 ist sogar die gesamte Rente steuerpflichtig. Das macht den großen steuerfreien Anteil einer privaten Rente für sie interessant. Auf diese Rente fallen bei den meisten Menschen im Alter zudem keine Kranken- und Pflegeversicherungsbeiträge an. Nur die wenigen im Alter freiwillig gesetzlich Versicherten zahlen auf alle Einkünfte Beiträge. Bei der Riester-Rente gilt das ebenso. Betriebsrenten sind hingegen bei der Auszahlung mit Sozialabgaben immer voll belastet. Nur private Krankenversicherte betrifft das nicht.

Eine private Rentenversicherung ist trotzdem nicht für jeden geeignet. Denn sie bindet ihre Kunden für viele Jahre. Das Geld für den Beitrag sollte dauerhaft verfügbar sein. Flexibel ist sie nämlich nicht. Wer unterschreibt, muss immer zahlen. Vorübergehend nicht zu überweisen geht zwar schon einmal. Beitragslücken müssen aber rasch wieder geschlossen werden. Das schafft nicht jeder. Und ein vorzeitiger Ausstieg aus dem Vertrag bringt Sparern kräftige Verluste.

Garantie und mehr

Die Höhe der garantierten Rente sollte das wichtigste Bewertungskriterium bei der Auswahl sein. Nur die garantierte Rente ist Sparern, die den Vertrag bis zum Rentenbeginn durchhalten, lebenslang sicher.

Eine Frau bekommt derzeit allerdings im Schnitt gerade einmal 178 Euro und ein Mann 190 Euro, nachdem sie 30 Jahre lang jährlich 1 200 Euro gespart haben. Nach Abzug der Kosten bleibt eine garantierte Rendite von unter 2 Prozent auf den eingezahlten Beitrag. So viel wäre Sparern sicher, wenn sie statt einer Rente am Ende der Sparphase eine Einmalzahlung wählen.

Als Rente bekommen Frauen etwas weniger als Männer, weil ihre Lebenserwartung statistisch betrachtet rund vier Jahre länger ist. Nur in der gesetzlichen Rentenversicherung und bei der Riester-Rente gelten Unisex-Tarife. Gleicher Beitrag bringt hier die gleiche Rente. Bei einer rein privaten Versicherung dürfen Versicherer die längere Lebenserwartung von Frauen bisher noch berücksichtigen.

Die private Rentenversicherung ist kein Renditeknüller. Der Vertrag lohnt sich erst, wenn der Kunde sehr alt wird, wird nur die Garantierente ausgezahlt, mindestens 86 Jahre. Dafür hat er eine lebenslange Einkommensgarantie. Zudem fällt die Rente durch Überschüsse oft höher aus. Überschüsse hängen stark vom Erfolg des Versicherers am Kapitalmarkt ab. Und der ist in der noch immer anhaltenden Finanzkrise aktuell eher mäßig.

Doch die Unterschiede beim Anlageerfolg sind wichtig, wie ein Blick in die Zukunft zeigt: Je nach Anbieter kann sich ein Sparer am Ende über einen Aufschlag von rund 80 Prozent auf seine garantierte Rente freuen, wenn die Anlagestrategie weiter aufgeht, oder er muss sich mit weniger als 20 Prozent Zuschlag begnügen. Das hat Finanztest in seinem jüngsten Test privater Rentenversicherungen errechnet. Ein Kunde bekommt statt einer Garantierente von 200 Euro von einem Anbieter mit gutem Anlageerfolg 360 Euro, von einem mit schlechtem nur 240 Euro Rente.

In dieser Bandbreite liegen die möglichen Renten einschließlich der Überschüsse, sofern der Kunde eine „volldynamische Rentenauszahlung" gewählt hat. Diese Auszahlungsform ist die einzig empfehlenswerte (siehe Seite 162).

Versicherer informieren schlecht

Kunden müssen vor Abschluss des Vertrags begreifen, worauf sie sich einlassen. Die ausgehändigten Unterlagen sind allerdings noch immer sehr unübersichtlich. Daran haben auch die strengeren Vorgaben durch das Versicherungsvertragsgesetz wenig geändert. Im Gegenteil: Inzwischen ersticken Kunden geradezu in Informationsmaterial. Zu viel statt zu wenig – das Ergebnis ist Verwirrung.

Oft fehlt auch ein wichtiger Hinweis: Kunden müssen Nachteile in Kauf nehmen, wenn sie ihren Beitrag nicht jährlich überweisen, sondern monatlich. Sie müssen dann für dieselbe Leistung beispielsweise 5 Prozent mehr Beitrag überweisen.

Den weiten Weg gut planen

Viele Menschen zahlen über 30 oder sogar 40 Jahre in eine private Rentenversicherung ein. Und 20, 30 oder noch mehr Jahre hoffen sie, daraus eine Rente zu beziehen. Was so lange halten soll, muss genau zum Kunden passen. Er muss seinen Jahresbeitrag so bestimmen, dass später eine genügend hohe Rente herausspringt. Doch gleichzeitig sollte er nicht alles, was er für die Altersvorsorge aufbringen kann, in dem Vertrag binden. Eine Rentenversicherung ist nicht flexibel. Aus der Zahlungsverpflichtung kommen Kunden häufig nur mit Verlust heraus, wenn sie ihnen

CHECKLISTE **So können Sie vorgehen**

Bedarf. Überschlagen Sie, was Sie bereits an Altersvorsorge tun. Nutzen Sie geförderte Produkte wie die Riester-Rente schon? Gibt es ein gutes Angebot für eine Betriebsrente?

Alter. Sind Sie noch sehr jung, sollten Sie vorerst die Ertragschancen am Aktienmarkt durch Fondsinvestments nutzen, bevor Sie sich langfristig finanziell mit einer Rentenversicherung binden.

Ausdauer. Ergänzen Sie Ihre zusätzliche Altersvorsorge nur mit einer Rentenversicherung, wenn Sie den vorgesehenen Beitrag dauerhaft erübrigen können. Flexibel ist dieser Vertrag nämlich nicht. Aussteigen bringt Verluste.

Eigenheim. Haben Sie mittelfristig eine Hausfinanzierung im Sinn, richten Sie Ihre Strategie besser auf die Bildung von dann verfügbarem Eigenkapital aus. Eine private Rentenversicherung ist dafür nicht das geeignete Produkt.

Beitragsrückgewähr. Wenn Sie sich für eine Rentenversicherung entscheiden, vereinbaren Sie eine Beitragsrückgewähr für die Ansparzeit. Nur dann haben Sie bei einer Kündigung Anspruch auf Auszahlung eines Rückkaufswerts. Zudem erhalten Ihre Angehörigen nur dann eine kleine Rückzahlung, wenn Sie vor Rentenbeginn sterben. Lassen Sie in der Auszahlungsphase eine Beitragsrückgewähr aber weg. Sie ist zu teuer und schmälert die Rente zu stark.

Rentengarantiezeit. Sofern Sie jemanden versorgen müssen, wählen Sie eine Rentengarantiezeit bis zehn Jahre. Sie kostet wenig und rettet Ihre Rente bei frühem Tod ein paar Jahre lang für andere.

über den Kopf wächst. Wichtig ist die Auswahl eines kostengünstigen, renditestarken Anbieters. Der Vertrag sollte außerdem in der richtigen Form abgeschlossen werden.

Niedrig einsteigen, den Beitrag dafür langsam steigern. Ein dynamischer Rentenversicherungsvertrag bietet das. Das hilft, Verluste durch Inflation auszugleichen, argumentieren Vermittler gern. Und der Vertrag passe sich den mit dem Alter und Einkommen steigenden Bedürfnissen des Versicherten an. Doch ein dynamisch jährlich steigender Beitrag kostet den Kunden unnötig Geld. Bei jeder Dynamikstufe wird er zur Kasse gebeten. Der Versicherer macht neue Abschlusskosten geltend. Gleichzeitig erschwert ein steigender Beitrag den Überblick über die zu erwartende Leistung. Ob sich der Sparaufwand gelohnt hat, wie viel Beitragsrendite bleibt, ist bei einer Rentenversicherung mit steigendem Beitrag kaum noch einschätzbar. Tipp: Finger weg von solchen Verträgen! Mehr sparen lässt sich später auch mit zusätzlichen Anlageprodukten.

Abruf- und Aufschuboption

Die Bedingungen der meisten Rentenversicherungsverträge enthalten eine Abruf- sowie eine Aufschuboption. Beides ist sinnvoll. Mit einer Abrufoption kann der Rentenbeginn vorgezogen werden, meist bis zu fünf Jahre. Die Rente fällt dann niedriger aus. Abrufbar ist sie oft ab 60 Jahren. Mit einer Aufschuboption kann der Kunde die erste Auszahlung meist zwei bis fünf Jahre hinausschieben. Die Rente fällt dann höher aus, als sie beim ursprünglichen Start gewesen wäre.

Kapitalwahlrecht

Wichtig ist das Kapitalwahlrecht. Alle Angebote in unserer Untersuchung enthalten es. Durch das Kapitalwahlrecht kann der Kunde am Ende der Einzahlung eine einmalige Summe statt einer Rente wählen. Vielleicht benötigt er eine größere Summe.

Die Erträge sind dann jedoch zur Hälfte steuerpflichtig, sofern der Versicherte bei Auszahlung 60 Jahre oder älter ist. Ist er jünger, gilt die volle Steuerpflicht.

Der Kunde sollte darauf achten, bis wann das Kapitalwahlrecht ausgeübt werden kann. Teilweise muss er bis zu drei Jahre vor Rentenbeginn entscheiden, wie er sein Geld bekommen will.

Berufsunfähigkeitsschutz

Fast alle Versicherungsunternehmen bieten die Möglichkeit, im Vertrag über eine private Rentenversicherung einen kleinen Berufsunfähigkeitsschutz zu vereinbaren. Muss der Kunde seinen Beruf aus gesundheitlichen Gründen an den Nagel hängen, übernimmt das Unternehmen an seiner Stelle die Beitragszahlung für die Rentenversicherung. Dadurch hat der Kunde keine Einbußen bei der späteren Auszahlung, auch wenn er selbst seine Beiträge vielleicht nicht mehr aufbringen kann.

Interessenten sollten sich vorrechnen lassen, um wie viel geringer ihre garantierte Rente durch den Einschluss dieser Option ausfallen würde. Verzichten sollten sie darauf, wenn der Verlust ihnen zu hoch erscheint oder sie anderweitig ausreichend für Berufsunfähigkeit vorgesorgt haben.

ACHTEN SIE AUF DIE VERSICHERUNGSBEDINGUNGEN

Wann der Lebensversicherer eine Berufsunfähigkeit anerkennt, kann sich stark unterscheiden. Maßstab sollte der zuletzt ausgeübte Beruf sein.

Außerdem sollte der Versicherer die Beitragsfreistellung nicht mit der Begründung verweigern können, der Kunde könne trotz seiner gesundheitlichen Einschränkungen theoretisch noch in einem anderen Beruf arbeiten.

Angehörige absichern

Eine Rentenversicherung eignet sich überhaupt nicht, um Angehörige abzusichern. Hier ist eine Risikolebensversicherung in ausreichender Höhe das Richtige. Damit das in die Rentenversicherung eingezahlte Geld für die Hinterbliebenen aber nicht vollständig verloren ist, falls der Versicherte in der Ansparzeit oder kurz nach Rentenbeginn stirbt, bieten die Unternehmen mehrere Möglichkeiten an. Für die Einzahlzeit kann eine Beitragsrückgewähr vereinbart werden. Stirbt der Versicherte vor Rentenbeginn, zahlt der Anbieter die eingezahlten Beiträge zurück. Die Vereinbarung kostet nicht viel. In unserem Modell verliert der Kunde zwischen 5 und 6 Euro an garantierter Rente im Monat. Mehr Verlust hat er, wenn er eine Beitragsrückgewähr auch für die Rentenphase vereinbart. Davon raten wir ab. Kaum ins Gewicht fällt eine kurze Rentengarantiezeit von bis zu zehn Jahren. Die Rente wird dann mindestens so lange ausgezahlt, auch wenn der Versicherte schon vorher stirbt. In unserer Untersuchung haben wir zehn Jahre Garantiezeit unterstellt. Eine noch längere Rentengarantie kostet den Kunden spürbar mehr Rente.

Überschussbeteiligung

Bei der ansparenden Rentenversicherung entstehen vor und nach Rentenbeginn Überschüsse. Sie kommen größtenteils den Kunden zugute. Vermehrt der Versicherer das Geld am Kapitalmarkt besser als der derzeit gültige Garantiezins von 2,25 Prozent, erzielt er einen Überzins. Das ist der größte Teil der Überschüsse.

Sind die Verwaltungskosten geringer als kalkuliert, gibt es ebenfalls Überschüsse. Das gilt auch, wenn die Versicherten nicht so alt werden, wie nach der zugrunde gelegten Sterbestatistik erwartet.

Der Kunde kann entscheiden, wie er von diesen Überschüssen profitiert. Für die Ansparzeit sind zwei Methoden üblich: die verzinsliche Ansammlung und das Bonussystem.

Viele Versicherer haben nur eine von beiden Varianten im Programm. Erlebt der Versicherte den Rentenbeginn, laufen beide Systeme auf das Gleiche hinaus: Überschüsse steigern die Rente.

Stirbt er vorher, würden im Normalfall auch bei beiden Methoden Überschüsse die Todesfallleistung erhöhen. Als Todesfallleistung ist üblicherweise die Beitragsrückgewähr vereinbart. Der Versicherer zahlt den Angehörigen bei Tod des Versicherten mindestens das zurück, was bis dahin eingezahlt wurde. Sind bis dahin Überschüsse entstanden, kann die Auszahlung etwas höher sein.

Bonussystem: Bei der Bonusrentenmethode kann der Kunde in einigen Angeboten eine zusätzliche Todesfallleistung aus Überschüssen ausschließen. Dann bekämen seine Angehörigen weniger Geld, wenn er vor Rentenbeginn sterben würde. Dafür blieben mehr Überschüsse zur Rentenerhöhung, wenn die Rente gezahlt wird. Ein Unterschied ist auch, dass der Kunde beim Bonusrentensystem jedes Jahr aus den zugeteilten Überschüssen eine Erhöhung der zukünftigen Rente erhält.

Verzinsliche Ansammlung: Bei der verzinslichen Ansammlung werden die Überschüsse dagegen in der Ansparzeit einem Überschusskonto gutgeschrieben und verzinst. Erst zu Rentenbeginn werden die

zugeteilten Überschüsse in eine Rente umgerechnet. Und erst dann erhöhen sie die garantierte Rente.

DIE RENTENZAHLUNG DYNAMISIEREN

Auch in der Auszahlphase werden unterschiedliche Methoden zur Überschussbeteiligung verwendet. Bei der volldynamischen Auszahlung zahlt der Versicherer anfangs eine geringere Rente, die im Laufe der Jahre meist steigt. Großer Vorteil ist, dass die Rente nie fällt. Bei allen anderen Formen ist eine Rentenkürzung möglich, wenn die Erträge des Versicherers einbrechen, wie vor einigen Jahren fast branchenweit geschehen. Viele Ruheständler mussten massive Kürzungen ihrer Privatrente verkraften.

Rente gegen Einmalbeitrag

Mancher stellt erst im Ruhestand fest, dass seine Renten für die Grundversorgung im Alter nicht reichen. Steht ihm eine Geldsumme zur Verfügung, kann eine Rente gegen Einmalbeitrag eine Ergänzung sein. Für 60 000 Euro gibt es derzeit etwa 230 Euro Garantierente im Monat. Das ist nicht viel, aber das Geld kommt auf Dauer. Wer regelmäßige Auszahlungen bis zum Lebensende braucht, liegt mit einer Rente gegen Einmalbeitrag richtig. Empfehlenswert ist auch hier nur die klassische Form mit garantierter Verzinsung.

Die Qualitätsunterschiede sind groß, wie der jüngste Test von Finanztest zeigte. Dabei wurde angenommen, dass die Kunden 60 000 Euro einzahlen und eine Rentengarantiezeit von 20 Jahren vereinbaren. Der Versicherer überweist die Rente dann mindestens 20 Jahre lang, auch wenn der Versicherte vorher stirbt. Restliche Zahlungen gehen an Hinterbliebene.

Mit 216 bis 234 Euro Rente im Monat konnten 65-jährige Frauen je nach Anbieter zu Anfang rechnen – nicht gerade üppig. Männer erhielten mit 231 bis 250 Euro etwas höhere Renten. Das heißt, schon im ersten Jahr hätten Frauen von guten Anbietern bis zu 216 Euro mehr zurückbekommen als von schlechteren, bei Männern ging es um 228 Euro im Jahr.

Nach 25 Jahren belaufen sich solche Unterschiede auf 5 400 und 5 700 Euro, wenn man allein die garantierte Leistung betrachtet. Sie fallen noch viel größer aus, wenn Überschüsse dazukommen.

Die Renten erhöhen sich über die Jahre durch Überschüsse. Einer der guten Anbieter, der einer 65-jährigen Frau 228 Euro Anfangsrente zusagte, rechnet beispielsweise vor, dass daraus nach unseren Annahmen im Test in 20 Jahren 368 Euro im Monat werden können.

Das Produkt

Eine Sofortrente beginnt unmittelbar nachdem der Einmalbeitrag beim Versicherer eingegangen ist. Wie bei jeder privaten Rentenversicherung besteht die ausgezahlte Leistung aus einem garantierten Teil und einem unsicheren Teil aus Überschüssen. Überschüsse erzielt ein Versicherer durch Zinsgewinne am Kapitalmarkt, durch Kosteneinsparungen und durch Risikogewinne. Risikogewinne entstehen, wenn die Versicherten im Durchschnitt früher sterben als kalkuliert. Dann muss die Gesellschaft weniger Renten auszahlen. Risikogewinne müssen die Versicherer zu mindestens 75 Prozent an die Kunden weiterreichen, Kostenüberschüsse zu mindestens 50 Prozent und Zinsüberschüsse zu mindestens 90 Prozent.

Wann ein Kunde von den Überschüssen profitiert, hängt davon ab, was im Vertrag vereinbart ist. Die erwarteten Überschüsse können zum Beispiel rechnerisch gleichmäßig über die Laufzeit verteilt werden. Dann ist die Anfangsrente recht hoch und eine gleichmäßige Rentenauszahlung vorgesehen. Diese gleichbleibende Rente ist aber nicht zu empfehlen. Denn der Kunde verliert durch die Inflation mit der Zeit erheblich an Kaufkraft. Außerdem besteht die Gefahr einer Rentenkürzung. Erwirtschaftet das Versicherungsunternehmen geringere Überschüsse als es anfangs kalkuliert hat, zahlt es weniger aus. Das kann auch geschehen, wenn die Lebenserwartung steigt.

Sicherheit bis ans Lebensende

Steuerlich wird die Sofortrente behandelt wie die private Rente mit einer vorherigen Ansparphase beim Versicherer. Wird die erste Rente überwiesen, wenn der Versicherte 65 Jahre alt ist, sind 18 Prozent davon steuerpflichtig, bei einer ersten Rente mit 67 sind es nur 17 Prozent. Die günstige Besteuerung im Alter ist ein Pluspunkt.

TIPP **So optimieren Sie die Sofortrente**

Zahlungsweise. Zahlen Sie Ihren Beitrag jährlich, nicht monatlich oder einmal im Vierteljahr. Das erspart Ihnen Ratenzahlungszuschläge, die sich negativ auf Ihre Rendite auswirken würden.

Angehörige. Sie können Ihre Familie mit einer privaten Rentenversicherung kaum absichern. Wenn Sie wollen, dass Ihre Angehörigen im Fall ihres Todes gut versorgt sind, schließen Sie eine preiswerte Risikolebensversicherung in angemessener Höhe ab. Informationen zu günstigen Angeboten finden Sie online unter www.test.de.

Rentenauszahlung. Achten Sie auf die richtige Überschusszuteilung während der Auszahlung. Empfehlenswert ist nur die volldynamische Variante. Hier sind Sie vor Rentenkürzungen sicher.

Entscheidender ist aber die garantierte Leistung bis ans Lebensende. Wer diese benötigt, findet keine Alternative. Beim vergleichbar sicheren Produkt, dem „Bankentnahmeplan", ist das Geld irgendwann weg, wenn der Kunde Summen in gleicher Höhe entnimmt. Außerdem gibt es kaum Bankentnahmepläne, die über mehr als zehn Jahre ausgelegt sind.

Nicht familientauglich

Rentenversicherungen sind allerdings nicht familienfreundlich. Nach dem Tod des oder der Versicherten fällt das Restguthaben der Versichertengemeinschaft zu. Partner und Kinder schauen in die Röhre. Mit kleinen Maßnahmen lässt sich der Verlust abfedern. Möchte der Kunde, dass Angehörige nicht leer ausgehen, kann er zum Beispiel eine Rentengarantiezeit vereinbaren. Bis zu dem Ende dieser Frist wird die Rente auf jeden Fall ausgezahlt, auch wenn der Kunde schon verstorben ist.

Alternativ kann der Kunde eine Beitragsrückgewähr im Todesfall festlegen. Dann zahlt das Unternehmen seinen Angehörigen das Restkapital einschließlich Überschüssen aus, wenn er stirbt.

Beide Leistungen gibt es nicht umsonst. 20 Jahre Rentengarantiezeit oder die Beitragsrückgewähr kosten jeweils rund 10 Prozent Rente. Das ist ziemlich teuer. Nicht abgesichert bleibt die Zeit nach dem Ende der Garantiezeit. Stirbt ein Ehepartner beispielsweise zwei Jahre vor deren Ablauf, erhält seine Witwe oder ihr Witwer nur noch zwei Jahre Rente. Viele Versicherer lassen maximal 20 Jahre Rentengarantiezeit zu, manche nur zehn.

Das Geld zurückholen

Zwei Drittel der Anbieter geben Kunden mittlerweile die Möglichkeit, vorzeitig Kapital aus dem Vertrag zu ziehen, wenn sie eine Todesfallleistung vereinbart haben.

Haben Kunden die Option auf eine Kapitalzahlung vereinbart, können sie sich maximal den Betrag auszahlen lassen, den ihre Angehörigen zu diesem Zeitpunkt im Falle ihres Todes erhielten. Schöpfen sie die Summe aus, endet die Rente damit häufig. Unter Renditegesichtspunkten ist ein Ausstieg schlecht,

TIPP **Sofortrente sichert Grundbedarf**

Entscheidung. Eine Sofortrente ist sinnvoll, wenn Ihr Grundbedarf für Miete, Heizung, Lebensmittel, Kleidung und sonstige Fixkosten noch nicht aus anderen lebenslangen Einkommensquellen gesichert ist.

Sicherheit. Eine klassische Sofortrente mit Garantiezins ist sehr sicher. Geht der Versicherer pleite, zahlt die Auffanggesellschaft Protektor weiter mindestens die Garantierente und die fest zugeteilten Überschüsse aus.

und schon die Option dafür kostet Geld. Wer seine Sofortrente optimieren will, verzichtet lieber auf jegliche Zusatzleistung und hat eine höhere Rente. Doch keiner weiß, ob sich die eigene Lebenserwartung nicht plötzlich durch eine Krankheit drastisch verkürzt. Dann will man das Ersparte vielleicht doch lieber gleich ausgeben.

Fondsgebundene Rentenversicherung

Rentenversicherungen mit Fonds, sogenannte Fondspolicen, sind seit der Finanzkrise Ladenhüter, und das zu Recht. Viele Angebote sind zu teuer oder bieten zu schlechte Fonds, wie die Untersuchungen von Finanztest immer wieder belegen. Der überwiegende Teil der Angebote ist bezüglich Kosten, Anlagemöglichkeit und Transparenz Mittelmaß oder schlechter. Das ist schwach. Zumal die Angebote für viele Menschen wegen der langen Laufzeit und der unsicheren Rente nicht geeignet sind.

Kombination mit Investmentfonds

Fondsgebundene Rentenversicherungen sind ein Kombiprodukt aus Rentenversicherung und Fondssparplan. Die Sparanteile des Beitrags werden in einem oder mehreren Investmentfonds angelegt. Dieses Vermögen wird von externen oder konzerneigenen Kapitalanlagegesellschaften verwaltet und in einem gesonderten Anlagestock der Versicherer geführt.

Die Fonds, in die das Geld der Kunden in der Ansparphase fließt, investieren vor allem in Aktien, aber auch in Anleihen oder Immobilien. Weil die Wertentwicklung der Fonds nicht vorhersehbar ist, kann eine Rentenhöhe nicht garantiert werden. Bei guter Wertentwicklung der gewählten Fonds winken hohe Gewinne, bei schlechter Verluste. Ist die Ansparphase zu Ende, zahlt der Versicherer eine monatliche Rente aus, von der ein Teil garantiert ist. Der Kunde kann aber auch eine Einmalzahlung wählen oder die Fonds auf ein Depot übertragen.

FONDSGEBUNDENE RENTENVERSICHERUNGEN

Wegen oft sehr hoher Kosten nur für wenige Menschen geeignet, die gezielt bestimmte Fonds mit kleine Beträgen besparen wollen, wenn sie das nur über eine Police machen können.

- ↗ **Renditechance**
- ↘ **Sicherheit**
- ↘ **Flexibilität**
- ↗ **Bequemlichkeit**

Nichts für Klamme

Leute mit wenig Geld liegen mit einer Fondspolice falsch. Wer wenig verdient oder unregelmäßige Einnahmen hat, ist wegen der meist langen vertraglichen Zahlungspflicht hier wie mit jeder ansparenden Lebensversicherung schlecht bedient. Denn er kann nicht wissen, ob er die vereinbarten Beiträge immer aufbringen kann. Stoppt er die Zahlung oder steigt er gar aus dem Vertrag aus, verliert er Geld, das er eigentlich dringend benötigt. Und auf eine sichere Rente kann er nicht bauen.

Für gutverdienende Kunden, die auch persönlich in gesicherten Verhältnissen leben, kann eine „gute" Fondspolice aus steuerlichen Gründen manchmal interessant werden. Hier können sie in überdurchschnittliche und stark überdurchschnittliche Fonds investieren und sie steuerfrei wechseln. Die Geldanlage können sie Fondsmanagern überlassen.

Ihre Grundversorgung im Alter aus gesetzlicher Rente, Riester-, Betriebsrente und – bei Selbstständigen – klassischer privater Rentenversicherung sollten vermögende Anleger gesichert haben, bevor sie sich für eine Fondspolice entscheiden.

Schöngerechnet

Für Lebensversicherer ist es bequem, das Anlagerisiko auf ihre Kunden abzuwälzen. Sie überlassen dem Kunden die Fondsauswahl und sie sind für die Wertentwicklung der Fonds nicht verantwortlich. Je besser die Börse, desto leichter lassen sich Kunden auch von kühnen Modellrechnungen blenden. Eine Rente aus einem Vermögen, das sich nach durchschnittlich 9 Prozent Wertentwicklung jährlich ergibt, ist natürlich viel höher als zum Beispiel die auf 2,25 Prozent Rechnungszins basierende garantierte Rente aus einer konservativ anlegenden privaten Rentenversicherung. Doch zurzeit glauben die Menschen solchen Prognosen nicht. Fondspolicen verkaufen sich daher aktuell entsprechend schlecht.

LASSEN SIE SICH NICHT BLENDEN

Hohe Renditezahlen beziehen sich bei fondsgebundenen Versicherungen zudem nur auf den Teil der Beiträge, der nach Abzug der Kosten in die Fonds fließt. Die Versicherer lassen sich ihre Arbeit gut bezahlen. Die Unterschiede zwischen den Angeboten bei den Kosten, dem Fondsangebot und den Möglichkeiten der Kapitalanlage sind riesig. Bei manchen Policen muss der Kunde zudem mühsam herausfinden, in welche Fonds sein Geld fließt.

Vertrag richtig gestalten

Wer sich für eine Fondspolice entscheidet, sollte sicher sein, dass er den Beitrag auf Dauer zahlen kann. Nicht zu empfehlen ist ein jährlich steigender Beitrag. Bei jeder Erhöhung belastet der Versicherer seinen Kunden durch Zusatzkosten.

Sinnvoll sind eine Abruf- und auch eine Aufschuboption. Dann kann der Rentenbeginn meist bis zu fünf Jahre vorgezogen oder hinausgeschoben werden. Beides ist bei einer Fondspolice wegen der Kursschwankungen um den eigentlichen Ablauftermin herum wichtig.

Wichtig ist auch ein Kapitalwahlrecht. Die Verträge beinhalten das aber so gut wie immer. Kunden können dann am Ende der Einzahlung oder kurz zuvor erklären, dass sie statt einer Rente lieber eine

INFO Fondssparplan oder fondsgebundene Rentenversicherung?

Seit 2009 können Steuervorteile für eine Fondspolice statt einen Fondssparplan sprechen. Wer eine Fondspolice abschließt, ist von der 25-prozentigen Abgeltungsteuer nicht betroffen. Kursgewinne und Dividenden bleiben in der Ansparphase steuerfrei. Das kann für Kunden, die ihren Sparerfreibetrag ausgeschöpft haben, wichtig sein. Vermittler nutzen daher den Steuervorteil als Verkaufsargument. Entscheidend bleiben aber die Qualität der Police und das Durchhaltevermögen des Kunden. Steigt er aus, verliert er.

Vorteile bei Rentenzahlung

Steuerlich fast immer günstiger als mit einem Fondssparplan fahren Policensparer, die eine Rentenzahlung wählen. Denn wie bei einer klassischen Police ist dann nur der vom Alter bei Rentenbeginn abhängige, niedrige Ertragsanteil der Rente steuerpflichtig. Bei Rentenbeginn mit 65 Jahren beläuft er sich auf 18 Prozent, mit 67 Jahren auf 17 Prozent der Rente. 83 Prozent bleiben dauerhaft steuerfrei. Von 300 Euro wären gerade einmal 51 Euro steuerpflichtig und 249 Euro steuerfrei.

Will ein Kunde stattdessen vom per Fondssparplan Ersparten im Alter monatlich eine Zusatzrente entnehmen, indem er regelmäßig Anteile verkauft, muss er auf Kursgewinne 25 Prozent Abgeltungsteuer zahlen. Außerdem sollte er sein Vermögen rechtzeitig vor Rentenbeginn vom im Wert stark schwankenden Aktieninvestment zu sichereren Rentenfonds umgeschichtet haben. Umschichten geht ins Geld. Pro Verkauf fallen auf Kursgewinne 25 Prozent Abgeltungsteuer an. Fondssparer verlieren hier ihre Flexibilität.

Auszahlung auf einen Schlag

Vorteile winken auch beim Verkauf der Fondsanteile bei Vertragsende. Bei der fondsgebundenen Versicherung bleibt die Hälfte der Erträge steuerlich verschont, wenn sich der Kunde das Geld auf einmal auszahlen lässt. Wie bei der klassischen Lebens- oder Rentenversicherung muss der Vertrag aber mindestens zwölf Jahre lang und bis zum 60. Geburtstag des Kunden laufen.

Steuervorteil nicht überschätzen

Vergleich man die Renditen nach Steuern von Fondssparplänen und Fondspolicen – bei identischem Fondsinvestment und einer unterstellten Dividendenrendite von 3 Prozent (Grenzsteuersatz des Anlegers 40 Prozent), darf eine über 30 Jahre laufende Fondspolice bis zu 9,45 Prozent Kostenquote haben, um den kostenfrei angekauften Fondssparplan nach Steuern renditemäßig zu schlagen. Kauft der Sparer seine Fondsanteile teuer ein (voller Ausgabeaufschlag) und verwahrt sie teuer (Depotgebühren), wären sogar Fondspolicen mit Quoten bis rund 15 Prozent besser. Doch bei vielen Policen sind die Kosten deutlich höher.

Bei kürzerer Laufzeit liegt der Fondssparplan meist vorn. Schon Kosten über 3,82 Prozent stellen eine über nur 15 Jahre laufende Fondspolice mit gleichem Investment gegenüber dem Fondssparplan in den Schatten. So geringe Kosten schafft kaum ein Anbieter.

Einmalzahlung oder die Übertragung der Fondsanteile in ihr eigenes Depot wünschen. Die meisten Versicherer bieten ihren Kunden auch bei Fondspolicen einen kleinen Berufsunfähigkeitsschutz. Kann der Kunde seinen Beruf aus gesundheitlichen Gründen nicht mehr ausüben, übernimmt der Versicherer an seiner Stelle die Beitragszahlung. Diese Option ist für jüngere Kunden nicht sehr teuer und eine Überlegung wert. Auch eine kurze Garantiezeit von bis zu zehn Jahren kostet nicht viel Rente. Die Rente wird dann von der Versicherungsgesellschaft ab Rentenbeginn mindestens bis zum Ende dieser vereinbarten Frist überwiesen, auch wenn der Versicherte schon vorher stirbt. Darauf sollten nur echte Singles verzichten.

Kapitallebensversicherung

Es gibt auch noch die Kapitallebensversicherung, auch sie als klassisches Produkt und als Fondspolice. Sie ist aus der Mode gekommen, seit ihr Steuervorteil weggefallen ist. Die Erträge – Auszahlung minus eingezahlter Beiträge – muss der Kunde bei ab 2005 geschlossenen Verträgen voll versteuern. Ist er mindestens 60 Jahre alt und lief der Vertrag mindestens zwölf Jahre lang, ist nur auf die Hälfte der Summe die individuelle Steuer fällig.

Bei vor 2005 geschlossenen Verträgen ist die Auszahlung komplett steuerfrei, sofern der Vertrag zuvor mindestens zwölf Jahre lief und der Kunde mindestens fünf Jahre lange Beiträge einzahlte.

Vertrag aus zwei Komponenten

Kapitallebensversicherungen verbinden eine Erlebensfall- und eine Todesfallleistung. Stirbt der Versicherte vor Vertragsende, überweist der Versicherer an seine Hinterbliebenen eine einmalige Summe – die Todesfallleistung. Ihre Mindesthöhe wird bei Vertragsschluss festgelegt.

Meistens entspricht die vereinbarte Todesfallleistung der garantierten Versicherungssumme. Sie kann aber auch niedriger oder höher vereinbart werden. Die Auszahlung liegt durch Überschüsse üblicherweise über der vertraglich vereinbarten Mindesthöhe. Der Kunde legt bei Vertragsschluss fest, wer bei seinem Tod „bezugsberechtigt" für die Todesfallleistung ist. In den meisten Verträgen kann er diese Angabe jederzeit ändern.

Erlebt der Versicherte das Vertragsende, wird die Erlebensfallleistung fällig. Sie wird häufig auch Ablaufleistung genannt.

KLASSISCHE KAPITALLEBENSVERSICHERUNG

Geeignet für niemanden wirklich. Den für Verträge ab 2005 halbierten Steuervorteil gibt es auch auf eine Einmalzahlung aus einer privaten Rentenversicherung.

- ➔ **Renditechance**
- ↑ **Sicherheit**
- ↘ **Flexibilität**
- ↑ **Bequemlichkeit**

TIPP **Kein sicheres Standbein**

Entscheidung. Eine Fondspolice ist keine sichere Basis für die Altersvorsorge. Da die Wertentwicklung von Fonds unklar ist, sollte dieses Geld nicht für Ihre Grundsicherung im Alter (Miete, täglicher Bedarf) notwendig sein. Um zusätzliche Ausgaben zu decken, kann eine „gute" Fondspolice infrage kommen – auch aus steuerlichen Gründen.

Aktienanteil. Je jünger Sie sind, desto mehr Geld sollten Sie auch bei einer fondsgebundenen Versicherung in Aktienfonds stecken. Achten Sie gegen Vertragsende darauf, dass Ihr Versicherer rechtzeitig Kursgewinne sichert, indem er in Renten- und Geldmarktfonds umschichtet. Oft können Sie das auch selbst machen.

Dann zahlt der Versicherer auf einen Schlag die garantierte Versicherungssumme inklusive der angesammelten Überschussbeteiligung und eines möglichen Schlussüberschusses an den Kunden aus.

Durch die Kombination der beiden Leistungen kann ein Versicherter für zwei Fälle gleichzeitig vorsorgen: Er sichert seine Angehörigen ab, die im Falle seines Todes in finanzielle Not geraten könnten. Sie würden dann die Todesfallleistung erhalten. Und er spart mit einem Teil seines Beitrags eine Summe an, die er im Alter möglicherweise benötigt, um seinen eigenen Lebensunterhalt zu bestreiten.

Produkt mit vielen Nachteilen

Die Nachteile von Kapitallebensversicherungen sind beachtlich: Die Unternehmen binden ihre Vertragspartner in einem unflexiblen Versicherungsvertrag – oft über mehrere Jahrzehnte. Der Sparvorgang, der in dem Versicherungsprodukt enthalten ist, macht die Absicherung von Angehörigen teuer. Viele vereinbaren deshalb eine zu niedrige Todesfallleistung, weil sie die Beiträge für das Gesamtprodukt sonst nicht zahlen könnten.

Gleichzeitig mindert das versicherte Todesfallrisiko die Ablaufleistung, die der Kunde bekommt, wenn er das Vertragsende erlebt. Je älter der Versicherte bei Vertragsbeginn ist, desto stärker ist der Abschlag. Denn je älter ein Versicherter ist, desto teurer ist die Absicherung seines Todesfallrisikos. Hinzu kommen in den meisten Fällen hohe Kosten für Verwaltung und Vertrieb, die ein Kunde kaum erkennen kann. Wer vor allem sparen will, ist mit einer Kapitallebensversicherung also nicht gut bedient.

Über das Kapitalwahlrecht haben Kunden auch hier die Möglichkeit, zum Vertragsende eine Einmalzahlung zu wählen und diese entsprechend zu versteuern. Sie können es aber eben auch bei der für sie steuerlich günstigen lebenslangen Rentenzahlung belassen.

IMMOBILIEN

Rund die Hälfte des Privatvermögens der Bundesbürger steckt in Gebäuden und Grundstücken im Wert von mehr als 4 Billionen Euro. Das sogenannte Betongold gilt als feste Burg für die Altersvorsorge. Als klassische Sachwertanlagen schützen Immobilien zumindest teilweise vor einem Vermögensverlust durch Geldentwertung. Die Finanzkrise haben Hauseigentümer in Deutschland weitgehend ungeschoren überstanden. Für eine Immobilie sprechen außerdem die derzeit niedrigen Zinsen. Sie machen den Bau oder Kauf der eigenen vier Wände für viele erst erschwinglich.

Gegenüber vergleichsweise einfachen Anlagen wie Sparkonten, festverzinslichen Wertpapieren oder Investmentfonds weist die Investition in Immobilien eine Reihe von Besonderheiten auf:

- Kreditfinanzierung: Üblicherweise muss der Großteil der Kosten auf Kredit finanziert werden. Ein solider Grundstock an Eigenkapital sollte aber vorhanden sein. Denn je höher der Kreditanteil, desto größer sind auch die Risiken.
- Hoher Aufwand: Bauen oder Kaufen fordert hohen persönlichen Einsatz. Viel Zeit muss sich der Käufer vor allem für die Suche der geeigneten Immobilie nehmen. Selbst für Experten ist es nicht einfach, den Wert eines Hauses oder einer Wohnung zu beurteilen. Transparente Preise wie an den Wertpapierbörsen gibt es auf dem Immobilienmarkt nicht. Auf eine gründliche Marktrecherche und die Besichtigung möglichst vieler Objekte sollte kein Immobilienkäufer verzichten. Auch der Abschluss von Bau-, Kauf- und Kreditverträgen erfordert Sorgfalt und Geduld. Fehler beim Kauf lassen sich hinterher nicht oder nur mit erheblichen Verlusten korrigieren. Und schließlich muss sich ein Immobilienbesitzer um die laufende Bewirtschaftung und Instandsetzung kümmern – oder dafür gegen Entgelt eine professionelle Hausverwaltung beauftragen.
- Unflexibel: Immobil heißt unbeweglich – und das ist auch der treffende Ausdruck für die mangelnde Flexibilität einer Immobilie als Geldanlage. Von einem Haus kann sich der Eigentümer nicht so leicht trennen. In der Regel dauert es länger als ein halbes Jahr, bis ein Käufer gefunden, der Kaufvertrag abgeschlossen und das Geld auf dem Konto ist. Und je schneller der Eigentümer verkaufen will oder muss, desto eher ist damit zu rechnen, dass ihm der Verkauf nur mit Preiseinbußen gelingt. Vor allem für junge Leute, die beruflich mobil bleiben wollen oder müssen, kann die eigene Immobilie zum Klotz am Bein werden. Eine Immobilie lässt sich auch nicht wie viele andere Anlagen aufteilen und nach und nach zu Geld machen. Wer in Immobilien investiert, sollte deshalb sicher sein, dass er sein Geld mindestens für die nächsten zehn Jahre nicht benötigt. Besser ist ein Anlagehorizont von 20 Jahren und länger.

Das selbst genutzte Eigenheim

Der Wunsch nach größerem persönlichen Freiraum, die Sicherheit vor einer Wohnungskündigung und das Gefühl, nur als Eigentümer wirklich Herr im eigenen Haus zu sein, beeinflussen Bauwillige und Wohnungskäufer oft mehr als rein finanzielle Überlegungen. Zunehmend rückt aber auch die Bedeutung der eigenen vier Wände für die Altersvorsorge in den Vordergrund. Wer mietfrei wohnt, kann Einkommenseinbußen im Rentenalter oft ohne größere Abstriche am Lebensstandard verkraften. Doch bevor es so weit ist, ist oft ein finanzieller Kraftakt nötig.

Eigenkapital als Grundstock

Bauherren und Wohnungskäufer sollten in der Regel über ein Eigenkapital in Höhe von mindestens 20 Prozent der Baukosten oder des Kaufpreises verfügen – und zusätzlich über das nötige Geld für Nebenkosten. So fallen beim Kauf eines Hauses 3,5 Prozent (in Berlin und Hamburg 4,5 Prozent) des Kaufpreises an Grunderwerbsteuer und rund 1,5 Prozent für Notar- und Grundbuchgebühren an. Dazu kommt eventuell noch eine Maklerprovision von 3,6 bis 7,1 Prozent. Insgesamt müssen Käufer mit mindestens 5 bis 12 Prozent Nebenkosten rechnen.

Je mehr Eigenkapital, desto besser. Wer weniger Fremdmittel aufnehmen muss, hat nicht nur eine geringere monatliche Belastung, er ist auch vor Zinserhöhungen nach Ablauf der ersten Zinsbindung besser geschützt. Außerdem ist das Eigenkapital ein wichtiger Sicherheitspuffer für den Fall, dass der Eigentümer sein Haus nach einigen Jahren wieder verkaufen muss. Ohne Eigenkapital besteht das Risiko, dass der Verkaufserlös nicht zur Schuldentilgung ausreicht und der Exeigentümer auch nach dem Verkauf noch auf einem hohen Schuldenberg sitzt.

Genauso wichtig wie Eigenkapital ist ein ausreichendes Einkommen, um die Kredit- und Bewirtschaftungskosten für das Eigenheim langfristig zu tragen. Diese Ausgaben werden anfangs oft deutlich über der bisherigen Miete liegen. Zudem

EIGENHEIM

Geeignet für Bauherren und Käufer mit einem Eigenkapital von mindestens 20 bis 30 Prozent des Kaufpreises und ausreichend hohem und gesichertem Einkommen.

- ➔ **Renditechance**
- ↗ **Sicherheit**
- ↘ **Flexibilität**
- ↘ **Bequemlichkeit**

fallen die Zinseinnahmen weg, die der Eigentümer zuvor durch die Anlage seines Eigenkapitals erzielt hat.

Erst im Laufe der Zeit, mit zunehmender Entschuldung, zahlt sich der Bau oder Kauf eines Eigenheims auch in barer Münze aus.

Auf die Tilgung achten

Für die Altersvorsorge ist es besonders wichtig, dass die Kredite spätestens bis zum Rentenbeginn abgezahlt sind. Wer zum Beispiel erst mit 50 Jahren baut oder kauft, muss den Kredit viel schneller tilgen und eine höhere Belastung tragen als ein 35-Jähriger, wenn er seinen Ruhestand nicht mit hohen Hypotheken belasten will.

Bauherren und Käufer sollten sich daher stets einen Finanzierungsplan erstellen lassen, aus dem die monatlichen Belastungen und die Laufzeit der Finanzierung detailliert hervorgehen.

Im Zweifel ist es besser, auf das Eigenheim zu verzichten oder ein preiswerteres Objekt zu suchen, als Projekte mit wackliger Finanzierung durchzuziehen.

WIE HOCH MUSS IHRE RATE SEIN?

Die Tabelle zeigt die Monatsrate, die Sie je nach Laufzeit für ein Darlehen in Höhe von 100 000 Euro zahlen müssen.[1] Mithilfe des Tilgungssatzes können Sie die Rate für beliebige Darlehenssummen berechnen.

Beispiel: Die Darlehenssumme ist 140 000 Euro. Bei einer Laufzeit von 25 Jahren und 5,0 Prozent Zinsen beträgt der Tilgungssatz laut Tabelle 2,02 Prozent. Die Monatsrate beträgt 140 000 Euro x (5,00 + 2,02): 1 200 = 819 Euro.

Kreditlaufzeit (Jahre)	**Zinssatz 4 Prozent**		**Zinssatz 5 Prozent**		**Zinssatz 6 Prozent**	
	Monatsrate (Euro)	**Tilgung** (Prozent)	**Monatsrate** (Euro)	**Tilgung** (Prozent)	**Monatsrate** (Euro)	**Tilgung** (Prozent)
10	1 012	8,15	1 061	7,73	1 110	7,32
15	740	4,88	791	4,49	844	4,13
20	606	3,27	660	2,92	716	2,60
25	528	2,33	585	2,02	644	1,73
30	477	1,73	537	1,44	600	1,19
35	443	1,31	505	1,06	570	0,84

1) Bei 100 Prozent Auszahlung und monatlicher Zins- und Tilgungsverrechnung.

INFO **Vorsicht niedrige Tilgung**

Viele Banken bieten ihre Immobilienkredite mit einer Anfangstilgung von nur 1 Prozent an. Das führt zu verlockend niedrigen Raten. Doch bei niedrigen Zinsen reichen 1 Prozent Tilgung nicht für eine solide Finanzierung aus. Mit dieser Minitilgung dauert es bei einem Zinssatz von beispielsweise 4 Prozent mehr als 40 Jahre, bis der Eigentümer schuldenfrei ist. Und weil sich die Schulden nur im Schneckentempo verringern, droht am Ende der ersten Zinsbindung ein kräftiger Ratenanstieg, falls die Zinsen am Kapitalmarkt steigen.

Das Eigenheim als Geldanlage

Rein finanziell betrachtet, ist der Kauf eines Eigenheims nur eine Geldanlage unter vielen. Statt Geld in die selbst genutzte Immobilie zu investieren, könnte man auch weiter zur Miete wohnen und das Eigenkapital zum Beispiel in Anleihen oder Fonds anlegen, um sich ein Polster fürs Alter zu schaffen. Den Vergleich mit anderen Geldanlagen braucht das Eigenheim aber nicht zu scheuen. Der Ertrag setzt sich aus folgenden Faktoren zusammen:

- Mietersparnis: Eigentümer sparen die Miete, die sie als Mieter einer vergleichbaren Wohnung heute und in Zukunft zahlen müssten. Da die Mieten langfristig nach aller Erfahrung steigen, ist ein wachsender Ertrag programmiert. Steigen die Mieten zum Beispiel um durchschnittlich 1,5 Prozent pro Jahr, wächst eine ersparte Monatsmiete von anfänglich 800 Euro nach 25 Jahren auf 1 161 Euro. Bei 3 Prozent Mietsteigerung spart der Eigentümer nach 25 Jahren monatlich 1 675 Euro.
- Wertsteigerung: Eigentümer, die ihre Immobilie zu einem angemessenen Preis kaufen und gut in Schuss halten, können damit rechnen, dass deren realer Wert langfristig weitgehend erhalten bleibt. Die Inflation wird daher zumindest teilweise durch einen steigenden Geldwert aufgefangen. Allerdings gilt das nur im groben Durchschnitt. Die Wertentwicklung der einzelnen Immobilie ist auch stark von ihrer Lage und von der wirtschaftlichen Entwicklung der Region abhängig. In strukturschwachen Regionen mit anhaltendem Bevölkerungsschwund müssen Käufer mit Wertverlusten rechnen.
- Steuervorteil: Die eigenen vier Wände bieten einen oft unterschätzten Zusatzvorteil: Die Mietersparnis und eine eventuelle Wertsteigerung sind steuerfrei. Zinsen, Dividenden und seit 2009 auch Kursgewinne einer alternativen Geldanlage sind dagegen steuerpflichtig, sobald sie den Sparerpauschbetrag (801/1 602 Euro für Ledige/Ehepaare) übersteigen. Eine steuerfreie Mietersparnis von 4 Prozent des Immobilienwerts entspricht dann immerhin einer Vorsteuer-Verzinsung einer anderen Geldanlage von 5,33 Prozent – voraus-

TIPP

Zuschüsse und günstige Kredite vom Staat

Bauherren und Wohnungskäufer können oft mehrere Förderquellen für ihr Eigenheim anzapfen. Staatliche Zuschüsse und Darlehen machen den Bau oder Kauf der eigenen vier Wände mitunter überhaupt erst möglich.

- Wohn-Riester: Wer für sein Eigenheim ein spezielles Riester-Darlehen abschließt, bekommen für die Tilgung die gleichen Zulagen und Steuervorteile wie für einen Riester-Sparvertrag. Außerdem lässt sich das Guthaben auf einem Riester-Sparvertrag als Eigenkapital für die Finanzierung der eigenen vier Wände einsetzen. Obwohl das Finanzamt im Alter Steuern auf die geförderten Beträge erhebt, bleibt unterm Strich ein dickes Plus (siehe Seite 75).
- KfW-Kredite: Günstige Darlehen und Zuschüsse für die Finanzierung von Eigenheimen und Modernisierungen vergibt die staatliche KfW-Bank. Besonders günstig sind die Konditionen für eine energiesparende Sanierung von Altbauten und für den Bau energieeffizienter Häuser. Die Kredite vergibt die KfW-Bank nicht direkt, sondern nur über Banken und Sparkassen. Detaillierte Informationen zu den KfW-Programmen gibt es im Internet unter www.kfw.de oder vom KfW-Infotelefon (0 18 01/33 55 77).
- Länderförderung: Die meisten Bundesländer fördern den Bau oder Kauf eines Eigenheims mit Zuschüssen oder zinsvergünstigten Darlehen. Der Kreis der Förderberechtigten ist häufig eingeschränkt. Zielgruppen sind oft Familien mit Kindern. Meist gelten Einkommensgrenzen. Die Förderprogramme der Bundesländer, Kontaktadressen und einen Förderrechner finden Sie im Internet unter www.baufoerderer.de.
- Kommunen: Städte und kleinere Gemeinden locken Bauwillige oft mit günstigen Baugrundstücken oder Baukostenzuschüssen. Informationen gibt die Gemeindeverwaltung.
- Erneuerbare Energien: Hausbesitzer, die sich für eine Solaranlage, einen Holzpelletkessel oder eine Wärmepumpe entscheiden, bekommen Zuschüsse vom Bundesamt für Wirtschaft und Ausfuhrkontrolle. Informationen gibt es im Internet unter www.bafa.de oder Tel. 061 96/90 86 25.

gesetzt, es bleibt bei der Abgeltungsteuer von 25 Prozent der Kapitaleinkünfte.

- Förderung: Der Staat fördert den Bau, Kauf und die Modernisierung von Eigenheimen mit Zulagen, günstigen Krediten und Zuschüssen (siehe Kasten oben). Die Förderung fällt je nach Immobilienprojekt und persönlichen Verhältnissen sehr unterschiedlich aus, kann sich aber auf mehrere zehntausend Euro summieren. Vor allem der neue Wohn-Riester macht die Finanzierung um viele tausend Euro billiger (siehe Seite 75).

Berechnungen von Finanztest zeigen: Der Bau oder Kauf eines Eigenheims ist gerade in Zeiten niedriger Zinsen attraktiv. Eigentümer habe gute Chancen, dass sie auf Dauer mit den eigenen vier Wänden besser abschneiden als der Mieter einer vergleichbaren Wohnung (siehe Beispielrechnung Seite 176).

Dennoch sollte jeder sorgfältig kalkulieren, ob sich der Bau oder Kauf für ihn lohnt. Entscheidend sind:

- die Baukosten oder der Kaufpreis einschließlich aller Nebenkosten,
- die Miete für ein vergleichbares Objekt,
- Annahmen über künftige Miet- und Wertsteigerungen,
- das Einkommen und das vorhandene Eigenkapital,
- die Zinsen für Hypothekendarlehen und
- die Höhe der staatlichen Förderung.

Der Bau oder Kauf eines Eigenheims ist zudem mit erheblichem Aufwand verbunden. Das fängt schon bei der Planung an, zum Beispiel bei der Entscheidung über die optimale Grundstücks- und Wohnungsgröße, den Zuschnitt und die Lage des Objekts. Anders als ein Mieter muss sich ein Eigentümer um die Bewirtschaftung des Hauses selbst kümmern – von der Gebäudeversicherung über Straßenreinigung und Müllabfuhr bis hin zur Instandhaltung. Grob gerechnet kommen monatliche Bewirtschaftungskosten von insgesamt 2 bis 3 Euro pro Quadratmeter Wohnfläche auf den Eigentümer zu. Bei einer Mietwohnung wird allerdings der Großteil dieser Kosten üblicherweise auf den Mieter umgelegt.

Im Vergleich zu einem Mieter entstehen dem Eigentümer daher nur Mehrkosten für die Instandhaltung seines Hauses. Das sind je nach Alter und baulichem Zustand jährlich meist zwischen 6 und 12 Euro pro Quadratmeter Wohnfläche. Wer eine Eigentumswohnung kauft, muss zusätzlich 200 bis 270 Euro im Jahr für die Hausverwaltung zahlen.

Finanzierung mit Risiko

Das Eigenheim ist eine relativ sichere Geldanlage. Zwar gibt es auch auf dem Immobilienmarkt Wertschwankungen, sie fallen jedoch sehr viel niedriger aus als beispielsweise auf dem Aktienmarkt.

Im Einzelfall kann der Bau oder Kauf eines Eigenheims aber erhebliche Risiken bergen. Das gilt vor allem, wenn die Finanzierung von Anfang an auf tönernen Füßen steht. Bei niedrigem oder ungesichertem Einkommen und zu geringem Eigenkapital verwandelt sich der Traum von den eigenen vier Wänden schnell in einen Albtraum. Kann der Eigentümer die Raten nicht mehr zahlen, droht nicht nur der Verlust des Hauses. Oft bleibt ein hoher Schuldenberg, weil der Verkaufs- oder Versteigerungserlös nicht zur Rückzahlung der Kredite ausreicht. Chancen und Risiken hängen nicht zuletzt vom konkreten Objekt ab. Durch eine sorgfältige Aus-

TIPP Kaufen oder Mieten im Vergleich

Ein Vermögensvergleich zwischen Käufern von Wohneigentum und Mietern zeigt, ob sich der Kauf einer selbst genutzten Immobilie lohnt. Beim Käufer entspricht das Vermögen dem Wert der Immobilie abzüglich der Restschuld aus dem Kredit. Der Mieter erzielt sein Vermögen aus der Geldanlage auf dem Kapitalmarkt.

Folgende Annahmen haben wir in unserem Beispiel getroffen:

- Eigentumswohnung: 100 Quadratmeter, Preis 180 000 Euro, 10 000 Euro Nebenkosten für Notar, Grunderwerbsteuer und mehr, Wertsteigerung 1 Prozent pro Jahr.
- Mietersparnis: 7 500 Euro jährlich (750 Euro Vergleichsmiete im Monat, mal 12, abzüglich 1 500 Euro Instandhaltungs- und Verwaltungskosten pro Jahr), die Kosten steigen jährlich um 1 Prozent.
- Eigenkapital: 50 000 Euro.
- Finanzierung: Darlehen über 140 000 Euro, Zinssatz 5 Prozent für die gesamte Laufzeit, Tilgung 2 Prozent.
- Geldanlage zum Vergleich: Anlage des Eigenkapitals von 50 000 Euro und der Differenz zur Mehrbelastung des Käufers zu 4 Prozent vor Steuern.

Ergebnis: Nach elf Jahren steht der Käufer besser da als der Mieter, nach 20 Jahren ist sein Vermögen bereits um 27 500 Euro größer. Doch Vorsicht: Das Ergebnis hängt von den getroffenen Annahmen ab. Ohne Wertsteigerung wäre der Eigentümer erst nach 25 Jahren im Vorteil. Und wenn dann noch die Vergleichsmiete statt 750 nur 650 Euro im Monat beträgt, würde sich der Kauf der Wohnung gar nicht mehr rechnen. Unter www.test.de/rechner finden Sie einen Eigenheimrechner, mit dem Sie selbst berechnen können, ob und unter welchen Voraussetzungen sich der Bau oder Kauf für Sie finanziell lohnt.

Jahr	Ersparte Miete	Kreditrate	Mehrbelastung[1]	Wert Immobilie	Restschuld	Vermögen Käufer	Vermögen Mieter	Vorteil/ Nachteil Käufer
0				180 000	140 000	40 000	50 000	– 10 000
5	7 805	9 800	1 995	189 182	124 528	64 654	71 521	– 6 867
10	8 203	9 800	1 597	198 832	104 782	94 050	94 398	– 348
15	8 621	9 800	1 179	208 974	79 580	129 394	118 742	10 652
20	9 061	9 800	739	219 634	47 415	172 219	144 676	27 543
25	9 523	9 800	277	230 838	6 364	224 474	172 337	52 137
30	10 009	0	– 10 009	242 613	0	242 613	157 368	85 245

1) Kreditrate abzüglich Mietersparnis.

TIPP **Das sollten Sie bei der Finanzierung Ihres Hauses beachten**

- **Eigenkapital.** Setzen Sie für die Eigenheimfinanzierung so viel Eigenkapital ein wie möglich. Für unvorhergesehene Ausgaben sollten Sie eine verfügbare Reserve von drei bis sechs Nettomonatsgehältern behalten.
- **Zinsbindung.** Sichern Sie sich niedrige Zinsen langfristig. In einer Niedrigzinsphase ist eine Zinsbindung von mindestens zehn Jahren zu empfehlen. Bei vielen Banken lassen sich Zinsen auch für 15 oder 20 Jahre festschreiben. Kredite mit so langer Zinsbindung können Sie nach 10 Jahren mit einer Frist von 6 Monaten kündigen.
- **Tilgung.** Nutzen Sie das niedrige Zinsniveau zu einer höheren Tilgung als 1 Prozent. Eine Minitilgung führt zu einem langsamen Schuldenabbau und einer Kreditlaufzeit bis über 35 Jahren.
- **Ratenänderung.** Achten Sie auf Angebote, bei denen Sie die Rate während der Zinsbindung ändern können. Dann lässt sich Ihre Finanzierung bei verändertem Einkommen anpassen.
- **Sondertilgung.** Versuchen Sie, sich im Kreditvertrag das Recht auf Sondertilgungen während der Zinsbindung zu sichern. Jährliche Sondertilgungen bis zu 5 oder 10 Prozent der Kreditsumme sind oft ohne Zinsaufschlag möglich.
- **Finanzierungsplan.** Lassen Sie sich einen langfristigen Finanzierungsplan erstellen. Bestehen Sie darauf, dass die Bank für die Zeit nach Ablauf der ersten Zinsbindung eine Zinserhöhung auf 7 bis 8 Prozent einkalkuliert. So können Sie mögliche Zinsrisiken erkennen.
- **Vergleich.** Holen Sie sich mehrere Kreditangebote ein. Bei den meist hohen Darlehenssummen und langen Laufzeiten summieren sich bereits Zinsunterschiede von wenigen Zehntel Prozentpunkten zu vielen tausend Euro.
- **Effektivzins.** Vergleichen Sie Kreditangebote mit gleicher Zinsbindung anhand des Effektivzinses. Achten Sie zusätzlich auf eventuelle Schätzkosten und Bereitstellungszinsen, die nicht im Effektivzins enthalten sind.

wahl der Immobilie und des Standorts lassen sich die größten Gefahren vermeiden (siehe Tipps oben).

Die vermietete Eigentumswohnung

Bei Anlegern, die in Immobilien investieren und nicht auf Immobilienfonds setzen, sind Eigentumswohnungen am beliebtesten. Der Grund ist einfach: Ein ganzes Mietshaus oder eine vermietete Gewerbeimmobilie zu kaufen, übersteigt die Finanzkraft der meisten erheblich.

Makler und Verkäufer preisen vermietete Eigentumswohnungen als ideale Altersvorsorge. Ihr Argument: Durch Mieteinnahmen, Steuervorteile und Wertsteigerungen der Immobilie bauen Anleger mit geringem Kapitaleinsatz langfristig ein hohes Vermögen auf, das ihnen im Alter eine attraktive Zusatzrente beschert.

Diese Rechnung ist für viele Käufer von Eigentumswohnungen nicht aufgegangen. In den 1990er-Jahren ließen sich Hunderttausende Anleger überteuerte Wohnungen als scheinbar lukrative Steuersparmodelle andrehen. Statt Überschüsse zu kassieren, mussten sie kräftig zuschießen, weil Mieten und Steuervorteile niedriger ausfielen als versprochen und bei Weitem nicht reichten, um die Kredit- und Bewirtschaftungskosten zu decken (siehe Seite 182). Kein Wunder, dass der einstige Ruf von Eigentumswohnungen als rentable und sichere Kapitalanlage heute reichlich ramponiert ist. Doch aus den Fehlern lässt sich lernen.

Die wichtigste Lektion: Steuervorteile und die Spekulation auf Wertsteigerungen dürfen bei Immobilien nie im Vordergrund stehen. Wichtiger sind ein günstiger Kaufpreis, dauerhaft erzielbare Mieten und langfristig niedrige Kreditzinsen.

Mindestes 20 Prozent Eigenkapital

Die Anlagesumme hängt in erster Linie vom Preis der Wohnung ab. Zwar bieten Banken häufig Kredite bis zu 90 Prozent oder sogar bis zur vollen Höhe des Kaufpreises an. Doch hier sollten Anleger vorsichtig sein. Denn je höher der Fremdkapitalanteil, desto höher ist auch das Risiko. Auch Kapitalanleger sollten in der Regel mindestens 20 Prozent des Kaufpreises und zusätzlich die Kaufnebenkosten aus eigenen Mitteln aufbringen. Das senkt die Höhe des benötigten Darlehens und damit die Zinsen. Und es bleibt Luft für eine ausreichende Tilgung, um den Kredit bis zum Beginn des Rentenalters abzuzahlen. Schließlich sollen die Mieteinnahmen später die Rente aufbessern und nicht durch die Kreditraten aufgezehrt werden.

FAUSTREGEL: NETTOMIETE SOLLTE ZINSEN DECKEN

Die Netto-Mieteinnahmen – das sind die Mieten abzüglich Instandhaltungs- und Verwaltungskosten – sollten zumindest ausreichen, um die laufenden Zinsen zu decken. Im Idealfall reicht die Nettomiete für Zins und Tilgung aus oder führt bereits von Anfang an zu Überschüssen. Vorsichtige Anleger setzen sogar 30 bis 50 Prozent Eigenkapital ein.

Von der Miete zur Rendite

Die Rendite einer vermieteten Eigentumswohnung setzt sich aus drei Faktoren zusammen:

- Nettomietrendite: Sie gibt an, wie viel Prozent der Investitionskosten der Anleger über die Jahresmiete wieder hereinholt. Berechnet wird sie als Verhältnis des Jahresreinertrags (Jahreskaltmiete abzüglich Verwaltungs- und Instandhaltungskosten) zu den Gesamtkosten der Immobilie (Kaufpreis plus Nebenkosten). Um die anfängliche Nettomietrendite zu ermitteln, müssen Anleger zunächst die Kaufnebenkosten auf den Immobilienpreis aufgeschlagen. Das sind mindestens 5 Prozent für Grunderwerbsteuer und Notar und, falls ein Makler eingeschaltet ist, noch einmal 3 bis 7 Prozent Maklercourtage. Außerdem müssen Anleger die Kaltmiete um die Kosten kürzen, die sie nicht auf den Mieter umlegen können. Darunter fallen die Verwaltervergütung von meist 200 bis 270 Euro im Jahr und die laufenden Instandhaltungskosten, die je nach Alter und Zustand der Immobilie meist mit 6 bis 12 Euro pro Quadratmeter Wohnfläche zu Buche schlagen.

- Wertsteigerungen: Langfristig können Immobilieneigentümer damit rechnen, dass der Geldwert ihrer Immobilie steigt. Eine Garantie dafür gibt es allerdings nicht. Auch auf dem Immobilienmarkt gibt es Schwankungen. Es kann also auch eine Zeit lang nach unten gehen. Die Chance auf Wertsteigerungen hängt außerdem stark von den wirtschaftlichen Entwicklungsperspektiven der Region ab.
- Steuervorteile: Vermieter können die Anschaffungs- oder Herstellungskosten des Gebäudes steuerlich abschreiben. Den Abschreibungen steht aber meist kein tatsächlicher Wertverlust gegenüber (siehe Kasten Seite 181).

Welche Rendite der Anleger erzielt, hängt in hohem Maß vom einzelnen Objekt und der ungewissen künftigen Mietentwicklung ab. Bei guten Anlageobjekten sind Nachsteuerrenditen über 5 Prozent drin. Das ist vor allem für Anleger interessant, die bereits ihren Sparerpauschbetrag ausgeschöpft haben.

Für die Entscheidung zwischen Eigentumswohnungen, die hinsichtlich Wohn- und Verkehrslage, Größe, Baujahr und Ausstattung vergleichbar sind, ist die anfängliche Netto-Mietrendite das wichtigste Auswahlkriterium. Sie sollte mindestens 4 Prozent betragen. Sonst rechnet sich die Wohnung nur mit relativ hohen Wert- und Mietsteigerungen in der Zukunft, über die sich heute nur spekulieren lässt.

Wichtig ist, dass sich Anleger selbst ein genaues Bild über die erzielbare Miete machen. Eine meist zuverlässige Informationsquelle ist der örtliche Mietspiegel, aber auch ein Studium der Wohnungsanzeigen im Internet und in Tageszeitungen ist zu empfehlen. Auf Angaben des Verkäufers sollten sich Anleger dagegen ebenso wenig verlassen wie auf befristete Mietgarantien. Letztere sollen oft nur darüber hinwegtäuschen, dass die versprochene Miete langfristig gar nicht am Markt durchsetzbar ist.

Risiken beachten

Eigentumswohnungen gelten als eine solide und wertbeständige Geldanlage. Doch in der Vergangenheit sind vielen Anlegern auch hohe Verluste durch einen Wohnungskauf entstanden. Chancen und Risiken hängen eben stark vom einzelnen Ob-

VERMIETETE EIGENTUMSWOHNUNG

Nur geeignet für langfristig orientierte Anleger, die bereits über einen Vermögensgrundstock verfügen und bereit sind, Zeit zu investieren.

- ➔ **Renditechance**
- ➔ **Sicherheit**
- ↘ **Flexibilität**
- ↓ **Bequemlichkeit**

jekt und nicht zuletzt von der individuellen Vermögens- und Einkommenssituation des Eigentümers ab:

- Objektrisiko: Eine Eigentumswohnung muss nachhaltig vermietbar sein, also dem gegenwärtigen und künftigen Wohnbedarf von Mietinteressenten möglichst optimal entsprechen. Ein schlechter Standort oder ein unattraktives Wohnumfeld gefährden die Mieteinnahmen in der Zukunft. Anleger sollten die Immobilie und die Umgebung daher sorgfältig unter die Lupe nehmen – am besten mehrfach und zu unterschiedlichen Tageszeiten. Verdeckte Schäden am Gebäude können unerwartet hohe Instandhaltungskosten verursachen. Vor allem bei Altbauten ist es daher ratsam, einen Sachverständigen mit zur Besichtigung zu nehmen. Besonders wichtig ist, dass der Kaufpreis stimmt. Wer heute zu teuer kauft, bekommt bei einem späteren Wiederverkauf seine Einstandskosten häufig nicht mehr zurück.
- Marktrisiko: Auch bei den Immobilienpreisen und den Mieten geht es nicht immer nur nach oben. Auf Boomphasen folgen oft Jahre der Stagnation oder Preisrückgänge. Anleger brauchen deshalb finanzielle Reserven, um nicht in die Lage zu kommen, in einer ungünstigen Marktsituation verkaufen zu müssen. Außerdem hängt die Wertentwicklung stark vom Standort der Immobilie ab. So wird die Wohnungsnachfrage entscheidend davon bestimmt, dass es für die Menschen in der Region qualifizierte Arbeitsplätze und gute Berufsperspektiven gibt. In strukturschwachen Regionen mit sinkender Bevölkerung sind spätere Schwierigkeiten beim Verkauf einer Immobilie schon heute absehbar.
- Finanzierungsrisiko: Je höher der Anteil der Kredite an den Gesamtkosten, desto höher ist das Risiko des Anlegers. Denn die Raten für Zins und Tilgung muss er auch zahlen, wenn zum Beispiel die Mieteinnahmen geringer oder Instandhaltungskosten höher ausfallen als geplant. Zudem können Kreditbelastungen nach Ablauf der ersten Zinsbindung steigen.
- Mietausfallrisiko: Auch bei sorgfältiger Mieterauswahl ist ein Vermieter vor Mietausfällen nicht hundertprozentig geschützt. Er sollte deshalb in der Lage sein, zumindest vorübergehende Mietausfälle jederzeit zu verkraften. Vorsichtige Anleger rechnen sich aus, ob sie notfalls den Ausfall einer kompletten Jahresmiete einschließlich der Betriebskostenumlage verkraften können.

Viel Aufwand für Kauf und Verwaltung

Für bequeme Geldanleger kommt eine Eigentumswohnung kaum infrage. Schon der Kauf ist mit hohem persönlichen Auf-

INFO Steuerregeln für Vermieter

Wer eine Immobilie vermietet, erzielt steuerpflichtige Einkünfte aus Vermietung und Verpachtung. Vermieter müssen daher mit ihrer Steuererklärung eine Überschussrechnung abgeben, in der sie Mieteinnahmen einschließlich Umlagen den Werbungskosten gegenüberstellen.
Dieser Teil der Steuererklärung ist für Vermieter meist eine lohnende Angelegenheit. Denn in den ersten Jahren nach dem Bau oder Kauf liegen die Werbungskosten durch Abschreibungen und Kreditzinsen oft deutlich höher als die Mieteinnahmen. Der Anleger schreibt steuerlich Verluste, die er mit seinen übrigen Einkünften verrechnen kann. Dadurch spart er Steuern. Erst mit zunehmender Entschuldung und steigenden Mieteinnahmen wird die steuerliche Gewinnzone erreicht. Aber zumindest ein Teil der Mieteinnahmen bleibt durch die Abschreibung weiterhin steuerfrei.

Die wichtigsten Werbungskosten

- Abschreibungen: Immobilienanleger können 50 Jahre lang jährlich 2 Prozent der Gebäudeanschaffungskosten (inklusive Nebenkosten) absetzen. Für Altbauten mit Baujahr bis 1924 beträgt die Abschreibung 40 Jahre lang je 2,5 Prozent. Die Abschreibung steht Eigentümern nur für die Gebäudekosten, nicht aber für Kosten des Grund und Bodens zu. Bei Eigentumswohnungen müssen daher die anteiligen Grundstückskosten – meist 10 bis 30 Prozent – von den Gesamtkosten abgezogen werden.
- Sonderabschreibungen: Ausgaben für die Sanierung von Baudenkmälern und Gebäuden in Sanierungsgebieten können Eigentümer in nur zwölf Jahren abschreiben. In den ersten acht Jahren erkennt das Finanzamt jeweils 9 Prozent, in den restlichen vier Jahren je 7 Prozent der Sanierungskosten an.
- Instandhaltungs-, Betriebs- und Verwaltungskosten: Zum Beispiel Ausgaben für Reparaturen, das Haus- oder Wohngeld für die Betriebskosten sowie die Verwaltervergütung.
- Finanzierungskosten: Das Finanzamt erkennt die laufenden Zinsen sowie einmalige Kosten wie ein Disagio (Abschlag vom Darlehen), Bearbeitungs- und Wertermittlungsgebühren sowie Notar- und Grundbuchgebühren für die Grundschuldbestellung an. Nur die Tilgung des Darlehens zählt nicht.

Veräußerungsgewinne

Erzielt der Eigentümer beim Verkauf einen Wertgewinn, bleibt dieser ebenfalls steuerfrei, wenn zwischen An- und Verkauf mindestens zehn Jahre liegen.
Wer vorher verkauft, muss den Gewinn voll versteuern. Achtung: Die Spekulationssteuer kann selbst dann anfallen, wenn der Verkaufspreis unter dem Kaufpreis liegt. Denn das Finanzamt zieht die vom Anleger bisher in Anspruch genommenen Abschreibungen vom Kaufpreis ab. Der Veräußerungsgewinn wird dann als Differenz zwischen Verkaufserlös und dem um die Abschreibungen reduzierten Kaufpreis (inklusive Nebenkosten) ermittelt.

INFO Wie sich Eigentumswohnungen rechnen

Ob sich eine Eigentumswohnung lohnt, können Anleger mit dem Finanztest-Rechner im Internet nachvollziehen (www.test.de/rechner). Beispiel:
Anleger: Ehepaar, zu versteuerndes Jahreseinkommen 80 000 Euro.
Objekt: Zweizimmerwohnung, Kaufpreis 100 000 Euro, davon 80 000 Euro Gebäude, 20 000 Euro Grundstücksanteil, dazu 6 000 Euro Kaufnebenkosten.
Miete: Die Nettokaltmiete 5 500 Euro im Jahr (458 Euro im Monat). Für Verwaltung fallen 250 Euro, für Instandhaltung 750 Euro pro Jahr an.
Finanzierung: Eigenkapital 36 000, Darlehen 70 000 Euro, Zins 5 Prozent fest für 20 Jahre, Tilgung 2 Prozent.
Prognosen: Miet- und Kostensteigerung jährlich 1,0 Prozent. Nach 20 Jahren Verkauf zum 18-fachen der Jahreskaltmiete, das sind 119 600 Euro.
Ergebnis: Anleger legt anfangs 36 000 Euro an, schießt dann jährlich zwischen 150 und 300 Euro zu. Durch Tilgung des Kredits und Wertsteigerungen der Immobilie baut er Vermögen auf (siehe Investitionsplan unten). Verkauft er sie nach 20 Jahren für 119 600 Euro, hat er mit seinem eingesetzten Kapital eine Rendite von 4,70 Prozent nach Steuern erzielt. Gelingt der Verkauf nur zum 15-fachen der künftigen Jahresmiete (Verkaufspreis 99 670 Euro), würde die Rendite nach Steuern auf 3,45 Prozent sinken. Bei höherer Mietsteigerung ist dagegen mehr Rendite drin.

INVESTITIONSPLAN FÜR VERMIETETE IMMOBILIE

Jahr	Mieteinnahmen[1] (Euro)	Nicht umlegbare Kosten[2] (Euro)	Jahresreinertrag[3] (Euro)	Kreditrate (Euro)	Restschuld (Euro)	Steuern[4] (Euro)	Überschuss[5] (Euro)
0					70 000		– 36 000
1	5 500	1 000	4 500	4 900	68 600	–250	–150
5	5 723	1 041	4 683	4 900	62 264	–76	–141
10	6 015	1 094	4 922	4 900	52 391	180	–158
15	6 322	1 149	5 173	4 900	39 790	488	–215
20	6 645	1 208	5 436	4 900	23 708	866	95 566

1) Nettokaltmiete ohne Betriebskosten.
2) Verwaltungs- und Instandhaltungskosten.
3) Mieteinnahmen abzüglich nicht umlegbarer Kosten.
4) Negatives Vorzeichen = Steuerersparnis.
5) Unterdeckungen tragen ein negatives Vorzeichen. Im 20. Jahr ist ein Verkauf zum 18-fachen der Jahresmiete und die Rückzahlung der Kreditschuld berücksichtigt.

wand verbunden. Auch um die laufende Verwaltung seiner Wohnung muss sich der Eigentümer kümmern.

Für die Wohnanlage ist der Verwalter zuständig, der dafür in der Regel jährlich 200 bis 270 Euro pro Wohnung verlangt. Die Mietersuche und der Abschluss des Mietvertrags sind aber normalerweise Sache des Eigentümers.

Der Vermieter muss auch in jedem Jahr die Nebenkosten mit dem Mieter abrechnen. Er muss sich außerdem bei einem Mieterwechsel um die Wohnungsabnahme und -übergabe kümmern und alle nötigen Reparatur- und Instandhaltungsarbeiten veranlassen.

SELBST KÜMMERN IST BILLIGER UND SICHERER

Es gibt Anbieter, die dem Vermieter auch diese Aufgaben abnehmen. Doch das Versprechen „Sie brauchen sich um nichts zu kümmern" kommt einen Anleger fast immer teuer zu stehen. Unter Rendite- und auch unter Sicherheitsaspekten ist es daher ratsam, Eigeninitiative rund um den Kauf und die Verwaltung einer Eigentumswohnung zu entwickeln.

Langfristig kalkulieren

Vor jeder Investition in eine Immobilie benötigen Anleger einen Investitionsplan und eine Renditeprognose für mindestens 15 bis 20 Jahre. Im Investitionsplan werden für jedes Jahr alle voraussichtlichen Ausgaben von den Einnahmen abgezogen. Aus dieser Rechnung ergibt sich für jedes Jahr der Betrag, den der Eigentümer zuschießen muss (Unterdeckung) oder an Überschüssen kassiert. In die Renditerechnung geht auch der geschätzte Verkaufserlös am Ende des Anlagezeitraums ein (siehe Beispiel im Kasten links).

Solche Rechnungen bieten eine wichtige Orientierung. Sie haben aber wie alle Prognosen einen Nachteil: Sie beruhen auf unsicheren Annahmen über die Entwicklung von Mieten, Immobilienpreisen und Hypothekenzinsen.

Anleger sollten daher stets mehrere Szenarien durchspielen, um Chancen und Risiken auszuloten. Besonders wichtig ist es, der Kalkulation vorsichtige Annahmen zugrunde zu legen. Die meisten Experten gehen davon aus, dass auf absehbare Zeit nicht mit hohen Miet- und Preissteigerungen am Immobilienmarkt zu rechnen ist. Deshalb sollten Anleger auch nur mit einer durchschnittlichen Mietsteigerung von maximal 1 bis 2 Prozent kalkulieren.

Den Wiederverkaufswert ihrer Immobilie setzen vorsichtige Anleger am besten nur mit dem 15- bis maximal 20-fachen der künftigen jährlichen Nettokaltmiete an – auch wenn heute viele Wohnungen teurer sind.

Außerdem rechnen überlegte Käufer für die Anschlussfinanzierung nach Ablauf der ersten Zinsbindung mit einer Zinserhöhung für ihre Finanzierung auf 7 bis 8 Prozent.

Solche Vorgaben schützen sie als Investoren davor, sich reich zu rechnen oder auf windige Kalkulationen hereinzufallen.

DUBIOSE ALTERSVORSORGEMODELLE

Manche Altersvorsorgeprodukte sind von vornherein nicht empfehlenswert. Das gilt zum Beispiel für geschlossene Fonds oder Beteiligungen an Unternehmen. Egal ob es sich um Wind-, Solar-, Medien-, Flugzeug-, Schiffs- oder Private-Equity-Fonds handelt – sie alle sind wegen ihrer hohen Verlustrisiken für die Altersvorsorge ungeeignet. Denn Anleger sind bei solchen Fonds als Mitunternehmer nicht nur an den Gewinnen der Gesellschaft, sondern auch an den Verlusten beteiligt.

Zertifikate sind ebenfalls keine gute Idee für die Altersvorsorge, denn sie sind meist sehr kompliziert und für Anleger kaum zu durchschauen. Zudem kann es zu einem Totalverlust kommen, wenn die herausgebende Bank pleitegeht. Dass dies durchaus möglich ist, hat die Finanzkrise gezeigt.

Auch die vermeintlich krisensichere Anlage in vermietete Immobilien als Kapitalanlage funktioniert nicht immer. Denn auf dem Markt tummeln sich viele unseriöse Anbieter. Sie versprechen Anlegern eine Immobilienrente. Einige versprechen Anlegern sogar noch zusätzliches Bargeld, wenn sie eine Immobilie kaufen.

Bluff mit Bargeld

Dubiose Anbieter bieten zum Beispiel Wohnungskäufe ohne jedes Eigenkapital an. Manche versprechen obendrein noch 50 000 Euro Bargeld. Günter Willi Girolami ist einer von ihnen. Der Geschäftsführer der IHGE Gesellschaft mbH aus Reilingen wirbt bei Menschen, die dringend Bargeld brauchen, für ein märchenhaftes Rentenmodell. Käufern, die ein bis zwei zu 100 Prozent finanzierte Eigentumswohnungen bei ihm kaufen, verspricht er 50 000 Euro bar auf die Hand.

Das Ganze kostet Käufer nur 350 Euro monatlich, die sie für Zins und Tilgung des Wohnungskredits zahlen müssen. Nach 20 Jahren, wenn die Wohnungen bezahlt sind, haben sich die Käufer des früher als Genius- und heute als Genio-Konzept bezeichneten Rentenmodells ein Kapitalvermögen von 300 000 Euro verschafft und können sich eine monatliche Privatrente von 1 200 Euro leisten.

Doch das Genio-Konzept ist wie viele andere Angebote, die Immobilienkäufern „Barliquidität sofort" versprechen, alles andere als genial. Denn meist sind die Wohnungen so überteuert, dass sich das Bargeld leicht aus dem Mehrpreis für die Immobilie bestreiten lässt.

Wohnungen meist überteuert

Die Auswirkungen aus dem überhöhten Immobilienpreis bringen den Käufer dann meist finanziell in die Bredouille. Er kann Zins und Tilgung für den Kredit nicht aus den Mieteinnahmen bezahlen. Er verliert also laufend Geld und steht am Ende vor der Wahl, Monat für Monat draufzuzahlen oder die viel zu teuer erworbene Wohnung mit Verlust zu verkaufen. Da der Verkaufspreis nicht ausreicht, um das bestehende Darlehen auszulösen, bleibt er noch auf hohen Restschulden sitzen.

Wenn Käufer die Angaben der IHGE-Gesellschaft glauben, sitzen sie also schnell in der Immobilienfalle. Denn Geschäftsführer Girolami vergleicht gerne mal Äpfel mit Birnen. In Schreiben vergleicht er die Quadratmeterpreise von gebrauchten Immobilien mit Neubauimmobilien. Dass gebrauchte Immobilien grundsätzlich weniger kosten als Neubauimmobilien, teilt er nicht mit.

So gaukelt er Käufern vor, dass er Wohnungen günstiger als andere einkauft und deshalb den Überschuss brüderlich mit seinen Kunden teilen kann.

In einem der Stiftung Warentest vorliegenden Fall wird der Preis für eine Wohnung in Hardthausen bei Heilbronn von Girolami mit einem Quadratmeterpreis von 1 858 Euro angegeben. Laut Gutachterausschuss der Gemeinde Hardthausen

WIE DUBIOSE ANBIETER RECHNEN

Kauf einer vermieteten Eigentumswohnung, ehemalige Sozialwohnung, 44 Quadratmeter für 60 000 Euro in Bielefeld.	
Vollfinanzierung durch die Bank (bei notariell beurkundetem Kaufpreis von 59 400 Euro)	60 000 Euro
Ortsüblicher Marktpreis	32 000 Euro
Überschuss	**28 000 Euro**
Verwendung des Überschusses für	
1. Kaufnebenkosten (Grunderwerbsteuer, Notar- und Grundgebühren)	4 000 Euro
2. Bargeldrückfluss an den Käufer (Kickback)	4 000 Euro
3. Vermittlerprovision	8 000 Euro
4. Zusatzgewinn für Verkäufer	12 000 Euro
Fazit: Auch nach Abzug von Kaufnebenkosten und Bargeldrückfluss machen Vermittlerprovision und Verkäufergewinn noch 20 000 Euro aus. Dies entspricht einem Zuschlag von 62 Prozent auf den ortsüblichen Marktpreis.	

am Kocher beträgt der Quadratmeterpreis hier jedoch nur 1 150 bis maximal 1 250 Euro für gebrauchte Wohnungen. Selbst für eine Neubauwohnung beträgt der Verkehrswert laut Gutachterausschuss nur maximal 1600 Euro pro Quadratmeter. Da lässt es sich leicht ausrechnen, wo das Bargeld für den Käufer herkommt.

Schöngerechnete Wohnungen

Das Genio-Konzept der IHGE ist also wie viele andere in überregionalen Tageszeitungen angebotenen „Bargeld-Sofort-Modelle" alles andere als ein Schnäppchen. Es richtet sich vor allem an Menschen in finanziellen Schwierigkeiten, die einen Barkredit brauchen, diesen aber von der Bank wegen ihrer finanziell engen Situation nicht bekommen. Ihnen erscheinen die auch als „Kickback" oder „Cashback" bezeichneten Angebote als Rettungsanker in der Not.

Käufer, die auf die zweifelhaften Angebote hereinfallen, bekommen nach dem Wohnungskauf oft große Probleme. In manchen Fällen zahlen die Anbieter und Vermittler das versprochene Bargeld nicht. Doch selbst wenn ein Käufer wenigstens das erhält, verliert er. Denn er kauft eine vermietete Eigentumswohnung zu einem weit überhöhten Pries. Auch nach Abzug des „Kickbacks" von in der Regel 10 Prozent des Kaufpreises zahlt er oft noch über 40 Prozent zu viel (siehe Kasten Seite 185). Ein späterer Verkauf der Eigentumswohnung ist dann in der Regel nur weit unter dem Einkaufspreis möglich.

Profit nur für Verkäufer

Vom unseriösen Deal profitieren allein Verkäufer und Vermittler, die den vom Käufer gezahlten Übertölpelungspreis unter sich aufteilen. Viele Käufer haben die meist mehrere hundert Kilometer von ihrem Wohnort entfernt liegenden Eigentumswohnungen vor dem Kauf nicht einmal besichtigt. Sie erfahren es deshalb gar nicht, wenn sie eine heruntergekommene und schlecht gelegene ehemalige Sozialwohnung gekauft haben, die nur eine geringe Miete abwirft.

Die Geschäfte sind fatal. Weil der Kredit mehr kostet, als die Miete bringt, verliert der Käufer laufend Geld. Am Ende steht er nur noch vor der Wahl, Monat für Monat draufzuzahlen oder die viel zu teuer erworbene Wohnung mit erheblichem Verlust zu verkaufen. Da der Verkaufspreis nicht ausreicht, das bestehende Darlehen abzulösen, bleibt er noch auf hohen Restschulden sitzen.

Juristisch handelt es sich um ein Scheingeschäft, da der notariell beurkundete Kaufpreis höher ist als der tatsächlich zwischen Verkäufer und Käufer vereinbarte Kaufpreis. Das kann dazu führen, dass der notarielle Kaufvertrag nichtig ist. Nur wenn der Käufer als neuer Eigentümer im Grundbuch eingetragen ist, wird der Notarvertrag nachträglich wirksam.

Vom Opfer zum Täter

Eine Strafanzeige gegen den Vermittler oder Verkäufer erstatten die hereingelegten Wohnungskäufer nur selten. Das liegt daran, dass die Käufer oft selbst am Be-

INFO Bargeld beim Wohnungskauf: Wie Immobilienhaie vorgehen

Kontakt. Mit Anzeigen in überregionalen Tageszeitungen, Ärzteblättern und Golfzeitungen werben unseriöse Anbieter für ihre fragwürdigen Liquiditätsmodelle. Sie versprechen ihren Kunden eine Immobilienfinanzierung ohne jedes Eigenkapital plus obendrauf noch Bargeld.

Selbstauskunft. Kunden, die auf das Angebot reagieren, müssen eine schriftliche Selbstauskunft über ihre Einkommens- und Vermögensverhältnisse ausfüllen. Diese Auskunft wird vom Anbieter vorgeprüft und einer Bank zwecks Erhalt einer vorläufigen Finanzierungszusage vorgelegt.

Wohnungswahl. Der Initiator des Angebots bietet dem Kunden eine vermietete Eigentumswohnung an. Sie liegt meist mehrere hundert Kilometer vom Wohnort des Kaufinteressenten entfernt, damit dieser sie möglichst nicht vor dem Kauf besichtigt.

Vertragsschluss. Der Kunde schließt im Beisein des Verkäufers oder Vermittlers einen notariellen Kaufvertrag und meist am selben Tag einen Darlehensvertrag mit der finanzierenden Bank ab. Der Preis für die Wohnung ist wegen der zusätzlichen Bargeldzahlung meist total überhöht.

Bargeld. Das versprochene Bargeld – meist mindestens 10 Prozent des Kaufpreises für die Immobilie – soll direkt vom Verkäufer, vom Vermittler oder über ein Notaranderkonto an den Wohnungskäufer gezahlt werden. Die Bank weiß davon in der Regel nichts.

Unterdeckung. Bald nach dem Wohnungskauf merkt der Käufer, dass die Mieteinnahmen nicht für die Zinsen und Tilgung des überhöhten Wohnungskredits ausreichen. Er muss nun Geld aus der eigenen Tasche zuschießen und gerät nicht selten in finanzielle Schwierigkeiten.

Zwangsversteigerung. Kann der Käufer die monatlichen Zins- und Tilgungsleistungen nicht mehr zahlen, kommt es über kurz oder lang zur Zwangsversteigerung der Immobilie.

Schulden. Da der Versteigerungserlös in der Regel nur einen Teil der Darlehensschulden für die überteuerte Wohnung deckt, bleibt der Käufer auf hohen Restschulden sitzen.

trug zum Nachteil der Banken mitgewirkt haben und so aus Opfern Täter wurden. Meist lassen die Käufer die Vermittler alles abwickeln und unterschreiben nötige Formulare blanko. Im Sachverständigengutachten über die Wohnung wird der Gutachterwert so nach oben frisiert, dass er sogar den völlig überhöhten Kaufpreis übersteigt. Selbstauskünfte des Kreditnehmers werden mit oder ohne Wissen des Kunden geschönt, wichtige Unterlagen wie Gehaltsnachweise und Einkommenssteuernachweise gefälscht, damit die Bank den gewünschten Kredit gewährt. Über den abgesprochenen Bargeldrückfluss schweigen sich Verkäufer, Vermittler und Käufer gegenüber der Bank aus.

Verkauf von ruinösen „Schrottimmobilien"

Nicht ganz so absurd, aber wohl deshalb noch weiter verbreitet ist der seit etwa 20 Jahren übliche Verkauf von sogenannten Schrottimmobilien. Dabei steht der Begriff „Schrottimmobilie" nicht etwa für pinselsaniert. Vielmehr sind hier Immobilien gemeint, die von Anbietern wie Bauträgern so teuer verkauft werden, dass die Käufer an der Immobilie nicht nur nichts verdienen, sondern mit der Finanzierung an den Rand des Bankrotts getrieben werden. In den 1980er und 1990er Jahren wurden so rund 300 000 Immobilienkäufer, die sich Eigentumswohnungen als Altersvorsorge anschafften, finanziell ruiniert.

Und obwohl Finanztest regelmäßig davor warnt, dass Bauträger und Vermittler im Zusammenspiel mit den Banken Kunden viel zu teure Wohnungen als Kapitalanlage verkaufen, fallen immer noch viele Anleger auf die vermeintlich lukrativen Angebote herein.

Das Prinzip ist immer das gleiche: Zweifelhafte Anbieter gaukeln Kunden vor, dass der Kauf einer vermieteten Eigentumswohnung sie so gut wie nichts kostet. Mit den Mieteinnahmen könnten sie ihre Kreditkosten decken und die Wohnung dann später mit Gewinn weiterverkaufen und sich so eine attraktive krisensichere Altersvorsorge sichern.

Verkauf an Ortsunkundige

Damit die Interessenten nicht merken, dass der Preis für eine Eigentumswohnung viel zu hoch ist, werden Interessenten aus Norddeutschland Wohnungen in Süddeutschland und umgekehrt vermittelt. Ziel dieser Geschäftsstrategie ist es, zu vermeiden, dass der Käufer die Wohnung besichtigt. Denn bei einer Besichtigung könnte ein Käufer schnell merken, dass die angebotene Wohnung kein gutes Geschäft ist, weil sie etwa in einem sozialen Randgebiet oder an einer lauten Hauptverkehrsstraße liegt und deshalb die prognostizierte Miete sehr wahrscheinlich nicht erzielen wird.

Auch „Steuersparimmobilien", die unter Denkmalschutz stehen, sind keine Garantie für eine gute Geldanlage. Auch wenn die Anbieter versprechen, dass der

Anleger abzüglich der Mieteinnahmen und der Abschreibungen für den Denkmalschutz nur einen kleinen Betrag im Monat für die Finanzierung der Wohnung zahlen müsse. Spätestens nach Ablauf der Sonderabschreibung für den Denkmalschutz nach 12 Jahren gehen die Kreditraten dann rasant nach oben.

Der Grund dafür, warum die Altersvorsorge mit vermieteten Eigentumswohnungen bei vielen Anlegern nicht klappt, sind Kaufpreise, die der Markt nicht hergibt. Das gilt besonders für Angebote in den neuen Bundesländern. So werden zum Beispiel in Leipzig, wo viele Häuser aus der Gründer- und Jugendstilzeit immer noch auf Sanierer warten, derzeit besonders viele dubiose Kaufangebote gemacht. Geschätzte 95 Prozent des Marktes werden dort von Bauträgern beherrscht, die Immobilien kaufen, weiterverkaufen und dann mit dem Geld der Käufer sanieren. Für Leipzig ist das gut, das Stadtbild verschönert sich ständig. Für Anleger lohnt sich eine Anlage in die schön renovierten Häuser meist nicht.

Verkauf mit Gewinn unrealistisch

Vor allem die in den Kaufpreisen versteckten Nebenkosten und Provisionen, die zwischen 16 und 35 Prozent betragen, treiben die Quadratmeterpreise so nach oben, dass eine gesunde Finanzierung der Immobilie unmöglich wird. Entsprechend unmöglich ist auch ein späterer Verkauf der Immobilie mit Gewinn.

VORSICHT RUNDUM-SORGLOS-PAKETE

Noch schlimmer wird es, wenn Anleger „Rundum-sorglos-Pakete" kaufen, bei denen sie sich um nichts kümmern müssen. Solche Pakete sind besonders teuer, weil hier eine erhebliche Summe auf den Kaufpreis aufgeschlagen wird, die der Anbieter für Vermietung und Verwaltung der Immobilie kassiert.

Das merken Anleger aber oft erst, wenn es zu spät sei. Denn nicht selten werden sie direkt nach dem Verkaufsgespräch für die Immobilie von windigen Anbietern zu sogenannten Mitternachtsnotaren geschleppt. Diese beurkunden Kaufverträge dann auch noch am späten Abend.

Da viele Banken die teuren Wohnungen in der Vergangenheit stets ohne Skrupel finanzierten, glaubten Anleger an ein gutes Geschäft.

DIE PRIVATE ALTERSVORSORGE BEIM FINANZAMT

Viele Menschen entscheiden sich bei der Altersvorsorge für Wertpapiere, Zinsanlagen, private Lebens- und Rentenversicherungen. Ihr Alter, das Risiko und die Renditeaussichten entscheiden, wie sie am besten investieren. Wichtig ist aber auch, wie viel das Finanzamt später von ihren Erträgen abbekommt. Denn dieses Geld wird ihnen im Alter fehlen.

Wertpapiere und Zinsanlagen

Für Anleger sieht die Welt seit 2009 völlig neu aus. Sie können sich Wertpapiere wie Fonds und Aktien ins Depot legen. Sie können ihr Geld aber auch in Zinsanlagen wie Sparbriefe und Bundesschatzbriefe investieren. Das Finanzamt erhält für die Einkünfte, die sie damit erzielen, immer 25 Prozent Abgeltungsteuer. Ist ihr persönlicher Steuersatz niedriger, zahlen sie diesen Satz. Ist er höher, bleibt es bei der Abgeltungsteuer von 25 Prozent.

Der Startschuss für die Abgeltungsteuer

Sparer müssen damit rechnen, dass die Abgeltungsteuer von allen Zinsen und Dividenden abgeht, die sie seit Januar 2009 erhalten. Sie müssen die Pauschalsteuer auch für Kursgewinne zahlen, wenn sie die Papiere ab 2009 gekauft haben.

Es gibt zwei Ausnahmen: Eine gilt für Finanzinnovationen wie Zerobonds und variabel verzinsliche Wertpapiere. Kursgewinne dafür müssen Anleger auch dann mit 25 Prozent versteuern, wenn sie die Papiere vor 2009 gekauft haben.

Für Anlagen wie Bonus- und Discountzertifikate ohne Rückzahlungsgarantie ist der 14. März 2007 Stichtag. Wer sie danach gekauft hat, muss für Einkünfte aus Kursgewinnen Abgeltungsteuer zahlen. Es sei denn, die Zertifikate waren über ein Jahr in seinem Besitz und wurden spätestens am 30. Juni 2009 verkauft. Dann sind Kursgewinne zum letzten Mal steuerfrei.

Das Finanzamt verlangt die Abgeltungsteuer für Zinsen, Dividenden und Kursgewinne, die über den Sparerpauschbetrag von 801 (Ehepaare: 1 602) Euro im Jahr hinausgehen. Für Kursgewinne ist sie beim Verkauf der Papiere fällig, für Zinsen und Dividenden, wenn sie zufließen.

Für Investments wie Fondsanlagen, Banksparpläne und Aktien zahlt jeder die Abgeltungsteuer laufend in allen Jahren, in denen er Zins- und Dividendeneinkünfte erhält. Aus Papieren wie Bundesschatzbriefen vom Typ B oder auf- und abgezinsten Sparbriefen fließen sie dagegen erst beim Verkauf der Papiere oder zum Ende der Laufzeit zu. Dann sind dafür auf einen Schlag 25 Prozent Abgeltungsteuer fällig.

5,5 Prozent der Abgeltungsteuer kommen als Solidaritätszuschlag dazu und gegebenenfalls noch bis zu 9 Prozent Kirchensteuer. Alle Abzüge zusammen machen rund 28 Prozent aus.

Beispiel: Eine 35-jährige, verheiratete Frau, die 20 Jahre lang jeden Monat 100

Euro in einen Aktienfondssparplan investiert, beim Verkauf rund 40 000 Euro Kursgewinn macht und im selben Jahr 4 002 Euro Zinsen aus einem Sparbrief erhält, muss als 55-Jährige damit rechnen:

Kursgewinn	40 000 Euro
Zinsen	+ 4 002 Euro
Kapitaleinnahmen	44 002 Euro
Sparerpauschbetrag	– 1 602 Euro
Kapitaleinkünfte	42 400 Euro
Dafür 25 Prozent	
Abgeltungsteuer	10 600 Euro

Auf 10 600 Euro muss die Frau später verzichten, weil das Finanzamt 25 Prozent Abgeltungsteuer erhält. Müsste sie für ihre Kapitaleinnahmen den persönlichen Grenzsteuersatz zahlen, wären es allerdings 14 840 Euro, wenn dieser 35 Prozent beträgt. In diesem Fall ist die Abgeltungsteuer gar nicht so schlecht.

Am besten kommen Anleger aber nach wie vor mit Papieren wie Aktien und Fonds weg, die sie vor dem Jahr 2009 gekauft haben und die länger als ein Jahr in ihrem Besitz sind. Kursgewinne dafür sind beim Verkauf komplett steuerfrei.

Für Zinseinkünfte war früher dagegen der persönliche Steuersatz fällig, der bei den meisten Anlegern höher als die neue Abgeltungsteuer von 25 Prozent war. Auch Dividendeneinkünfte mussten Anleger vor 2009 mit ihrem persönlichen Steuersatz versteuern. Die Hälfte davon war allerdings steuerfrei. Seit 1. Januar 2009 sind Dividenden voll steuerpflichtig.

Die neue Abrechnung beim Finanzamt

Durch die Abgeltungsteuer erübrigt sich für viele die Angabe ihrer Kapitaleinnahmen in der Steuererklärung. In Deutschland ziehen Banken, Sparkassen und Fondsgesellschaften die Steuer samt Solidaritätszuschlag für das Finanzamt ab. Auch die Kirchensteuer können Anleger mit überweisen lassen. Wenn sie für Kapitaleinnahmen bis zum Sparerpauschbetrag von 801 (Ehepaare: 1 602) Euro im Jahr Freistellungsaufträge richtig ausgenutzt haben, ist der Fall für sie erledigt. Davon gibt es aber Ausnahmen.

Die Steuererklärung lohnt sich noch für jeden, der so wenig Einkommen versteuert, dass er für seine Kapitaleinkünfte nicht 25 Prozent, sondern den niedrigeren, persönlichen Grenzsteuersatz zahlt.

Auch für Depots und Sparkonten im Ausland müssen Anleger Kapitaleinnahmen noch beim Finanzamt abrechnen. Wenn sie in Deutschland Fonds von ausländischen Anbietern haben, die Zinsen und Dividenden nicht ausschütten, sondern dem Sparvermögen zuschlagen (thesaurieren), ist die Steuererklärung ebenfalls Pflicht.

Verluste in Zeiten der Abgeltungsteuer

Vor allem für Jüngere sind Wertpapiere wie Aktien und Fonds eine gute Vorsorge. Sie setzen auf Gewinne, riskieren aber auch Verluste. Je kürzer die Zeit vom Kauf bis zur Rente, desto größer ist das Risiko.

Das einzig Gute ist: Das Finanzamt beteiligt sich auch in Zeiten der Abgeltungsteuer an Verlustgeschäften.

Verluste bei einer ausländischen Bank kann jeder über die Steuererklärung verrechnen lassen. In Deutschland kümmert sich die Bank, Sparkasse oder Fondsgesellschaft darum. Der Mitarbeiter dort verrechnet Miese mit den Verkaufsgewinnen, die Kunden bei ihrem Institut mit in Zeiten der Abgeltungsteuer gekauften Papieren gemacht haben. Oder er zieht Verluste von Zinsen und Dividenden ab, die sie seit 2009 für ihre Geldanlagen bekommen.

Nur Aktienverluste darf er ausschließlich mit Aktiengewinnen verrechnen.

Nicht ausgeglichene Restverluste lassen die Institute so lange stehen, bis es Kapitaleinnahmen zum Verrechnen gibt.

Anleger, die bei verschiedenen Banken, Sparkassen oder Fondsgesellschaften Kapitaleinnahmen haben, können sich ihre Restverluste auch bescheinigen lassen und selbst über die Steuererklärung beim Finanzamt abrechnen. Das müssen sie jedes Jahr spätestens bis zum 15. Dezember bei ihrem Kreditinstitut beantragen.

Beispiel: Verkauft ein 35-jähriger Mann in 20 Jahren seine bis dahin erworbenen Fonds mit 10 000 Euro Verlust, kann er davon Zinseinkünfte von 4 000 Euro abziehen lassen. So spart er 1 000 Euro (25 Prozent) Abgeltungsteuer. Den Restverlust von 6 000 Euro verrechnet die Bank mit künftigen Kapitaleinkünften, die nach Abzug des Sparerpauschbetrags bleiben.

Altverluste aus den Jahren vor 2009

Altverluste, die Anleger bis zum 31. Dezember 2008 beim Finanzamt haben feststellen lassen, sind ebenfalls nicht verloren. Das Finanzamt verrechnet sie mit Gewinnen aus vor 2009 gekauften Papieren, die weniger als ein Jahr in ihrem Besitz waren. Auch die Verrechnung mit Gewinnen aus anderen privaten Veräußerungsgeschäften ist möglich – zum Beispiel mit solchen aus vermieteten Immobilien, deren Kauf in die Zeit vor 2009 fällt und keine zehn Jahre her ist.

Gibt es aus der Zeit vor 2009 keine Gewinne zum Verrechnen, lassen sich Altverluste über die Steuererklärung in kommende Jahre vortragen. Bis zum Jahr 2013 zieht das Finanzamt sie auch von Verkaufsgewinnen für Papiere ab, die schon in Zeiten der Abgeltungsteuer gekauft wurden. Auch Gewinne aus Wertpapieren wie ausgelaufene Zerobonds eignen sich zum Verrechnen.

Für Kursgewinne aus Geldanlagen wie Bonus- und Discountzertifikate ist die alte Verlustverrechnung schneller zu Ende gegangen. Stichtag war hier der 14. März 2007. Nur Anleger, die danach gekaufte Papiere innerhalb eines Jahres und spätestens bis 30. Juni 2009 verkauft haben, rechnen Verluste noch nach den alten Regeln ab. Die neuen sind aber besser, weil das Finanzamt Verluste mit Kapitaleinnahmen aus allen anderen Geldanlagen verrechnet. Wie lange die Papiere im Besitz waren, ist egal.

Lebensversicherungen

Lebensversicherungen gehören bei vielen zur Altersvorsorge. Sie sind als Rentenversicherung, Kapitalversicherung oder kombiniert zu haben.

Wer wert auf Kapitalzahlungen legt, kann den Vertrag so wählen, dass er im Alter viel steuerfrei bekommt. Seit 2005 müssen Policen dafür mindestens zwölf Jahre laufen und die Auszahlung darf frühestens mit 60 Jahren erfolgen. Bei Vertragsbeginn seit 1. April 2009 muss außerdem der Todesfallschutz wenigstens 50 Prozent der Beitragssumme über die gesamte Laufzeit betragen. Unter diesen Bedingungen gehen von der Auszahlung später die vorher gezahlten Beiträge ab. Für die Differenz überweist der Versicherer 25 Prozent Abgeltungsteuer. Das ist aber zu viel. Die Hälfte der Differenz, die nach Abzug der Beiträge bleibt, ist nämlich steuerfrei. Versicherte müssen den Steuerabzug deshalb unbedingt über die Steuererklärung korrigieren lassen.

Beispiel: Von 40 000 Euro, die ein Versicherungskunde im Alter von 60 Jahren nach Abzug der Beiträge erhält, sind zum Beispiel 20 000 Euro steuerfrei. Die andere Hälfte muss er mit seinem persönlichen Steuersatz über die Steuererklärung versteuern. Zurzeit bekommt das Finanzamt für die gesamten 40 000 Euro maximal 9 000 Euro, weil der aktuelle Spitzensteuersatz 45 Prozent beträgt.

Verträge, die nicht die Bedingungen erfüllen, sind ungünstiger. Das Finanzamt kassiert nach Abzug der Versicherungsbeiträge für die volle Differenz 25 Prozent Abgeltungsteuer, wenn der Sparerpauschbetrag von 801 (Ehepaare: 1 602) Euro überschritten ist. Muss unser Versicherungskunde 40 000 Euro versteuern, überweist seine Versicherungsgesellschaft dem Finanzamt 10 000 Euro Abgeltungsteuer.

Sehr günstig sind dagegen Rentenzahlungen. Der Löwenanteil ist steuerfrei, weil private Rentenversicherungen im Berufsleben mit Beiträgen aus versteuertem Einkommen finanziert werden.

Beispiel: Beziehen Kunden mit 67 Jahren die erste Rente, müssen sie von 1 000 Euro nur 170 Euro beim Finanzamt abrechnen. 830 Euro (83 Prozent) sind steuerfrei. Je später die Rente beginnt, desto besser (siehe Tabelle Seite 20).

NICHT NUR AUF DIE STEUER ACHTEN

Die besten Steuervorteile helfen nichts, wenn die Geldanlage oder die Versicherung keine gute Wahl war, weil die Rendite wegen hoher Kosten oder erfolgloser Investition hinter den Erwartungen zurückbleibt. Steuervorteile sind nur ein Aspekt unter vielen beim Aufbau der privaten Altersvorsorge.

DIE PASSENDE STRATEGIE

Für die Altersvorsorge gibt es Faustregeln, aber kein Patentrezept. Viel hängt vom Alter, der Risikobereitschaft und der Lebenssituation ab. Auf den kommenden Seiten zeigen wir anhand von acht Beispielen, für wen welcher Weg geeignet sein kann oder wie welche Familie oder einzelnen Personen vorgehen könnten, um im Alter keine Geldsorgen zu haben.

WIE VIEL ZEIT HABE ICH?

Sparen heißt kontinuierlich etwas beiseitelegen, doch wie viel? Nach einer Faustregel ist eine Summe zwischen 6 und 10 Prozent des Bruttoeinkommens empfehlenswert. Wer monatlich 2 500 Euro verdient, müsste zwischen 150 und 250 Euro im Monat zurücklegen. Die Regel gibt eine grobe Richtung an. Wie viel einer sparen sollte, hängt von vielem ab. Einer der wichtigsten Aspekte ist das Einstiegsalter.

Ohne Arbeitskraft und Einkommen ist eine Zusatzvorsorge allerdings gar nicht möglich. Für Berufseinsteiger und für Studenten gilt deshalb: Der Abschluss einer privaten Berufsunfähigkeitsversicherung ist unerlässlich. Sie zahlt eine Rente bis zum Ruhestand, wenn der Versicherte wegen seiner schlechten Gesundheit nicht mehr arbeiten kann.

Ältere sollten am besten schon eine Berufsunfähigkeitsversicherung haben, weil es mit den ersten Gesundheitsproblemen schwieriger wird, guten Schutz zu bekommen. Einen laufenden Vertrag können sie ohne Gesundheitsprüfung ausbauen, wenn er eine Nachversicherungsgarantie enthält.

Nicht alles ausgeben

Selbst wenn junge Leute nur wenig abzweigen können, kann ihnen das für später viel bringen. Der Zinseszinseffekt macht über viele Jahre auch aus kleinen Raten ein ansehnliches Vermögen.

Universitätsabsolventen gehen meist spät in den Beruf. Doch eine lange Ausbildung bringt ihrem gesetzlichen Rentenkonto heute keinen Pluspunkt mehr. Wenn sie dann arbeiten, verdienen Akademiker häufig nicht schlecht. Eine knappe Versorgung im Alter macht ihnen umso mehr zu schaffen. Verdienen Studenten durch Jobs zum Beispiel während der Semesterferien gut, sollten sie deshalb davon einen Teil schon für ihre Rente anlegen.

Wer erst mit 30 oder 40 Jahren mit der Zusatzvorsorge beginnt, muss tiefer in die Tasche greifen. Weil seine Zeit bis zur Rente kürzer ist, profitiert er weniger vom Zinseszinseffekt. Das kann er durch höhere Sparraten ausgleichen.

Familienzuwachs reißt Lücken

Sind Kinder zu versorgen, sinkt in der Regel das verfügbare Einkommen, weil ein Elternteil wegen Kinderbetreuung meist vorübergehend ganz oder teilweise aus dem Beruf aussteigt. Seit es das Elterngeld gibt, hat sich die Situation zwar ein wenig entspannt, doch eine längere Kinderpause gefährdet die private Zusatzvorsorge des ausgestiegenen Elternteils immer noch sehr.

Eine Mutter (oder ein Vater) profitiert anfangs zwar davon, dass die gesetzliche Rentenversicherung Kindererziehungszeiten berücksichtigt. Doch ihre betriebliche Altersvorsorge ruht. Mit Kindern werden zudem oft Wohnung oder Auto zu klein. Der Umzug oder ein neues Auto sind teuer. Für zusätzliche private Altersvorsorge bleibt wenig bis gar nichts.

MÜTTER SIND BESONDERS GEFORDERT

Mütter, die wegen ihrer Kinder viele Jahre aus dem Beruf gehen, können solche Lücken bei ihrer Altersversorgung später kaum noch aufholen. Wenn irgendwie möglich, sollte auch in dieser Lebensphase eine zusätzliche Altersvorsorge nicht völlig ruhen.

Regelmäßig Kassensturz

Ab und zu sollte jeder die eigene Situation überdenken. Baue ich schon Rentenansprüche auf? Wie viel ist das? Welche beruflichen und privaten Pläne habe ich für die nächste Zeit?

Am besten prüft jeder gelegentlich, wie es um seine Altersvorsorge steht. Zwanzigjährige Berufseinsteiger sind mit einem Kassensturz schnell fertig: Sind sie nicht von Hause aus vermögend, dann müssen sie in den kommenden Jahren ein Vermögen bilden, auf das sie im Alter zurückgreifen können. Wie viel sie in ihrem Leben verdienen werden und welche finanziellen Verpflichtungen sie einmal belasten, wissen sie noch nicht.

Im Laufe der Jahre ändern sich die Lebensumstände. Der erste Job, eine Tätigkeit im Ausland, Partnerschaft, Kinder, eine Hausfinanzierung, vielleicht eine Erbschaft, womöglich aber auch Scheidung, Krankheit, Arbeitslosigkeit.

Wichtig ist es, in guten Zeiten alle Sparanstrengungen im Auge zu behalten. Wie viel stecke ich in welche Geldanlage? Sind risikoreiche Geldanlagen, die höhere Chancen versprechen, und sichere Anlagen angemessen gemischt?

Was kann ich von meiner privaten Lebensversicherung erwarten? Welche Zusatzrente bringt mir die betriebliche Altersvorsorge? Was wird meine Riester-Rente einmal abwerfen? Werde ich bis zur Rente meine Immobilie abzahlen, oder welche Mietbelastung muss ich im Alter einkalkulieren? Wen muss ich mit meinem Alterseinkommen zusätzlich versorgen?

An schlechte Zeiten denken

Es können schlechtere Zeiten kommen. Längere Krankheit oder Arbeitslosigkeit bedrohen vielleicht die Sparanstrengungen fürs Alter. Hartz IV, das bei längerer Arbeitslosigkeit dem Arbeitslosengeld folgt, wird nur ausgezahlt, wenn der Betroffene seine finanziellen Reserven weitgehend aufgebraucht hat.

Eine selbst genutzte Immobilie müsste ein Arbeitsloser nicht verkaufen, um sein Anrecht auf Unterstützungsleistungen zu bewahren.

Eine betriebliche Altersvorsorge kann der Betroffene normalerweise gar nicht selbst auflösen. Die Arbeitsagentur muss ihm deshalb auch dann eine Unterstützung auszahlen, wenn er über Vermögen in einem solchen Vertrag verfügt. Eine Riester-Rente ist bei Arbeitslosigkeit sowieso geschützt.

CHECKLISTE **Schritt für Schritt**

Bilanz. Gehen Sie bei jeder Zwischenbilanz Ihrer Altersvorsorge systematisch vor. Listen Sie zunächst alle möglichen Einnahmen auf, die Ihnen ab Rentenbeginn zur Verfügung stehen, anschließend die zu erwartenden Ausgaben.

Einnahmen. Haken Sie auf jeden Fall folgende Punkte ab und versuchen Sie ihre voraussichtliche Höhe auch durch Nachfragen bei zuständigen Stellen zu ermitteln: gesetzliche Rente oder Beamtenversorgung, Riester-Rente, Betriebsrente, Einkünfte aus privater Vorsorge, Einkünfte aus Immobilienvermietung, mögliche sonstige Einkünfte, mögliche Erbschaften.

Ausgaben. Erstellen Sie nun eine möglichst vollständige Liste Ihrer zu erwartenden Ausgaben im Rentenalter. Berücksichtigen Sie Ihre voraussichtlichen Lebenshaltungskosten für Kleidung, Ernährung, Gesundheit und Gebrauchsgegenstände, Ihre Miete einschließlich Nebenkosten, Ihre Ausgaben für Ihr Auto oder für sonstige Verkehrsmittel, Kosten für Versicherungen oder Kreditverpflichtungen, Unterhaltszahlungen, Ausgaben für Urlaub, Hobbys, Freizeit.

Vergleich. Stellen Sie Ihre Einnahmen und Ihre Ausgaben anschließend gegenüber, um sich ein Bild über Ihre finanzielle Situation zu machen.

JUNGE LEUTE

Lukas ist im ersten Ausbildungsjahr zum Gesundheits- und Krankenpfleger. Nach seinem Realschulabschluss wusste er nicht so richtig, wie es weitergehen sollte. Doch als er ein freiwilliges soziales Jahr auf einer Diakoniestation ableistete, wollte er im Gesundheitsbereich bleiben. Nun verdient der 18-Jährige im Krankenhaus sein erstes Geld. Rund 700 Euro hat er monatlich zur Verfügung.

Im Vergleich mit einigen anderen Ausbildungsberufen ist Lukas' Arbeit einigermaßen gut bezahlt. Außerdem erhält er den Tariflohn, denn er arbeitet in einer Klinik des öffentlichen Dienstes.

Lukas kommt mit seinem Geld zurecht. 150 Euro zahlt er für ein Zimmer mit Balkon und Gemeinschaftsküche im Wohnheim. Etwa 300 Euro gehen für Handy, Internet und Verpflegung drauf. Da er sparsam lebt, bleibt am Monatsende sogar etwas übrig. Einen kleinen Betrag möchte Lukas zurücklegen und sparen.

Auch die große Schwester Teresa möchte mit ihren 26 Jahren etwas für die Altersvorsorge tun. Bisher war daran nicht zu denken. Nach dem Abitur studierte Teresa zielstrebig Rechtswissenschaften in der Regelstudienzeit und erhielt Bafög.

Nun hat sie ihr Referendariat angetreten und erhält in den nächsten zwei Jahren rund 800 Euro netto monatlich vom Staat. In der Wohngemeinschaft, die sie zu Studienzeit mitgründete, bleibt Teresa vorerst wohnen. Die guten und nervigen Zeiten mit ihren Mitbewohnern möchte sie auch als Referendarin nicht missen. Außerdem ist die Miete günstig. 250 Euro Warmmiete zahlt sie für ihr Zimmer.

Mit 550 Euro, die ihr monatlich zum Leben zur Verfügung stehen, kommt sie klar.

Berufsanfänger sollten flexibel bleiben

Lukas und Teresa sind Berufsanfänger. Beide wissen nicht, wie sich ihr Berufsleben in den nächsten vier Jahrzehnten entwickelt. Gerade in der Phase der persönlichen und beruflichen Weichenstellungen ist es sinnvoll, bei der Auswahl von Sparanlagen flexibel zu bleiben und möglichst keine über Jahrzehnte bindenden Verträge abzuschließen, wie Kapitallebensversicherungen oder Unternehmensbeteiligungen.

Die Vorsorgestrategie sollte keine feste Bindung fürs Leben sein. Halten Berufsstarter diese Grundregel ein, steht ihnen ein späterer Wechsel in andere Sparanlagen jederzeit offen.

Ausnahme Riester

Die Ausnahme von dieser Regel bilden Riester-Verträge. Diese staatlich geförderte Altersvorsorge ist auch schon für junge Leute gut geeignet. Die Zulage von 154 Euro pro Jahr, die der Staat dazugibt, sollten sie nicht verschenken. Wer bis zum 25. Geburtstag eine Riester-Rente abschließt, erhält vom Staat sogar einen Ein-

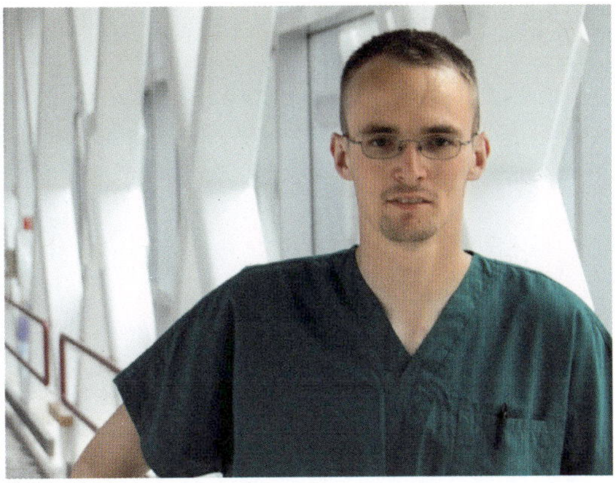

steigerbonus von 200 Euro. Dieser Betrag wird einmalig gutgeschrieben.

Schließt Lukas schon mit 18 Jahren eine Riester-Rente ab und zahlt er bis zum Rentenbeginn regelmäßig ein, profitiert er wegen der langen Laufzeit besonders vom Zinseszinseffekt. Allein die Zulage des Staates bringt eine Verzinsung auf das von ihm selbst eingezahlte Geld. Für 49 Beitragsjahre gibt er Staat 7 546 Euro bis zum Rentenstart dazu. Läuft der Vertrag gut, bekommt Lukas nicht nur für seine Einzahlungen, sondern auch für die Zulagen Zinsen.

Riester ist auch für Auszubildende gut geeignet, weil der Betrag, den sie jährlich einzahlen müssen, einkommensabhängig ist. Die Riester-Rente ist sozusagen eine „sozial gerecht" ausgestaltete Altersvorsorge.

4 Prozent vom Bruttogehalt müssen jährlich in einen Riester-Vertrag fließen, um die volle Zulage zu erhalten. Bei Lukas' Bruttovergütung von rund 9 600 Euro im Jahr sind das jährlich 348 Euro. Dafür erhält er die staatliche Grundzulage von 154 Euro. Lukas muss 194 Euro im Jahr selbst in den Vertrag einzahlen (348 Euro minus 154 Euro Zulage = 194 Euro). Auf den Monat umgerechnet sind das für den jungen Mann rund 16 Euro. Diesen Betrag kann er von seinem Lohn abzweigen.

Auch für Teresa kann ein Riester-Vertrag sinnvoll sein. Als Studentin hatte sie keine Riester-Förderberechtigung. Doch als Rechts-Referendarin zahlt sie in die gesetzliche Rentenversicherung ein und kann riestern. Arbeitet sie nach der Ausbildung zur Volljuristin als angestellte Rechtsanwältin, kann sie den Riester-Vertrag weiter laufen lassen. Hingegen würde sie als selbstständige Anwältin mit einer eigenen Kanzlei die Förderberechtigung wieder verlieren.

Mindestens 60 Euro im Jahr

Riester bietet viele Gestaltungsmöglichkeiten. Das ist für junge Leute besonders

TIPP **Riester-Einsteigerbonus**

Wer sich früh entschließt und bis zu seinem 25. Lebensjahr einen Riester-Vertrag abschließt, erhält vom Staat einen Bonus von 200 Euro einmalig gutgeschrieben. Mit der Zulage von 154 Euro sind das im ersten Jahr 354 Euro. Auszubildende und Berufsanfänger sollten auf das Extrageld nicht verzichten und so früh wie möglich eine Riester-Rente abschließen.

wichtig. Die Einzahlungen können sie bis auf den staatlich geförderten Höchstbetrag von 2100 Euro im Jahr aufstocken. Hingegen müssen sie in Zeiten von Arbeitslosigkeit nur 60 Euro jährlich in den Vertrag einzahlen, um die Zulage von 154 Euro zu erhalten. Ändert sich die Familiensituation und gehen Riester-Sparer in Elternzeit, läuft der Vertrag, ebenfalls einkommensabhängig, weiter. 60 Euro müssen allerdings immer mindestens eingezahlt werden. In finanziell schlechten Zeiten können Sparer den Vertrag auch beitragsfrei stellen.

DAS KLEINGEDRUCKTE GENAU LESEN

Wer in jungen Jahren einen Vertrag abschließt, sollte das Kleingedruckte vor Vertragsabschluss genau lesen. Denn die flexible Vertragsgestaltung kann extra Geld kosten. Manche – jedoch nicht alle – Anbieter kassieren Gebühren, wenn Sparer zum Beispiel den Vertrag ruhen lassen, zu einem anderen Anbieter wechseln oder Geld für einen Immobilienkauf entnehmen. (Mehr Informationen über die Riester-Rente auf Seite 49).

Staat und Firma helfen

Für junge Leute in der Ausbildung ist auch ein sogenannter VL-Sparvertrag sinnvoll. Denn der Staat fördert die Vermögensbildung von Arbeitnehmern mit der Arbeitnehmersparzulage und der Wohnungsbauprämie. Viele Beschäftigte, auch Auszubildende, haben die Möglichkeit, vom Arbeitgeber vermögenswirksame Leistungen (VL) zu erhalten. Wie viel der Arbeitgeber zahlt, steht im Arbeitsvertrag oder Tarifvertrag. Meistens zahlen Arbeitgeber monatlich zwischen 6 und 40 Euro. Maximal 480 Euro im Jahr fördert der Staat mit der Arbeitnehmersparzulage.

VL-Sparen ist eine gute Möglichkeit, eine zusätzliche Altersvorsorge aufzubauen. Ein VL-Vertrag läuft zwar nur sieben Jahre. Wer jedoch das angesparte Guthaben wieder anlegt und den Vertrag regelmäßig verlängert, hat nach Jahrzehnten ein ordentliches Guthaben angespart. Wer vom Arbeitgeber angebotene VL-Leistungen nicht nutzt, verschenkt unter Umständen auch staatliche Förderung.

Überschreitet das zu versteuernde Einkommen nicht die Grenze von 17900 Euro für Ledige und 35800 Euro für Verheiratete, erhalten VL-Sparer 9 Prozent Arbeitnehmersparzulage. Maximal gibt es 43 Euro im Jahr. Der Zuschuss muss jährlich in der Steuererklärung beantragt werden. Gutgeschrieben wird das Geld aber erst nach Ablauf der VL-Sperrfrist von sieben Jahren.

VL-Leistungen können in einen Fondssparplan, Bausparvertrag, aber auch Banksparplan oder eine Lebensversicherung fließen. Die Arbeitnehmersparzulage gibt es aber nur für Fondssparpläne oder Bausparverträge.

Investmentfonds eignen sich gut für die VL-Anlage. Aktienfonds sind zwar riskant, aber die Renditechancen sind hoch.

Bei internationalen Aktienfonds ist das Verlustrisiko durch die breite Streuung in verschiedene Märkte und Unternehmen gemindert. Allerdings sind nicht alle Fonds für die VL-Leistungen zugelassen. Eine Liste der VL-Fonds gibt es beim Bundesverband Investment und Asset Management (BVI) in Frankfurt am Main (Adresse siehe Seite 228).

Mehr Informationen über Fonds und Fondssparpläne auf Seite 136.

Zusatzbonus Wohnungsbauprämie

Die Wohnungsbauprämie gibt der Staat noch mal dazu, wenn Sparer in einen VL-Bausparvertrag einzahlen. Auf den jährlichen Sparbeitrag gibt es eine Prämie von 8,8 Prozent. Das zu versteuernde Einkommen darf dabei 25 600 Euro für Ledige und 51 200 Euro für Verheiratete nicht übersteigen.

Auch wegen der Prämie hat sich Lukas für einen Bausparvertrag entschieden. Er weiß zwar noch nicht, wie es nach der dreijährigen Ausbildung weitergeht und ob er sieben Jahre in den VL-Vertrag einzahlen wird. Doch davon lässt sich Lukas nicht beirren. Die Berufsaussichten für Gesundheits- und Krankenpfleger sind ganz gut. Aus dem letzten Examensjahrgang haben alle eine Stelle im Gesundheitswesen bekommen. Außerdem überlegt er, sich weiterzuqualifizieren. Hierfür bietet die Klinik verschiedene Möglichkeiten. Er geht davon aus, dass er länger als drei Jahre in den VL-Vertrag einzahlt. Selbst wenn er frühzeitig aussteigen müsste, könnte er sich das angesparte Geld auszahlen lassen. Nur die Zuschüsse vom Staat wären dann verloren.

Von seinem Arbeitgeber erhält er als Azubi monatlich 13 Euro VL-Leistung. Um die optimale Förderung zu erhalten, hat er den Betrag auf 40 Euro aufgestockt. Ob er das Geld einmal tatsächlich in eine Immobilie stecken will, weiß er noch nicht. Ein eigenes Häuschen liegt noch in weiter Ferne. Lukas kann das Geld aber auch anderweitig verwenden. Da er bei Vertragsschluss unter 25 Jahre ist, muss er das VL-Guthaben später nicht unbedingt in ei-

TIPP **Sparen lernen**

Wer sich nicht sicher ist, wie viel Geld im Monat tatsächlich für die Altersvorsorge übrig bleibt, sollte sich nicht langfristig durch einen Sparvertrag binden. Zum Üben des Sparens eignet sich für ihn ein Tagesgeldkonto. Das ist eine moderne Form des Sparbuchs. Junge Leute können zum Beispiel einen Dauerauftrag einrichten und auf das Tagesgeldkonto monatlich 25 bis 100 Euro oder mehr überweisen. Kommen sie mit ihrem Geld gut aus, können sie auch in langfristige Sparziele investieren.

ne Immobilie stecken. Nur wer älter ist und seit dem 1. Januar 2009 einen VL-Bausparvertrag abschließt, muss das Geld für wohnwirtschaftliche Zwecke verwenden. (Mehr Informationen über vermögenswirksame Leistungen auf Seite 109.)

Fondssparplan besonders geeignet

Wie bei Teresa ist bei vielen jungen Leuten in ihren Zwanzigern und manchmal auch Dreißigern die Lebensplanung noch offen. Wesentliche Veränderungen sind möglich. Gleichzeitig haben sie das Problem, nur wenig Geld für die Altersvorsorge aufbringen zu können.

In solch einer Lebensphase eignet sich der Kauf von Aktienfondsanteilen. Auch wenn die damit verbundenen Anlagerisiken manche abschrecken, ist diese Strategie gerade für junge Leute sinnvoll, denn sie können mögliche Tiefs an der Börse aussitzen. Auszubildende, Studenten oder Berufsanfänger sollten nicht resignieren, sondern anfangen, einen Minibetrag zu sparen.

Wer nur 25 Euro Monat für Monat investiert, hat bei einer Anspardauer von 40 Jahren und bei einer durchschnittlichen Rendite von jährlich 7 Prozent immerhin ein Guthaben von 62 161 Euro angesammelt. Bei einer zehnprozentigen Rendite stehen am Laufzeitende sogar 139 970 Euro auf dem Konto.

Ihr Geld sollten Fondssparer möglichst breit streuen. Für Kleinanleger sind das internationale oder europäische Aktienfonds. Grundsätzlich gilt: Je breiter der Fonds investiert ist, desto geringer das Risiko. Vorsicht ist dagegen geboten, wenn der Fonds in ganz spezielle Märkte investiert, zum Beispiel nur in Telekommunikation oder in exotische Weltregionen. Grundsätzlich ist es sinnvoll, wenn Sparer nicht alles auf eine Karte setzen. Haben sie etwas mehr Geld übrig, können sie auch zwei oder mehr Fondssparpläne abschließen.

Die Sparpläne haben den Vorzug, dass die Einzahlungen bei einem finanziellen Engpass ohne Einhaltung von Kündigungsfristen gestoppt werden können. Sparer können die Rate auch jederzeit erhöhen oder einen Einmalbetrag investieren – zum Beispiel, wenn Oma und Opa zum Geburtstag ihrer Enkelin eine kleine finanzielle Unterstützung springen lassen und spontan 500 Euro überweisen.

Tagesgeld

Für Sicherheitsorientierte, die kein Risiko eingehen wollen, bieten sich Bankprodukte mit fester Verzinsung an. Allerdings sind Sparverträge bei Banken und Sparkassen kaum lukrativ. Geeignet ist eher ein Tagesgeldkonto. Diese moderne Form des Sparbuchs bietet meistens höhere Zinsen als ein Banksparplan.

Für junge Menschen, die noch nicht wissen, wie viel Geld sie langfristig zurücklegen können, ist ein Tagesgeldkonto ideal. Damit bleiben sie flexibel und können die Einzahlungshöhe und -dauer

selbst bestimmen. Sinnvoll ist, die bequeme Einzahlung via Dauerauftrag vom Girokonto zu wählen. Monatlich, aber auch vierteljährlich, oder in einem beliebigen Rhythmus, können zum Beispiel 25 bis 100 Euro oder mehr auf das Tagesgeldkonto fließen.

Auch für Einmalbeträge bietet sich das Konto an. Einzahlungen können Sparer unproblematisch stoppen.

Ein weiterer Vorteil: Das Geld ist sicher angelegt. Keine Verlustrisiken bestehen bis zur Höhe von 50 000 Euro bei allen europäischen Banken. In Deutschland sind Guthaben weit über diese Summe hinaus über die Einlagensicherung geschützt.

Ein Tagesgeldkonto sollten sowohl Teresa als auch Lukas einrichten. Bleibt am Monatsende etwas von ihrem Lohn übrig, können sie diesen Betrag auf das Konto überweisen. Ebenso die Geldgeschenke, die sie von Verwandten und den Eltern erhalten.

Teresa könnte das auf dem Tagesgeldkonto angesparte Guthaben in zwei Jahren für eine Kanzleigründung verwenden. Will Lukas in zehn oder zwanzig Jahren seinen Traum von einer Immobilie verwirklichen, kann er das Geld ebenfalls gut gebrauchen. Sollten beide ihre Vorhaben nicht umsetzen, können sie das Geld einfach liegen lassen und vom Zinseszinseffekt profitieren. Jeder Euro wird verzinst.

Private Rentenversicherung

Eine private Rentenversicherung, die Sparern eine lebenslange Rente garantiert, ist eine schöne Sache. Für junge Menschen wie Teresa und Lukas, die noch kein langfristig gesichertes Einkommen haben, ist diese Form der Altersvorsorge aber noch nicht geeignet, weil sie unflexibel ist. Die beiden sorgen entsprechend ihren Einkommensverhältnissen ausreichend mit einer Riester-Rente vor.

Eine private Rentenversicherung kann sich lohnen, wenn Versicherte ihre Beiträge regelmäßig bis zum Rentenstart aufbringen. Ist die berufliche Situation stabil und lassen die Einkommensverhältnisse es zu, können sie damit eine Altersvorsorge aufbauen. Wird ein Vertrag allerdings beitragsfrei gestellt oder sogar vorzeitig gekündigt, profitiert der Versicherer davon. Auszubildende, Studenten und Berufsstarter sollten sich mit dem Abschluss von privaten Rentenversicherungen Zeit lassen.

Fazit

Auszubildende und Berufsanfänger haben manchmal nicht viel Geld. Doch schon mit wenig können sie viel für die Rente tun. Mit einem Riester-Vertrag haben Lukas und Teresa einen wichtigen Baustein für ihre Altersvorsorge gelegt.

JUNGE FAMILIE

Laura jobbt am Wochenende im Frühstückslokal, während ihr Mann Eric auf Sohn Bruno aufpasst. Die 24-Jährige bessert das knappe Familieneinkommen auf, denn die Eltern des Eineinhalbjährigen kamen als Studenten bisher kaum über die Runden.

In drei Wochen ändert sich die Lage der kleinen Familie aber deutlich. Dann tritt Eric eine Stelle als Assistent des Geschäftsführers eines mittelständischen Unternehmens an, in dem er während seines Betriebswirtschaftsstudiums mehrere Praktika absolviert hat. Auch bei Laura könnte es finanziell bald aufwärtsgehen, Sie will noch in diesem Jahr ihr Lehramtsstudium beenden und hofft im Anschluss auf eine Referendariatsstelle.

Für ihre Altersvorsorge konnten die jungen Eltern bisher kein Geld erübrigen. Lediglich 50 Euro im Monat legten sie immer zurück. Weil sie an das Ersparte bei unvorhersehbaren Ausgaben vielleicht immer wieder heran müssen, überweisen sie die Rate auf ein Tagesgeldkonto.

Auch um einen Basisschutz haben sich Laura und Eric gekümmert: Sie haben eine Privathaftpflichtversicherung mit ausreichender Deckungssumme und eine Unfallversicherung für Bruno.

Jetzt will das Paar finanziell langfristiger planen. Als Erstes wollen beide noch eine Berufsunfähigkeitsversicherung abschließen, um einen sozialen Abstieg zu vermeiden, sollte einer von ihnen irgendwann aus gesundheitlichen Gründen dauerhaft nicht mehr arbeiten können. Danach steht eine Riester-Rente ganz oben auf ihrer Liste.

Riester-Verträge für beide

Von der Riester-Förderung können beide Ehepartner profitieren, denn sobald Eric seinen ersten festen Job beginnt, ist er rentenversicherungspflichtig und damit förderberechtigt. Schließt er einen Riester-Vertrag ab, reichen ihm im ersten Jahr sogar 60 Euro an eigener Einzahlung in einen zertifizierten Fonds- oder Banksparplan oder in eine Riester-Rentenversicherung. Schon damit sichert er sich die volle staatliche Grundzulage von 154 Euro.

Eigentlich muss jeder Sparer für volle Zulagen 4 Prozent seines Bruttoeinkommens abzüglich der ihm zustehenden Zulage selbst aufbringen. Es zählt aber das Vorjahresbruttoeinkommen. Im letzten Jahr standen Eric nur die finanzielle Unterstützung seiner Eltern und kleine Einnahmen durch Studentenjobs zur Verfügung. So könnte er nur den Mindestbetrag von 60 Euro einzahlen.

Weniger Einzahlung bedeutet aber auch, dass weniger Geld gespart wird. Außerdem steuert der Staat zusätzlich einen steuerlichen Zuschuss zur Riester-Rente bei, weil Sparer ihren Eigenbeitrag per Steuererklärung im Nachhinein steuerfrei bekommen. Eric will deshalb schon im

ersten Jahr 1 200 Euro in seine Riester-Rente einzahlen.

Verzichtet Laura auf einen Riester-Vertrag, obwohl sie als Ehefrau eines Förderberechtigten Anspruch auf Zulagen hat, könnte Eric seinen Vertrag noch mit der Kinderzulage für Bruno aufpolieren, die allen Eltern pro Kind zusteht. 300 Euro sind das jährlich für ab 2008 geborene Kinder. Für vor 2008 geborene Kinder gibt es bis zu 185 Euro Kinderzulage pro Jahr.

Laura wäre aber gut beraten, wenn auch sie schon mit dem „Riestern" loslegt. Je früher Sparer einsteigen, desto mehr sammelt sich über die Jahrzehnte im Riester-Topf an. Solange Laura noch studiert, ist sie zwar nicht direkt förderberechtigt. Ist Eric Arbeitnehmer und zahlt in einen Riester-Vertrag ein, hat sie als seine Ehefrau dann aber auch einen Anspruch auf Förderung, zumindest indirekt.

Indirekt förderberechtigt heißt, beide Ehepartner können zusammen eigene Riester-Beiträge bis zu 2 100 Euro im Jahr minus der ihnen zustehenden Zulagen von der Steuer absetzen. Sobald Laura als Lehramtsreferendarin Gehalt bezieht, ist sie direkt förderberechtigt. Dann kann jeder Partner bis zu 2 100 Euro Beitrag im Jahr minus Zulagen steuerlich geltend machen, zusammen also 4 200 Euro.

Für junge Eltern sind 4 200 Euro viel Geld. Vermutlich steigen Laura und Eric deshalb mit niedrigeren Beiträgen ein, die sie, verdienen sie mehr, steigern können.

Die Kinderzulage für Bruno sollte auf Lauras Riester-Konto fließen, weil sie möglicherweise im Laufe der Jahrzehnte als Lehrerin insgesamt weniger verdienen wird als Eric und deshalb weniger in die gesetzliche Rentenversicherung einzahlt. Außerdem arbeiten viele Frauen über Jahre nicht voll, zumindest, wenn sie mehrere Kinder haben. Teilzeitarbeit verringert das Einkommen und damit die Altersvorsorge.

Bruno soll kein Einzelkind bleiben. Die Kinderzulage fließt ohnehin automatisch auf das Riester-Konto der Mutter, sobald Laura einen Riester-Vertrag abschließt und den Zulagenantrag an den Anbieter zurückschickt. Nur wenn die Kindesmutter schriftlich im Zulagenantrag des Ehemannes auf die Kinderzulage verzichtet, kann der Ehemann Kinder-Zulagen für seinen Vertrag nutzen.

Beste Variante

Für welchen Riester-Vertrag sollten Laura und Eric sich entscheiden? Empfiehlt sich für beide das gleiche Angebot oder sollte jeder eine andere Variante wählen?

Unterschiede nach dem Geschlecht eines Kunden gibt es bei Riester-Verträgen seit 2006 nicht mehr. Die seither geschlossenen Verträge sind allesamt „unisex" gestrickt, ebenso wie die gesetzliche

Rentenversicherung. Denn die soll durch die Riester-Verträge ja ergänzt werden. Da war es unverständlich, dass die Frauen, die in den ersten vier Jahren nach Beginn der staatlichen Förderung einen Vertrag schlossen, mit der gleichen Sparanstrengung und der gleichen Förderung im Alter auf niedrigere Renten kommen. Dies passiert nur bei nicht geförderten privaten Rentenversicherungen. Hier wird mit der durchschnittlich längeren Lebenserwartung von Frauen kalkuliert.

In der Ansparphase ist das ohnehin egal. Hier vermehrt sich das Kapital je nach Höhe der Einzahlung und Zulagen, der Kosten des Anbieters und seines Erfolgs am Kapitalmarkt beziehungsweise – bei Banksparplänen – des angebotenen Zinses.

Erst ab Rentenbeginn oder spätestens mit 85 Jahren, wenn jedes Riester-Produkt in eine Rentenversicherung mündet, schlägt sich bei privaten Rentenversicherungen die unterschiedliche Lebenserwartung von Männern und Frau nieder – bei Riester-Verträgen nun nicht mehr.

Laura und Eric sind mit einem Riester-Fondssparplan auf der richtigen Spur. Beide sind jung und haben viele Jahre Zeit bis zum Ruhestand. Das Auf und Ab an den Börsen können sie verkraften, aber gleichzeitig von den höheren Ertragschancen bei Börsenwerten profitieren. Ein Verlustrisiko gibt es nicht, denn mindestens die eigenen Einzahlungen plus Zulagen müssen bei Rentenbeginn zur Verfügung stehen, selbst wenn es an der Börse immer nur abwärts ging. Doch das ist unwahrscheinlich.

Will das junge Paar auf jeden Fall einmal eine Immobilie kaufen oder ein Haus bauen, wären Banksparpläne eine Überlegung wert, falls sie das Riester-Gesparte für die Finanzierung verwenden wollen.

Nicht zu empfehlen ist für die jungen Leute eine Riester-Rentenversicherung, egal ob klassisch oder mit Fonds. Hier sind die Kosten zu hoch, die sich größtenteils am vereinbarten Beitrag orientieren. Zahlt einer von beiden während der Laufzeit einmal weniger ein, werden die zu viel bezahlten Kosten nicht erstattet. Erhöht einer den Beitrag, fallen neue Kosten an.

Was nach Riester kommt, wissen Laura und Eric noch nicht. Sie wollen erst einmal keine weiteren „festen" Verträge abschließen, denn Familien brauchen auch einen finanziellen Spielraum.

Betriebliche Vorsorge

Vielleicht bietet sich für Eric bald noch eine betriebliche Vorsorge an. Hier kann er Steuern und Sozialabgaben sparen. Und wenn Eric Glück hat, steuert sein Arbeitgeber einen Teil bei. Dann wird der junge Vater auf jeden Fall zugreifen und diese sichere Möglichkeit einer Zusatzversorgung nutzen. Laura hofft irgendwann als Lehrerin verbeamtet zu werden. Ihre Beamtenpension wäre bei gleichem Bruttoeinkommen während der Berufstätigkeit noch immer viel höher als eine entsprechende gesetzliche Rente für Angestellte.

BERUFLICH ETABLIERTE

Christoph und Andrea haben zwei Kinder. Die 38-jährige Andrea ist Grafikerin in einer Werbeagentur, Christoph, 40, Fernsehingenieur bei einem Nachrichtensender. Weil Christoph oft lange arbeitet und viel auf Dienstreisen ist, kann Andrea nur halbtags tätig sein. Anderenfalls könnte sie ihr Nachmittags- und Abendpensum mit dem achtjährigen Robin und der zehnjährigen Sophie nicht bewältigen, denn Christoph steht, wie leider so viele andere Männer, als Unterstützung nur selten zur Verfügung.

Das Ehepaar wohnt in Köln. Die Mietwohnung ist mit viereinhalb Zimmern für die Familie groß genug und nicht zu teuer. Eine Veränderung wollen die Eltern zurzeit beide nicht, auch weil sowohl ihre Arbeitsstellen als auch die Schulen der Kinder in der Nähe sind. Das spart Zeit und Geld. Lange Wege, die ein Häuschen im Grünen nach sich ziehen würde, wollen sie vermeiden. So kommt eine eigene Immobilie für Andrea und Christoph vorläufig nicht infrage. Das ändert sich wahrscheinlich auch nicht auf längere Sicht, denn beide wissen nicht, wie sicher ihre Jobs sind. Einen Schuldenberg wollen sie nicht riskieren.

Altersvorsorge ist aber für beide ein Thema. Christoph hat vor sieben Jahren eine klassische Riester-Rentenversicherung mit garantierter Verzinsung abgeschlossen. Andrea stieg ein Jahr später mit einem Riester-Banksparplan ein.

Zweimal „Riester"

Dass beide durch ihre Riester-Verträge schon etwas für später sparen, ist richtig. Sinnvoller als Versicherung und Banksparplan wären für die zweifachen Eltern damals allerdings Riester-Fondssparpläne gewesen, denn zum Zeitpunkt des Vertragsschlusses war Christoph erst 33, Andrea 32 Jahre alt.

Junge Leute, die bei Vertragsbeginn noch so weit vom 40. Geburtstag entfernt sind, sollten auch bei „Riester" auf die höheren Ertragschancen eines Börseninvestments setzen.

Doch nun ist es wie es ist. Ein Ausstieg oder Umstieg ist beiden nicht zu empfehlen. Andrea ist bald 40. Fürs Fondssparen ist das nicht zu spät, aber extra dafür Umsteigen – das muss nicht sein.

Christoph sollte bei seinem Vertrag bleiben, weil er schon viel an Abschlusskosten bezahlt hat. Zwar ist noch nicht alles getilgt, erst sieben Zehntel. Bei vor 2005 geschlossenen Verträgen, wie Christoph einen hat, mussten die Anbieter von Riester-Verträgen ihre Abschlusskosten noch über zehn Jahre verteilen, seit 2005 nur noch über fünf Jahre.

Stellt Christoph seinen Vertrag jetzt beitragsfrei, um künftig beispielsweise in einen Banksparplan einzuzahlen, macht das trotzdem wenig Sinn. Aus den ersten sieben Jahren geht er dann mit kaum mehr als einer Nullrendite auf seine Eigenbeiträge plus Zulagen heraus, denn nur dies ist

ihm zum Rentenbeginn vom Gesetz her sicher, wenn er seine Rentenversicherung jetzt beitragsfrei stellt.

Bleibt er dabei und zahlt kontinuierlich ein, kann nachher eine ordentliche Zusatzrente für ihn herauskommen. Je kostengünstiger der Anbieter und je erfolgreicher das Unternehmen am Kapitalmarkt agiert, desto mehr Riester-Rente wird für Christoph einmal herauskommen.

Vorteilhaft für ihn als Mann ist es darüber hinaus, dass der Versicherer in seinem Vertrag die Rente noch mit der kürzeren Lebenserwartung von Männern berechnen darf.

Für ab 2006 geschlossene Riester-Verträge gilt wie in der gesetzlichen Rentenversicherung „unisex". Männer und Frau bekommen fürs gleiche Geld die gleiche Rente, obwohl Frauen im Durchschnitt länger leben als Männer.

Einmal Betriebsrente

Christoph zahlt außerdem einmal im Jahr 1 000 Euro per Gehaltsumwandlung in eine Pensionskasse ein. Sein Arbeitgeber steuert noch einmal die gleiche Summe bei. Christophs Arbeitgeber überweist beide Beiträge zusammen aus dem Bruttoeinkommen des Ingenieurs. Dadurch sinkt sein persönlicher Steuersatz. Die spätere Rente muss Christoph dafür einmal voll versteuern. Auch Sozialabgaben in Form von Kranken- und Pflegeversicherungsbeiträgen werden auf die ausgezahlte Rente fällig. In der Ansparphase sind Christophs Beiträge sozialabgabenfrei. Für die Steuer- und Sozialabgabenfreiheit gilt eine Obergrenze. Sie beläuft sich im Jahr 2009 auf 2 592 Euro im Jahr.

Andrea hat noch keine Betriebsrente. „Riestern" und gesetzliche Rente allein werden ihr aber nicht reichen, um ihr Leben ohne finanzielle Abstriche auch als Rentnerin wie gewohnt fortzusetzen. Sie muss also handeln. Günstig: Pro Kind werden Andrea, die wegen ihrer Kinder mehrere Jahre nicht berufstätig war, in der gesetzlichen Rentenversicherung drei Erziehungsjahre gutgeschrieben.

Für jedes Jahr bekommt Andrea einen Entgeltpunkt. Die Anzahl der während des Berufslebens erworbenen Entgeltpunkte entscheidet später über die Höhe der Rente. Aktuell gibt es für einen Entgeltpunkt in den alten Bundesländern 27,20 Euro, in den neuen Bundesländern 24,13 Euro monatliche Rente.

Die sechs Entgeltpunkte für ihre Kinder bringen Andrea nach heutigen Werten immerhin 163,20 Euro Rente im Monat. Sofern sie während der Erziehungsjahre selbst rentenversicherungspflichtig verdiente, addieren sich diese Beiträge dazu. Bis derzeit etwas über zwei Entgeltpunkte pro Jahr können einzahlende Eltern während dieser Zeit allerdings nicht erzielen. Addiert wird nur bis zur Beitragsbemessungsgrenze.

2009 liegt die Beitragsbemessungsgrenze bei monatlich 5 400 Euro in den alten und 4 550 Euro in den neuen Bundesländern. Kam aus Andreas eigenen Einkünften plus des ihr fiktiv zugerechneten Gehalts während der drei Elternjahre mehr als die im jeweiligen Jahr gültige Obergrenze zusammen, gab es für alles jenseits dieser Grenze keinen zusätzlichen Entgeltpunktgewinn.

Frauen lassen ihre Altersvorsorge häufiger schleifen als Männer, schon weil sie wegen der familiären Belastung weniger Zeit mit diesem Thema verbringen. Auch ihre durch Teilzeittätigkeit oft geringeren Einkünfte sind ein Handicap.

Dabei ist die Lebenserwartung von Frauen sogar höher als die von Männern. Damit sie später einmal keine Not haben, sollten Frauen also ordentlich Geld zurücklegen.

Andreas Firma bietet ihren Mitarbeitern bisher keine betriebliche Vorsorge an. Die Grafikerin hat auch selbst noch nichts unternommen, um Geld in eine Betriebsrente zu stecken, obwohl sie auf ein Angebot bestehen könnte. Denn seit 2002 haben Arbeitnehmer ein Recht auf die sogenannte Gehaltsumwandlung.

Eine Firma muss ihren Mitarbeitern seither die Möglichkeit einräumen, aus dem Bruttoeinkommen für eine spätere Betriebsrente zu sparen, wenn ein Mitarbeiter das verlangt. Beitragen müssen die Betriebe dazu allerdings selbst nichts.

Das ist auch der Grund, warum Andrea mit einer Initiative zögert. Schließt sie jetzt eine Betriebsrente über die Werbeagentur ab, bei der sie arbeitet, zahlt sie alles aus eigener Tasche.

Ob der Vertrag, den die Firma ihr ermöglicht, überhaupt günstig bezüglich Kosten und Erträgen wäre, kann sie nicht beeinflussen. Ihr Arbeitgeber darf bestimmen, welcher Anbieter zum Zuge kommt. Genauso wenig weiß sie, ob ihr Arbeitsplatz ihr auf Dauer bleibt. Was würde dann mit ihrer angefangenen Betriebsrente werden?

Ab 2005 begonnene Betriebsrenten können sehr viel leichter bei einer neuen Firma fortgesetzt werden (siehe Seite 98). Einige Unsicherheiten sind aber geblieben. Aus Rentabilitätsgründen ist es besser, wenn die Rente möglichst selten angefasst wird, weil Änderungen immer Kosten verursachen.

Einen Mitnahmeanspruch haben Arbeitnehmer außerdem nur für den sogenannten Übertragungswert. Mögliche Zusatzvereinbarungen, die beispielsweise das Berufsunfähigkeitsrisiko absichern, muss der neue Arbeitgeber nicht in gleicher Weise anbieten.

Andrea drängt deshalb vorerst nicht auf eine Betriebsrente. Stattdessen kauft sie Renten- und Aktienfondsanteile im Wechsel, um Vermögen zu bilden. Das wandelt sie dann später vielleicht einmal in eine private Sofortrente um.

KÜNFTIGE IMMOBILIENKÄUFER

Ferdinand und Bettina sind beide Ende 20 und kommen aus dem Odenwald. Das Paar wohnt in Stuttgart zur Miete. Ferdinand ist Softwareentwickler und will sich spätestens in fünf Jahren selbstständig machen. Bettina ist Trainee in einem Autokonzern. Die Betriebswirtin strebt am Ende ihrer Ausbildung eine Stelle in der Marketingabteilung des Großunternehmens an. Zurzeit sieht es so aus, als könnte das klappen.

Auch privat haben die jungen Leute klare Vorstellungen. An erster Stelle steht ein eigenes Haus, in dem sie einmal wohnen wollen. Beide sind in einem Eigenheim aufgewachsen. Ein Garten und genug Raum für Familie sind ihnen für ihre Zukunft wichtig. Das Paar wünscht sich in einigen Jahren Kinder.

Für ihr Ziel, einmal in den eigenen vier Wänden zu wohnen, legen Ferdinand und Bettina fleißig Geld zurück in Festgeld und Bausparverträgen. Ohne Eigenkapital, das ist ihnen klar, wird es nichts mit der eigenen Immobilie. Einen nicht zu knappen Zuschuss erwartet jeder von ihnen allerdings auch noch von seinen Eltern.

Beim Sparen setzen Ferdinand und Bettina ausschließlich auf Nummer sicher, gar nicht auf Börseninvestments. Damit wollen sie vermeiden, ausgerechnet in einer schlechten Börsenphase eine geeignete Immobilie zu finden, die sie dann nur mit ungünstigeren Ausgangsbedingungen anschaffen können.

Selbst bei ihrem Riester-Vertrag sind sie zu keinem Risiko bereit. Sie haben jeweils einen förderfähigen Banksparplan abgeschlossen, in den sie den Höchstbeitrag von 2 100 Euro inklusive Zulage einzahlen. 154 Euro gibt der Staat jedem von ihnen als Zulage dazu. Ihren Eigenbeitrag können sie außerdem von der Steuer absetzen. Das bringt beiden eine kräftige Ersparnis, denn da sie nicht verheiratet sind, hat jeder von ihnen noch die schlechte Steuerklasse I.

Hauskauf kann sich lohnen

Ein Hauskauf kann sich lohnen, wenn das Geld reicht und das Objekt seinen Preis wert ist. Schon nach sechs Jahren können Käufer besser dastehen als Mieter. Das hat Finanztest 2009 ausgerechnet. Die Immobilie abzüglich der Restschuld kann dann mehr wert sein als eine vergleichbare Geldanlage eines Mieters. Noch größer wird der Vorteil nach 26 Jahren, wenn der Kredit getilgt ist. Dann gibt der Eigentümer für das Wohnen weniger aus als der Mieter. In den folgenden Jahren baut er seinen Vorsprung rapide aus: Nach 30 Jahren ist sein Haus knapp 145 000 Euro mehr wert als das Vermögen des Mieters.

Je nachdem, in welcher Stadt das Haus steht, kostet ein vergleichbares Objekt unterschiedlich viel. Stuttgart ist nach München der zweitteuerste Ort in Deutschland. 300 000 Euro müssen Käufer hier für

ein gebrauchtes Reihenhaus mit 100 bis 120 Quadratmetern und Standardausstattung auf den Tisch legen, 565 000 Euro für ein maximal 20 Jahre altes freistehendes Einfamilienhaus in dieser Größe. Ferdinand und Bettina brauchen also ziemlich viel Geld, um sich ihren Traum zu erfüllen. Würden die beiden in Bremerhaven wohnen, könnten ihnen 105 000 Euro für ein gebrauchtes Reihenhaus beziehungsweise 150 000 Euro ein einzeln stehendes, 20 Jahre altes Einfamilienhaus reichen. Doch in Stuttgart gibt es dafür auch viele bessere Jobs, die mehr Geld bringen.

Eigenheim gut aussuchen

Ob sich der Kauf eines Hauses oder einer Eigentumswohnung für Ferdinand und Bettina wirklich lohnt, hängt am Ende auch sehr von der Lage ihrer Immobilie ab. Die Verkehrsanbindung sollte stimmen und die sonstige Infrastruktur mit Geschäften, Schulen und Ärzten. Auch das direkte Umfeld, die Nachbarschaft, spielt eine Rolle, nicht nur für das eigene Wohlbefinden. Je besser sie ist, desto höher ist der Preis, den der Besitzer erzielen kann, sollte er sein Eigentum doch irgendwann wieder verkaufen wollen.

Stimmen Preis und Lage, sprechen etliche Vorteile für den Kauf. So sind die Mietersparnis und die Wertsteigerung steuerfrei. Zinsen, Dividenden und Mieteinnahmen anderer Geldanlagen sind dagegen steuerpflichtig, sobald sie den Freibetrag überschreiten. Im eigenen Haus gleicht außerdem die Mietfreiheit im Alter Einkommensverluste im Rentenalter aus und die Unabhängigkeit vom Vermieter schützt vor Kündigung und Mieterhöhung. Anreiz schaffen auch Fördermittel wie beispielsweise Wohn-Riester (siehe Seite 75).

Bleiben Ferdinand und Bettina beruflich auf der Zielgeraden, können sie einen Hauskauf wagen. Dann werden sie es leicht schaffen, die finanzielle Belastung für viele Jahre zu tragen. Mit einer Risikolebensversicherung sollten sie für den Fall vorsorgen, dass einer von ihnen stirbt und der andere die Abzahlungen allein übernehmen muss. Mit einer Berufsunfähigkeitsversicherung kann jeder von ihnen für das Risiko vorsorgen, auf Dauer so zu erkranken, dass er die berufliche Belastung nicht mehr bewältigt.

Arbeitslosigkeit oder Scheidung würden ihre Pläne natürlich durchkreuzen. Dann müssen Ferdinand und Bettina ihr Haus vielleicht unter Zeitdruck und mit Verlust verkaufen. Auch die Wertentwicklung der Immobilien kann anders verlaufen als erträumt. Doch sie hoffen, sich auf Dauer zu verstehen und beruflich fest im Sattel zu bleiben.

ÄLTERE SPARER

Renate und Peter aus Wuppertal sind 54 und 57 Jahre alt. Beide sind berufstätig. Seit mehr als drei Jahrzehnten lebt das Paar zusammen. Heute, im Herbst 2009, wollen sie aber einmal getrennt rechnen, um sich einen Überblick über ihre Finanzen im Alter zu verschaffen. Spätestens mit Anfang 50 sollten Paare die Altersversorgung für jeden Partner einzeln abklären. Dann ist noch Zeit, etwas zu verbessern.

Derzeit erzielt Ingenieur Peter als Angestellter eines Statikbüros ein Bruttoeinkommen von rund 4500 Euro monatlich. Sonderzahlungen erhält er keine. Sein gesetzlicher Rentenanspruch kann sich trotz einer kurzen Arbeitslosigkeit sehen lassen. In seiner jüngsten Renteninformation stehen 1800 Euro. So viel etwa wird Peter bei Rentenbeginn mit 65 Jahren und sieben Monaten brutto erhalten, sofern er bis dahin so gut verdient wie heute. Außerdem kann der 57-Jährige einmal mit rund 280 Euro Betriebsrente rechnen. Diese Rente wird ihm der Pensionssicherungsverein stellvertretend für seine frühere, jetzt pleitegegangene Firma auszahlen.

Renate arbeitet halbtags als Bürokauffrau. Sie verdient knapp 1100 Euro brutto im Monat. Wegen ihrer zwei inzwischen erwachsenen Kinder war sie über viele Jahre hinweg nicht erwerbstätig. Erst vor zwölf Jahren kehrte Renate in den Beruf zurück, zunächst mit einem Minijob. Vor acht Jahren fand sie bei einer Immobilienfirma ihre jetzige Halbtagstätigkeit. Die 54-Jährige wird rund 400 Euro gesetzliche Rente brutto erhalten, wenn sie mit 66 Jahren und zwei Monaten in den Ruhestand geht. Anspruch auf eine Betriebsrente hat sie nicht.

Auf der hohen Kante hat das Ehepaar zurzeit 46000 Euro – die Reserve für ein neues Auto, für eine Waschmaschine oder was sonst so anfällt. Und natürlich für Urlaub. Etwa 1300 Euro an Zinsen bringt das Geld ihnen derzeit im Jahr. Damit bleibt das Paar unter dem Sparerpauschbetrag von 1602 Euro im Jahr für Ehepaare. Die Zinseinkünfte bleiben also steuerfrei. Mit Kapitaleinkünften und nach Abzug von Steuern und Sozialabgaben stehen Renate und Peter im Augenblick netto 3604 Euro im Monat zur Verfügung. Das reicht bequem für alle Kosten. Ihre Wohnung kostet 753 Euro warm. Dazu kommen 60 Euro für Strom, 50 Euro fürs Telefon, 30 Euro fürs Handy und 300 Euro für Auto, Versicherungen, Tageszeitung, Sportverein, Bücherclub – die Fixkosten des Ehepaares belaufen sich auf rund 1200 Euro im Monat.

Wie Abzüge wirken

Erhält Peter im Februar 2018 seine erste Rente, sind 76 Prozent steuerpflichtig, rund 1370 Euro. Die restlichen 430 Euro bleiben steuerfrei. Die Steuern für seine Rente zahlt der 57-Jährige im Nachhinein, für das Jahr 2018 also erst nach Abgabe der Steuererklärung für 2018.

Der steuerpflichtige Anteil einer gesetzlichen Rente hängt vom Jahr des Rentenbeginns ab. Er erhöht sich für jeden Rentenjahrgang um 2 Prozent, ab 2021 um 1 Prozent, bis er im Jahr 2040 bei 100 Prozent liegt. Auf die Rente zahlen gesetzlich Versicherte zudem etwas mehr als halbe Beiträge für die gesetzliche Krankenkasse und volle für die Pflegekasse. Seine Betriebsrente muss Peter über die Lohnsteuerkarte versteuern und auch volle gesetzliche Kranken- und Pflegeversicherungsbeiträge darauf zahlen. Renate wird wohl länger berufstätig sein als ihr Mann. Ist Peter Rentner, während seine Frau arbeitet, würde das Paar netto nach heutigen Werten über 2743 Euro monatlich verfügen. Ab Rentenbeginn der Ehefrau im Jahr 2021 bleiben dem Paar mit Zinsen 2386 Euro pro Monat. Dabei ist eingerechnet, dass Renates Rente zu 81 Prozent steuerpflichtig sein wird.

Tod eines Partners

Einschneidend ist der Tod eines Partners. In der gesetzlichen Rentenversicherung hat sich die Hinterbliebenenversorgung 2002 verschlechtert. Die ungünstige Regelung gilt aber nur, wenn beide Partner nach dem 1. Januar 1962 geboren wurden und das Paar nach 2001 geheiratet hat. Für Renate und Peter gilt altes Recht. Es gibt die große und die kleine Witwenrente. Die große in Höhe von 60 Prozent vom Rentenanspruch des Verstorbenen (neues Recht: 55 Prozent) ist die Regel. Der Rentenversicherer zahlt sie zum Beispiel, sobald die Hinterbliebene mindestens 45 Jahre alt ist oder wenn sie minderjährige Kinder versorgt. Die Altersgrenze von jetzt 45 Jahren steigt ab 2012 schrittweise.

Sollte Peter im Jahr 2026 sterben, erhielte Renate eine große Witwenrente. Steuerpflichtig wären wie bei der Altersrente ihres Mannes 76 Prozent. Zudem stünde ihr eine betriebliche Witwenrente zu. Beide Renten betrügen 60 Prozent der bisherigen Renten. Hinzu kämen Zinseinkünfte und Renates eigene Rente. Letztere liefe ungekürzt weiter, da sie unter dem hier geltenden Freibetrag läge.

Dieser Freibetrag beläuft sich derzeit (seit Juli 2009) auf monatlich 718,08 Euro in den alten und 637,03 Euro in den neuen Ländern. Einkünfte darüber werden zu 40 Prozent von der gesetzlichen Hinterbliebenenrente abgezogen, Riester-Renten jedoch nicht.

Im Todesjahr ihres Mannes läge Renates Nettoeinkommen bei rund 1600 Euro im Monat. Erst ab dem zweiten Jahr nach dem Tod des Partners gilt für eine Witwe steuerlich wieder die Grundtabelle. Renates Nettoeinkommen würde dadurch ab

2028 um knapp 100 Euro auf rund 1 500 Euro pro Monat sinken.

Bliebe Peter allein, hätte er nach dem Tod seiner Frau im Jahr 2026 netto 1 983 Euro. Ab 2028 müsste er durch die andere Besteuerung mit rund 180 Euro weniger, also etwa 1 800 Euro im Monat auskommen. Eine Witwerrente bekäme er wegen hoher eigener Einkünfte nicht.

Solange Renate und Peter zusammen sind und die Gesundheit mitspielt, werden ihnen ihre Einnahmen wohl auch im Alter gut reichen.

Die Kosten für Miete, Krankenversicherung und Auto sollten aber nicht übermäßig steigen. Sonst könnte es für Renate, sollte sie einmal allein bleiben, knapp werden. Vielleicht muss sie dann gelegentlich etwas vom Ersparten beisteuern.

Besser wäre es, Renate würde ab jetzt noch ein wenig Geld für sich zurücklegen. Geeignet wäre für sie ein Riester-Banksparplan. Bringt sie den Förderhöchstbeitrag von 2 100 Euro im Jahr inklusive Zulage auf, müsste sie selbst 1 946 Euro im Jahr oder 162,20 Euro im Monat einzahlen. In den knapp 12 Jahren bis zu Renates geplantem Rentenbeginn käme sie so zusammen genommen auf 25 200 Euro, die verzinst werden und von denen das Ehepaar den Großteil in der Sparphase von der Steuer absetzen kann.

SCHEIDUNG: WENN EINE KRISE ALLES VERÄNDERT

Gut geplant ist halb gewonnen. Doch nicht immer läuft alles nach Plan. Maria, 40, und Dirk, 39, aus Dresden verstehen sich nicht mehr. Sie streiten sich jeden Tag: ums Geld, ums Aufräumen, um die Urlaubsplanung, um die Schwiegereltern, um die Aufgabenverteilung in der Familie, um Rücksichtslosigkeit im Allgemeinen und die allgegenwärtige Lieblosigkeit.

Es kommt, wie es kommen muss – Dirk zieht aus der erst kürzlich erworbenen Eigentumswohnung aus zu einem Freund, der gerade für einige Zeit im Ausland arbeitet. Zunächst geht Dirk nur auf Zeit, später steht fest: endgültig. Maria bleibt mit den Kindern Johanna, 7, und Lukas, 4, zurück.

In der Anfangszeit zahlt ihr Mann die Raten für die Finanzierung der Wohnung weiter. Doch dann verliert Dirk seinen Job als Bauingenieur. Zwar findet er schon wenige Wochen später eine neue Anstellung, aber die Kündigung hat ihn verunsichert. Dirk drängt auf den Verkauf der Wohnung.

Der Schritt ist vernünftig, denn die Kreditabzahlungen plus Wohngeld sind für die getrennten Eheleute zu hoch – schließlich finanzieren sie inzwischen zwei Haushalte. Maria ist Buchhändlerin, ver-

dient mit ihrer Teilzeitstelle in einem kleinen Buchladen in der Nähe aber nur 1 500 Euro brutto im Monat.

Maria findet eine bezahlbare Mietwohnung in der Nachbarschaft. Das ist günstig, denn dann ändert sich bei Schule und Kindergarten für ihren Nachwuchs durch den Umzug nichts. Dirk will seine Vaterrolle weiter gut ausfüllen. Deshalb zieht auch er nur ein paar Straßen weiter, damit die Kinder und er kurze Wege haben.

Beim Verkauf der Wohnung haben Maria und Dirk Glück. Sie bleiben ohne Schulden und behalten sogar einen Teil ihres Eigenkapitals zurück. Das Geld teilen sie auf. So glatt geht das nach einer Trennung selten über die Bühne. Sind sich streitende Paare so uneinig, dass sie ihre Geldangelegenheiten nicht geregelt bekommen, landen Eigenheime schnell bei der Zwangsversteigerung. Der Erlös ist dann meist so niedrig, dass die Partner auf Schulden sitzen bleiben.

Altersvorsorge nicht vergessen

Das Ende ihrer Ehe hat Maria erschüttert, erleichtert und zum Nachdenken über ihre eigene Situation gebracht. Bisher hatte sie sich zum Beispiel gar nicht um ihre Altersvorsorge gekümmert. Erst fand sie sich zu jung für das Thema und hatte andere Sachen im Kopf, dann machte sie eine Kinderpause im Beruf und hatte sowieso kein Geld, dann ging die Finanzierung der Eigentumswohnung vor. Nun ist klar: Ihr Status hat sich sehr verändert. Auf mietfreies Wohnen im Alter kann sie nicht mehr setzen. Die durch eine umfassende betriebliche Altersvorsorge möglicherweise stabile Einkommenslage ihres Mannes im Alter ist für sie auch keine Stütze mehr. Zwar erhält sie von seiner Betriebsrente auch ihren Teil: Das wird bei der Scheidung festgelegt. Dieser Teil ihrer Vorsorge wächst aber nicht weiter.

Maria will sich jetzt um Zusatzeinkünfte im Alter aus eigener Kraft bemühen und erst einmal einen Riester-Vertrag abschließen. Wichtig dafür ist, dass sie sich den Kindergeldbezug sichert, denn nur dann bleiben ihr die Kinderzulagen auch nach der Scheidung erhalten.

Um volle Riester-Zulagen für sich und die beiden Kinder zu beanspruchen, muss Maria einen Mindesteigenbeitrag aufbringen. Er beträgt 4 Prozent ihres Bruttoeinkommens im vergangenen Jahr minus der ihr zustehenden staatlichen Zulagen. Maria verdiente 18 000 Euro. 4 Prozent davon sind 720 Euro. Ihr Zulagenanspruch von 524 Euro setzt sich aus 154 Euro für sich und jeweils 185 Euro für jedes ihrer beiden Kinder zusammen. Zieht sie von 720 Euro 524 Euro ab, bleiben 196 Euro, die sie selbst pro Jahr aufbringen muss.

Sie ist sicher, dass sie das schafft. Maria will sogar etwas mehr einzahlen, damit ihre Riester-Rente später etwas höher ist. Als Produkt kommt für die sicherheitsbewusste Buchhändlerin eine klassische Riester-Rentenversicherung oder ein Riester-Banksparplan infrage. Sie entscheidet sich für den Banksparplan, denn hier verliert sie kein Geld durch Abschlusskosten, die Versicherungsunternehmen ihren Kunden immer in Rechnung stellen. Das ist wichtig, falls Maria ihren Beitrag irgendwann nicht mehr in der anfangs vereinbarten Höhe aufbringen kann. Ihr Job in der Buchhandlung ist alles andere als sicher. Die Konkurrenz durch die großen Buchhandelsketten ist für die kleinen Läden ohne Filialnetz hart. Dann kann es sein, dass die Besitzerin des Geschäfts Maria doch entlassen muss.

Mit einer Riester-Rentenversicherung würde Maria einen verhältnismäßig hohen Anteil für Kosten verlieren, sollte sie zwischenzeitlich weniger oder gar nicht in ihren Riester-Vertrag einzahlen. Denn die meisten Lebensversicherer ziehen die Abschlusskosten schon in den ersten fünf Jahren nach Vertragsschluss in voller Höhe vom Kundenkonto ab. Beim Banksparplan gibt es das nicht. Die Institute preisen ihre Kosten in den Zins ein und dann geht es immer aufwärts. Der Zinsertrag hängt vom Anbieter ab.

Was gut für den Kunden ist, stößt nicht unbedingt auf Gegenliebe bei den Anbietern. Die großen deutschen Geldhäuser haben sich diesem Riester-Produkt von Anfang an verweigert, vermutlich, weil es ihnen zu wenig abwirft. So teilen sich fast ausschließlich Sparkassen und Genossenschaftsbanken das Geschäft, allerdings alles andere als flächendeckend. In großen Teilen Ostdeutschlands gibt es keine Angebote vor Ort. Maria wendet sich an eine ortsfremde Bank und erledigt die Formalitäten per Post. Das ist unbequem, aber auch nicht so kompliziert, wie manche meinen. Den Antrag muss ohnehin jeder Riester-Sparer ausfüllen, und die Vorlage des Personalausweises in einer Postfiliale sollte kein unüberwindliches Hindernis darstellen. Die Bank schickt dem Sparer normalerweise schon nach einigen Tagen die Vertragsunterlagen zu.

Vater mit Unterhaltspflicht

Auch Dirks Lebensplanung ist durch die Trennung und baldige Scheidung von Maria auf den Kopf gestellt worden. Er verdient jetzt weniger, weil er die günstige Steuerklasse III nach dem Auszug aus der Familienwohnung verloren hat. Das gemeinsame Auto hat er Maria gelassen, die die Kinder viel transportieren muss. Beruflich benötigt Dirk in seinem neuen Job nun aber einen eigenen Wagen, um in sein recht weit entferntes Büro zu gelangen und tagsüber zu verschiedenen Baustellen fahren zu können. Dienstfahrzeuge wurden in der neuen Firma in jüngster Zeit eingespart. So hat sich Dirk kürzlich einen gebrauchten Kleinwagen zugelegt.

Die Betriebsrente seiner alten Firma kann Dirk glücklicherweise im neuen Unternehmen fortsetzen. 2 000 Euro zahlt er aus seinem Bruttoeinkommen seit vier Jahren dort ein. Allerdings gibt sein neuer Arbeitgeber deutlich weniger dazu als sein alter, der 10 Prozent drauflegte.

Dirk denkt außerdem über eine Riester-Rente nach, auch wenn er keine Kinderzulagen bekäme. Die nutzt Maria schon für ihren Vertrag. Er könnte aber vom zusätzlichen Steuervorteil ordentlich profitieren. Dirk will aber erst einmal abschätzen können, wie er mit seinem eigenen Haushalt, den Unterhaltszahlungen für die Kinder und den sonstigen Kosten zurechtkommt. Ihm ist schon aufgefallen, dass er im Alltag mehr ausgibt als früher, weil er mehr auswärts isst und auch abends häufiger weggeht. Schließlich will er nicht zu Hause versauern. Mit wiedergetroffenen Freunden hat er sich für einen Segeltörn verabredet, mit ein paar Kollegen will er im Winter Skifahren gehen. Da bleibt nicht viel Geld fürs Sparen übrig. Vielleicht, so hofft er, kann er Überstunden machen und sich durch besonderen Einsatz für eine höhere Position ins Gespräch bringen. Viel mehr als jetzt will Dirk aber nicht arbeiten, denn einmal pro Woche und jedes zweite Wochenende sind seine Kinder bei ihm.

OHNE ERBE WÄRE ES KNAPP

Sabine ist Zahnarzthelferin. Sie hat keine Kinder. Nach zwei längeren Beziehungen lebt die 51-Jährige heute allein.

Mit ihrem Job in einer großen Zahnarztpraxis im Zentrum Heidelbergs ist Sabine sehr zufrieden, aber seit einiger Zeit machen ihr gesundheitliche Probleme Sorgen. Schon seit Längerem leidet sie unter Rückenschmerzen, im letzten Jahr kam eine Netzhautablösung dazu. Monatelang war Sabine deswegen krank geschrieben. Erst vor einigen Wochen konnte sie an ihren Arbeitsplatz zurückkehren, an dem sie mittlerweile seit über 17 Jahren tätig ist. An eine volle Stelle ist vor allem wegen ihrer schlechten Augen vorläufig nicht mehr zu denken. Sabine hofft, zumindest halbtags weiter arbeiten zu können.

Weil sie nun weniger Stunden tätig ist, verdient Sabine viel weniger. Ihre kleine Zwei-Zimmer-Mietwohnung mit Terrasse in Handschuhsheim, einem Stadtteil von Heidelberg, könnte sie sich von den etwas über 1 000 Euro, die ihr pro Monat aufs Konto überwiesen werden, nicht mehr leisten, hätte sie nicht vor zwei Jahren geerbt. Etwa 370 000 Euro hat Sabines Mutter ihr hinterlassen, als sie eineinhalb Jahre nach dem Tod des Vaters starb.

Der Verlust der Eltern ist für Einzelkind Sabine schmerzlich, hatte sie doch häufigen, sehr guten Kontakt sowohl zu ihrer Mutter als auch zu ihrem Vater. Ihre Familie ist geschrumpft. Zwei Cousinen leben jedoch nicht weit weg im Odenwald. Sie haben beide Kinder. Sabine fährt am Wochenende mit ihrem kleinen Auto gern dorthin.

Durch das Erbe kann Sabine ihren Lebensstandard vorläufig halten. Sie hat alles in Festgeldern angelegt und muss die Zinsen versteuern. Das macht ihr nichts aus. Sicherheit ist das, was sie am meisten sucht und braucht. Verluste, die ein Börseninvestment mit sich bringen kann, kann sie sich nicht leisten.

Eigene Immobilie

Für Sabine kommt der Kauf einer Eigentumswohnung infrage, damit sie mietfrei wohnen kann. Am liebsten würde sie genau ihre jetzige Mietwohnung erwerben, und die Karten dafür stehen gut. Die Wohnung gehört einem Ehepaar, das inzwischen in Neckargemünd in einem eigenen Haus wohnt, weil für ihre Kinder in der Handschuhsheimer Wohnung nicht genügend Platz war. Eigentlich wollte das Paar die Wohnung nicht veräußern, sondern als Kapitalanlage oder später für eines seiner Kinder behalten. Doch jetzt erwartet die Frau ein drittes Kind und muss anschließend vermutlich längere Zeit aus dem Beruf aussteigen. Da kann die Familie den Erlös aus dem Verkauf der Wohnung an Sabine gut gebrauchen. Die Verkaufsverhandlungen haben begonnen.

Sabine wird sich mit den Eigentümern einig. 140 000 Euro bezahlt sie für die 60 Quadratmeter. Das ist kein Schnäppchen, aber die Wohnung gefällt ihr gut und Heidelberg ist ein teures Pflaster. Da sie das Geld für die Wohnung bar hat, muss Sabine keine Zusatzkosten für die Finanzierung aufbringen. Allerdings sinken ihre Zinseinnahmen, weil sie jetzt weniger Geld auf der Bank hat. Dafür kommt sie künftig mit 180 Euro Wohngeld statt 570 Euro Miete im Monat besser zurecht. An ihr Erspartes muss sie seltener herangehen.

Sicherheit hat Vorrang

Sabine legt jeden Monat 26 Euro in vermögenswirksamen Leistungen an. Den gleichen Betrag steuert noch einmal ihr Arbeitgeber bei. Und sie zahlt 50 Euro in eine Riester-Rente ein. Die Riester-Rente hat sie bereits vor sechs Jahren als klassische Rentenversicherung abgeschlossen. Anfangs zahlte sie nur 30 Euro im Monat, seit 2004 aber 50. Inzwischen bekommt sie jährlich 154 Euro Zulage vom Staat dazu.

Wie hoch ihre Riester-Rente einmal sein wird, weiß Sabine nicht genau, denn das hängt auch davon ab, wann sie in den Ruhestand geht. Bleibt sie bis zu ihrem regulären Rentenbeginn mit genau 66 Jahren, gibt es natürlich etwas mehr Riester-Rente, als wenn sie schon vorher auch mit Abschlägen in der gesetzlichen Rentenversicherung aussteigt.

Nach dem Kauf der Wohnung will sich Sabine vor allem erst einmal um ihre Gesundheit kümmern. Sie hat eine Kur beantragt, die die gesetzliche Rentenversicherung für sie bezahlen wird. Vielleicht, denkt Sabine, schafft sie es sogar, bald wieder zumindest 30 Stunden in der Woche zu arbeiten. Ihre beiden Chefs unterstützen sie, denn sie ist eine kundige, zuverlässige Mitarbeiterin. Mit ihrem Geld will Sabine auch in den kommenden Jahren keine Experimente machen, sondern es durchgängig konservativ anlegen. Das ist nicht immer leicht, denn die Berater bei der Heidelberger Volksbank haben schon mehrfach versucht, sie zu „renditestärkeren" Investments zu überreden.

Sabine bleibt standhaft, denn von Geldanlage versteht sie eigentlich gar nichts. Deshalb will sie ihre wichtigen Rücklagen auch nicht in Produkte stecken, die für sie böhmische Dörfer sind.

Ab und zu, das hat sie sich aber vorgenommen, will sie auch bei anderen Kreditinstituten auf besonders gute Zinsangebote achten und ihr Geld dafür auch auf mehrere Banken verteilen.

IM ALTER MIT GELD UMGEHEN

Der Umgang mit Geld und die finanzielle Vorsorge für später enden nicht mit Beginn des Ruhestandes. Auch im Rentenalter geht es noch um Geldanlage, meistens aber ums „Verbrauchen" dessen, was in den Jahren zuvor angehäuft wurde. Das ist auf verschiedene Weise möglich.

Abgesichert, aber sicherheitsbewusst

Wer abgesichert ist, aber das Risiko scheut, ist mit Bankauszahlplänen und Sparbriefen gut bedient.

Die 63-jährige Wilma zum Beispiel möchte keinerlei Risiko eingehen. Fondsinvestments kommen für sie deshalb nicht infrage. Die vor Kurzem pensionierte Grundschullehrerin war mit einem Kollegen verheiratet, der im vergangenen Jahr mit 66 Jahren starb. Kinder hatte das Paar nicht. Mit ihrer eigenen Pension und den Ansprüchen aus der Pension ihres Mannes kommt Wilma auf 3300 Euro monatlich – das reicht ihr allemal zum Leben, vor allem, weil sie in einer abbezahlten Eigentumswohnung wohnt.

Aus einer Kapitallebensversicherung hat Wilma kürzlich 100 000 Euro erhalten. Nun überlegt sie, was sie mit diesem Geld machen soll.

Für ihren Grundbedarf benötigt die 63-Jährige keine dauerhafte monatliche Leistung. Eine Rentenversicherung ist für sie also kein Thema. Sie möchte in nächster Zeit aber viel herumreisen und vielleicht auch ihre Schwester und deren Tochter und Enkelsohn dazu einladen.

30 000 der 100 000 Euro legt Wilma in einem Bankentnahmeplan an, der über 10 Jahre läuft. Sie wählt ein Angebot, das ihr 4 Prozent Zins und damit eine Auszahlung von gut 300 Euro im Monat sichert.

Diese feste monatliche Überweisung findet Wilma bequem. Die restlichen 70 000 Euro vom Ersparten investiert die ehemalige Lehrerin in Sparbriefe und Bundesanleihen mit unterschiedlichen Laufzeiten. Später will sie neu entscheiden, was sie damit macht.

Zusatzrente bis zum Ende des Lebens

Wilmas 65-jähriger Nachbar Herbert hat eine andere Strategie.

Herbert ist schon lange geschieden und lebt heute allein in einer Mietwohnung. Seine Exfrau hat wieder geheiratet. Die beiden Kinder haben feste Jobs. Im Monat bekommt Herbert 1 300 Euro gesetzliche Rente. Eine betriebliche Zusatzrente hat er nicht. Seine Wohnung kostet 560 Euro. Strom, Telefon, Auto, Essen, gelegentliche Restaurantbesuche und vor allem eine gute Fahrradausstattung müssen bezahlt werden.

Herbert findet 1 300 Euro dafür zu knapp. Der sportliche Rentner glaubt fest, dass er sehr alt wird. Für Leute, die ein hohes Alter erreichen, lohnt sich eine Rentenversicherung. Für 100 000 Euro kauft sich Herbert eine klassische Rentenversicherung gegen Einmalbeitrag. Die Rente daraus beginnt sofort und bessert die Einkünfte des Rentners dauerhaft auf. Das ist ihm lieber als ein Bankentnahmeplan, denn Herbert will auf jeden Fall auch in sehr hohem Alter noch eine regelmäßige monatliche Zusatzeinnahme haben.

Der 65-Jährige wählt eine volldynamische Auszahlungsvariante beim letzten Testsieger in Finanztest. Hier bekommt er anfangs nur 408 Euro im Monat. Dafür steigt die Rente Jahr für Jahr durch Überschüsse, sofern es welche gibt, etwas an.

Wenn Herbert 85 Jahre alt ist, soll sich die Rente auf 658 Euro im Monat belaufen. Selbst wenn die Hochrechnungen des Unternehmens nicht zutreffen sollten, ist klar: Jede zwischendurch erreichte Rentenhöhe kann zumindest nicht mehr sinken, weil er die dynamische Auszahlungsvariante gewählt hat.

Da Herbert eine Rentengarantiezeit von 20 Jahren vereinbart hat, wäre das eingezahlte Geld nicht vollständig weg, sollte er doch nicht mehr lange leben. Die verbliebenen Rentenzahlungen bis zum Ende der Rentengarantiezeit gehen dann an seine Kinder, auch wenn diese nicht auf dieses Geld angewiesen sind.

Als kaufmännischer Angestellter hat Herbert sein Berufsleben weitgehend in Hausverwaltungen verbracht. Von seinem mäßigen Gehalt lebten zwar auch seine damalige Frau und seine beiden inzwischen erwachsenen Kinder. Trotzdem gelang es ihm, über die Jahre insgesamt sogar 120 000 Euro zusammenzutragen, die ihm jetzt als Rentner mit 65 Jahren zur Verfügung stehen.

Nach dem Rentenkauf hat Herbert noch 20 000 Euro übrig, von denen er die Hälfte auf ein Tagesgeldkonto legt. Hier bekommt er zwar nur 2,25 Prozent Zinsen, kann über dieses Geld aber täglich verfügen, beispielsweise wenn sein Kühlschrank kaputt ginge oder er eine neue Brille benötigte. Die restlichen 10 000 Euro steckt Herbert in Bundesobligationen. Das bringt ihm etwas mehr Rendite.

Vermögen weiter vermehren

Herberts Freunde Juliane und Gerhard haben keinerlei Geldsorgen.

Ein eigenes Haus, eine gute Pension, ein bisschen gesetzliche, ein bisschen private Rente – Juliane und Gerhard, 65 und 68 Jahre alt, sind finanziell mehr als gut abgesichert. Der Beamte im Ruhestand war früher Jurist im gehobenen Dienst, seine Frau arbeitete mit Unterbrechungen für die Erziehung der drei Kinder stundenweise als Sekretärin. Das Ehepaar hat vor allem durch Gerhards sehr gute Pension monatlich über 4 500 Euro. Davon ist die private Krankenversicherung zu zahlen. Außerdem ist ein Großteil dieser Einkünfte voll steuerpflichtig.

Sie haben außerdem 100 000 Euro gespart, die sie anlegen möchten. Für einen größeren Teil davon möchten sie die Renditechancen von Fonds nutzen. Juliane und Gerhard können sich das leisten, denn sie benötigen das Geld nicht, um regelmäßige Ausgaben zu decken. So könnten die beiden ohne Bedenken voll auf die höheren Renditeerwartungen setzen, die Investmentfonds ihnen bieten.

Eine Mischung aus Sicherheit und Renditechance ist ihnen aber lieber. 50 000 Euro investieren sie in Sparbriefe und Bundesanleihen mit unterschiedlichen Laufzeiten. So bleiben sie flexibler, falls sie doch einmal eine größere Summe benötigen.

Für die andere Hälfte des Geldes kauft das Paar Anteile an internationalen Aktienfonds. Sie verteilen das Geld auf mehrere Fonds, um so das Risiko noch breiter zu streuen, und achten beim Fondskauf darauf, dass Ausgabeaufschläge und Depotkosten möglichst niedrig bleiben.

Ein Teil ihrer Kurs- und Zinsgewinne bleibt wegen des Sparpauschbetrags von 1 602 Euro für Ehepaare steuerfrei. Auf darüber hinausgehende Erträge ist die 25-prozentige Abgeltungsteuer fällig.

Läuft alles gut, kann sich das Vermögen der beiden mittelfristig verdoppeln. Auf jeden Fall können sie an einen großen Teil ihres Geldes jederzeit heran. Und nach ihrem Tod kann für ihre Erben etwas übrig bleiben.

STRATEGIE ÜBERPRÜFEN

Für viele Vorsorgesparer ist der langfristige Werterhalt ihres Vermögens bis zum Rentenalter sicher ein wichtiges Anlagemotiv. Zumindest ein Teil des Kapitals sollte aber leicht verfügbar sein, um für nicht vorherzusehende Ausgaben gerüstet zu sein. Einmal im Jahr sollte jeder sich fragen, ob die Vorsorge fürs Alter ausreicht, ob die Strategie richtig ist oder ob er womöglich sogar zu viel fürs Alter spart.

Bei der Überprüfung der Strategie helfen die Renteninformation der gesetzlichen Rentenversicherung und – mit Einschränkungen – die Standmitteilungen der Versicherer über die zu erwartende Rente sowie die Wertmitteilungen von Banken und Fondsgesellschaften.

Auf dem neuesten Stand

Aus der jährlichen Renteninformation sollen schon junge Versicherte erfahren, wie hoch ihre Rente einmal ungefähr sein wird. Ältere Versicherte bekommen eine ausführlichere Rentenauskunft.

Die Höhe der gesetzlichen Rente hängt davon ab, wie lange und wie viel der Versicherte in die Rentenkasse eingezahlt hat. Den Verdienst des Beitragszahlers rechnet der Rentenversicherungsträger jedes Jahr in Entgeltpunkte um. Wer im Jahr brutto so viel verdient wie der Durchschnitt aller Versicherten, das sind derzeit 30 879 Euro, bekommt einen Punkt. Ist der Verdienst höher oder niedriger, gibt es entsprechend mehr oder weniger Entgeltpunkte.

Um die Rentenhöhe zu ermitteln, werden alle bis zum Rentenalter erreichten Entgeltpunkte zusammengezählt. Dann werden sie mit dem monatlichen Rentenbetrag, der sich für einen Entgeltpunkt ergibt, multipliziert. Ein Entgeltpunkt bringt derzeit 27,20 Euro in den alten und 24,13 Euro in den neuen Bundesländern an monatlicher Rente.

Mithilfe der Renteninformation soll der Versicherte seine Versorgungslücke feststellen können. Für das Geld, das im Alter fehlt, muss er selbst vorsorgen. Entweder

TIPP **Lücken schließen**

Überprüfen Sie Ihre Renteninformation auf Lücken. Wenn beispielsweise Zeiten der Kindererziehung oder Arbeitslosigkeit auf dem Rentenkonto fehlen, beantragen Sie bei Ihrem Rentenversicherungsträger eine Kontenklärung. Fragen Sie die Berater telefonisch (0800/10 00 480 70, kostenlos), welche Nachweise erforderlich sind, und reichen Sie sie ein. Auf Kopien der Nachweise muss deren Übereinstimmung mit dem Original bestätigt sein.

mit einer Betriebsrente, einer Riester-Rente, einer ganz privaten Geldanlage oder mit einer Kombination von Vorsorgemöglichkeiten.

Eine Renteninformation bekommen alle Versicherten, die zwischen 27 und 54 Jahre alt sind, und die mindestens fünf Jahre Rentenbeiträge gezahlt haben.

Versicherte ab 55 Jahren bekommen nur alle drei Jahre einen Überblick über ihre bisher erreichte Rentenanwartschaft – per Rentenauskunft. Sie enthält zusätzliche Informationen, beispielsweise wie hoch eine Hinterbliebenenrente im Todesfall des Versicherten wäre.

Doch reichen die Informationen per Rentenauskunft und Renteninformation? Wenn er seine Renteninformation studiert, sollte der Versicherte zumindest zwei Dinge im Kopf haben:

- Die jährlichen Steigerungssätze in Höhe von 1 Prozent beziehungsweise 2 Prozent, mit denen die künftige Altersrente beispielhaft hochgerechnet wird, sind recht optimistisch.
- Die Inflation kann bei der Prognose der Rente nicht exakt berücksichtigt werden. Die Renteninformation enthält lediglich den Hinweis, dass „bei einer Inflationsrate von beispielsweise 1,5 Prozent zu Ihrem 65. Lebensjahr 100 Euro voraussichtlich nur noch eine Kaufkraft nach heutigen Werten von etwa 65 Euro besitzen".

Inflation: Zeit frisst Rente

Im vergangenen Jahrzehnt verlor das Geld in Deutschland im Schnitt 2 Prozent jährlich an Kaufkraft. Von 4 Prozent Ertrag blieben real 2 Prozent übrig. Ein Zins von 2 Prozent oder weniger, wie beim Sparbuch üblich, verhinderte also nur den Verlust von Kaufkraft.

Auch eine Investition in eine Immobilie ist nicht inflationssicher. Hier ist nur die Rechnung schwieriger: Wie viel hat mich das Haus bis zum Verkauf mit Zinsen und Instandhaltung gekostet? Wie viel Geld bringt mir der Verkauf? Was bleibt unterm Strich als Ertrag pro Jahr übrig?

Wir haben die Renditen der wichtigsten Altersvorsorgeangebote verglichen. Abgezogen haben wir jeweils 2 Prozent Inflation. Die Tabelle auf Seite 224 zeigt, wer sein Geld wo am besten investiert.

Für Arbeitnehmer mit Einkünften im Jahr bis 45 000 Euro ist es sehr attraktiv, in eine Betriebsrente zu investieren: Sie profitieren besonders stark davon, dass auf ihre Einzahlungen keine Sozialabgaben fällig sind (Fall 1). 2 Prozent Inflation dämpfen den Ertrag, aber es bleibt noch ein gutes Plus übrig, selbst bei langen Laufzeiten.

Gesetzlich versicherte Gutverdiener zahlen dagegen bereits für Teile ihres Einkommens keine Sozialabgaben und können deshalb keine sparen (Fall 3).

WAS BEI 2 PROZENT INFLATION VON DER RENDITE ÜBRIG BLEIBT

Die Tabelle zeigt, welchen Ertrag Vorsorgeverträge mit und ohne staatliche Förderung für wen erwarten lassen. Wir haben unterstellt, dass alle Geldanlagen vor Steuern 4 Prozent Rendite im Jahr bringen und die Inflation gleichmäßig 2 Prozent beträgt. Am Ende stehen Renditen zwischen minus 2,8 und plus 12,9 Prozent, weil sich unterschiedliche Laufzeiten und Unterschiede bei der Förderung und im Steuersatz bemerkbar machen. Die besten Renditen erzielen Arbeitnehmer mit maximal 45 000 Euro Bruttojahreseinkommen, die im letzten Jahrzehnt vor ihrem Ruhestand ein paar Jahre lang eigenes Geld in eine Betriebsrente investieren.

Laufzeit (Jahre)	**Riester-Vertrag Rendite** (Prozent)		**Rürup-Vertrag Rendite** (Prozent)		**Rendite (Prozent) für Betriebsrenten (Direktversicherungen, Pensionsfonds, Pensionskassen)**					
					Fall 1: Volle Sozialabgabenersparnis für die Einzahlung		**Fall 2:** Arbeitslosen- und Rentenversicherungsersparnis für Einzahlung		**Fall 3:** Keine Sozialabgabenersparnis für Einzahlung, gesetzlich versichert	
	Steuersatz		**Steuersatz**		**Steuersatz**		**Steuersatz**		**Steuersatz**	
	30 %	**44 %**	**30 %**	**44 %**	**30 %**	**44 %**[1]	**30 %**	**44 %**	**30 %**	**44 %**
5	6,4	7,5	5,4	6,1	10,1	12,9	4,2	4,9	–1,8	–2,8
10	4,3	4,9	3,6	3,8	6,2	7,6	3,2	3,5	0,0	–0,6
15	3,5	3,9	3,1	3,3	4,8	5,7	2,8	3,0	0,6	0,3
20	3,1	3,4	2,8	2,9	4,1	4,7	2,6	2,8	1,0	0,7
25	2,9	3,1	2,6	2,6	3,6	4,1	2,5	2,6	1,2	1,0
30	2,7	2,9	2,5	2,4	3,3	3,8	2,4	2,5	1,4	1,2
35	2,6	2,8	2,4	2,4	3,1	3,5	2,3	2,4	1,5	1,3
40	2,5	2,7	2,4	2,4	2,9	3,3	2,3	2,3	1,5	1,4

1) Dieser Steuersatz ist auch bei Sozialabgabenpflicht möglich, wenn weitere Einkünfte vorliegen.

Fall 1. Das sind Arbeitnehmer, deren jährlicher Bruttolohn unter der Beitragsbemessungsgrenze für die gesetzliche Krankenversicherung liegt (2010: 45 000 Euro im Jahr). Sie sparen deshalb für ihre Einzahlung den vollen Sozialversicherungsbeitrag von derzeit 20,525 Prozent (8,2 Prozent Kranken-, 0,975 Prozent Pflege-, 9,95 Prozent Renten- und 1,4 Prozent Arbeitslosenversicherung, ab Juli 2010: 1,5 Prozent). Im Alter sind für die Betriebsrente 17,45 Prozent Sozialversicherungsbeitrag fällig (15,5 Prozent Kranken- und 1,95 Prozent Pflegeversicherung).

Fall 2. Die Rechnung gilt für alle Arbeitnehmer, deren jährlicher Bruttolohn über der Bemessungsgrenze für die Krankenversicherung liegt (2010: 45 000 Euro im Jahr), aber die Grenze für die Arbeitslosen- und Rentenversicherung nicht übersteigt (zurzeit: 55 800/66 000 Euro neue/alte Bundesländer). Sie sparen deshalb für ihre Einzahlung nur den Arbeitslosen- und Rentenversicherungsbeitrag. Die Ersparnis beträgt 11,35 Prozent, ab Juli 2010: 11,45 Prozent (9,95 Prozent Renten- und 1,4 Prozent Arbeitslosenversicherung, ab Juli 2010: 1,5 Prozent). Im Alter sind auch hier 17,45 Prozent Sozialversicherungsbeitrag fällig.

Fall 3. Die Werte gelten ebenfalls für Arbeitnehmer, die keine Sozialabgaben sparen, weil ihr Arbeitslohn über der Bemessungsgrenze für die Arbeitslosen- und Rentenversicherung liegt (2010: 55 800/66 000 Euro neue/alte Bundesländer). Da sie privat krankenversichert sind, zahlen sie für ihre Betriebsrente später keine Sozialabgaben.

Fall 4: Keine Sozialabgabenersparnis für die Einzahlung, privat versichert		**Private Rentenversicherung ohne Förderung Rendite** (Prozent)	
Steuersatz		**Steuersatz**	
30 %	**44 %**	**30 %**	**44 %**
6,5	7,6	0,8	–0,1
4,4	4,9	1,3	0,9
3,6	3,9	1,6	1,2
3,2	3,4	1,7	1,4
2,9	3,1	1,7	1,6
2,7	2,9	1,8	1,6
2,6	2,8	1,8	1,7
2,5	2,7	1,9	1,7

Haben sie nur noch wenige Jahre bis zum Ruhestand, bleibt ihnen nach Abzug der Inflation gar kein Ertrag: Sie machen mit der Betriebsrente sogar Verlust und sollten besser auf die Riester-Rente setzen.

Gegen die Inflation arbeiten

Berufstätige können der Inflation auf der Karriereleiter davonlaufen. Sie können sich fortbilden, den Arbeitgeber wechseln oder Zusatzaufgaben übernehmen. Die Kaufkraft ihres Einkommens lässt sich damit vielleicht erhalten. Wohlhabende Rentner entgehen dem Kaufkraftverlust, wenn sie ihr Vermögen gut vermehren. Ruheständler, die von der gesetzlichen Rente leben, werden dagegen ärmer, wenn diese unverändert bleibt. Auch deshalb verdienen Rentner in den ersten Jahren oft noch etwas dazu.

Gut 780 000 ältere Menschen hatten in Deutschland 2009 einen Minijob auf 400-Euro-Basis. Doch je älter jemand wird, desto anstrengender ist so ein Job für ihn. Eine Rente sollte deshalb langfristig reichen, um den Lebensstandard zu sichern. Jüngere Leute legen besser mehr als weniger zurück und versuchen, den realen Wert ihrer späteren Alterseinkünfte richtig einzuschätzen.

Der Inflationsrechner unter www.test.de/finanzbedarf errechnet, was Ihre Rente bei 2 Prozent Inflation bei Rentenbeginn wert ist. Pessimisten können die Inflation höher ansetzen. Der Rechner lässt sich für private Renten ebenso benutzen. Deren voraussichtliche Höhe lässt sich aus der jährlichen Standmitteilung von der Versicherungsgesellschaft hoffentlich ablesen. Allerdings findet sich in den Standmitteilungen der Versicherer meist gar kein Hinweis auf die Inflation, geschweige eine Musterrechnung, die die Inflation mit einrechnet.

Standmitteilungen oft unzureichend

Oft lassen die Standmitteilungen ohnehin zu wünschen übrig. Sie sind häufig unvollständig oder sogar fehlerhaft. Nur wenn der Sparer alle Positionen kontrollieren kann, ohne dass er diverse andere Formulare durchforsten muss, ist die Mitteilung gut. Vor allem bei den Versicherungen liegt vieles im Argen. Das hat unser Test der Riester-Standmitteilungen gezeigt.

Besonders unangenehm fiel uns auf, dass nur wenige Versicherungen ohne Umschweife alle Kosten so ausweisen, dass der Kunde gleich weiß, woran er ist. Die Kosten sind bei vielen Verträgen in den ersten Jahren nun einmal so hoch, dass sie die kompletten Zulagen aufzehren. „Der Staat subventioniert doch direkt die Versicherungen", lasen wir immer wieder in den Leserzuschriften.

Die Kostenbelastung ist zweifellos ärgerlich. Doch Riester-Sparer übersehen in ihrem Groll, dass sie mit der Vertragslaufzeit sinkt und dann im Durchschnitt ein erträgliches Niveau erreicht. Für Verträge mit 20 oder 30 Jahren Laufzeit ergibt sich ein deutlich günstigeres Verhältnis von Kosten und Ertrag, als es zu Beginn scheint. Allerdings sind die Anbieter an den Missverständnissen nicht unschuldig. In vielen Jahresmitteilungen werden die wahren Kosten verschleiert.

Die Mitteilungen für die von Finanztest untersuchten Riester-Fondssparpläne waren auch kein Ruhmesblatt. So suchen Sparer bei der UniProfirente von Union Investment vergebens nach einem alten Kontostand, der die Vermögensentwicklung erst nachvollziehbar macht.

INFO **Optimistische Information**

Die jährliche Information über den Stand Ihrer gesetzlichen Rente ist mit Unsicherheiten behaftet. Zum einen sind politische Eingriffe nicht vorhersehbar. Zum anderen zeichnet die Rentenversicherung ein rosiges Bild, wenn sie 1 und 2 Prozent Rentensteigerung pro Jahr vorrechnet. Allerdings teilt Ihnen der Rentenversicherer auch mit, wie hoch die Rente wäre, wenn es gar keine Steigerung gäbe. Das ist lobenswert. Von gar keiner oder einer geringen Rentensteigerung auszugehen, ist sicherer.

Optimistisch ist auch die angegebene Inflationsrate von 1,5 Prozent pro Jahr. Die tatsächliche Rate war in den letzten Jahren meist höher.

Die insgesamt besten Abrechnungen fanden wir bei Riester-Banksparplänen. Das mag vor allem daran liegen, dass diese Verträge vergleichsweise einfach sind und kaum versteckte Gebühren enthalten. Aber selbst hier ist noch nicht alles perfekt. So fehlt bei allen Verträgen eine lückenlose Auflistung der verschiedenen Zinssätze, die im Lauf des Jahres aktuell waren. Der Sparer sollte wissen, wie seine Beiträge über welchen Zeitraum verzinst wurden. Da fast alle Riester-Banksparpläne an einen Referenzzins gebunden sind, sollte auch eine Information über dessen aktuelle Höhe nicht fehlen.

Für die Planung der Altersvorsorge sind nachvollziehbare Standmitteilungen unverzichtbar, damit der Vorsorgesparer weiß, mit wie viel Geld er im Alter rechnen kann. Kunden, die ihre Standmitteilung nicht verstehen, sollten sich bei der Versicherungsgesellschaft oder bei der Bank beschweren und Aufklärung fordern.

Die Rentenlücke auffüllen

Die meisten Menschen wissen inzwischen, dass die gesetzliche Rente allein nicht reicht, um den Lebensstandard im Alter zu halten. Doch ihnen fehlt es oft an verlässlichen Informationen, wie groß ihre Rentenlücke wirklich ist. Sie wissen nicht, wie viel sie monatlich sparen müssen, zum Beispiel mit einem Riester-Vertrag oder einer betrieblichen Altersvorsorge.

Mithilfe des kostenlosen Rentenlückenrechners von Finanztest kann sich jeder seine Rentenlücke individuell ausrechnen. Den Rechner gibt es unter www.test.de/rentenluecke. Wir gehen in unserer Rechnung davon aus, dass im Alter 80 Prozent des letzten Nettogehalts zur Verfügung stehen sollten, denn bei Rentnern fallen einige Ausgaben weg, die sie in ihrer aktiven Zeit hatten. Der Abstand zwischen diesem Geldbedarf und der gesetzlichen Nettorente ergibt die Rentenlücke.

Ein alleinstehender Versicherter des Jahrgangs 1945, der immer durchschnittlich verdient hat und 2010 nach 45 Beitragsjahren in Rente geht, erhält eine anfängliche Nettorente von ungefähr 1 100 Euro. Rechnet er damit, dass er im Ruhestand auf 20 Prozent seines letzten Nettogehalts von knapp 1 700 Euro verzichten kann, bleibt eine Rentenlücke von rund 260 Euro.

Für jüngere Menschen wird die Lücke noch größer. Grund ist die Verringerung des Rentenniveaus: Die gesetzliche Rente steigt künftig deutlich weniger als die Nettogehälter. Finanztest geht im Rentenlückenrechner davon aus, dass die gesetzliche Rente bis zum Jahr 2030 durchschnittlich lediglich um 0,5 Prozent pro Jahr steigt. Die Gehälter steigen nach unserer Annahme bis dahin jährlich um 1,5 Prozent.

Ein Lichtblick: Riester-Rente und Betriebsrente verringern die Rentenlücke. Es wird aber auch Menschen geben, die schon so viel sparen, dass sie ihre Lücke längst geschlossen haben. Das wäre ebenfalls ein Grund, nachzurechnen.

ADRESSEN

Bundesanstalt für Finanzdienstleistungsaufsicht
Graurheindorfer Straße 108
53117 Bonn
Postfach 1253
Verbrauchertelefon: 018 05/12 23 46
Mo. bis Fr. 8 bis 18 Uhr
(Kosten: 14 Cent pro Minute, abweichende Preise aus den Mobilfunknetzen sind möglich)

BVVB Bundesverband der Versicherungsberater e. V.
Rheinweg 24
53113 Bonn
Tel. 02 28/387 29 29
info@bvvb.de
www.bvvb.de

Bundesverband der Rentenberater e. V.
Hohenstaufenring 17
50674 Köln
Postfach 26 01 50
50514 Köln
Tel. 0221/2 40 66 42
info@rentenberater.de

Bundesverband Investment und Asset Management e. V.
Eschenheimer Anlage 28
60318 Frankfurt am Main
Tel. 0 69/15 40 90-0
info@bvi.de

Deutsche Rentenversicherung Bund
10704 Berlin
Tel. 0 30/8 65-0
Beratungstelefon: 0800/1 00 04 80 70
(bundesweit ist diese Verbindung kostenlos erreichbar)
Mo. bis Do. 7.30 bis 19.30 Uhr
Fr. 7.30 bis 15.30 Uhr
drv@drv-bund.de

Versicherungsombudsmann e. V.
Versicherungsombudsmann
Postfach 08 06 32
10006 Berlin
Tel. 0 18 04/22 44 24
Mo. bis Fr. von 8.30 bis 17 Uhr
beschwerde@versicherungsombudsmann.de

Verbraucherzentralen

Verbraucherzentrale Baden-Württemberg e. V.
www.vz-bw.de
Paulinenstraße 47
70178 Stuttgart
Tel. 0 18 05/50 59 99
Mo. bis Do. 10 bis 18 Uhr
Fr. 10 bis 14 Uhr
info@vz-bw.de

Verbraucherzentrale Bayern e. V.
www.verbraucherzentrale-bayern.de
Mozartstraße 9
80336 München
Tel. 0 89/53 987-0
Das landesweite Beratungstelefon der Verbraucherzentrale Bayern ist unter folgender Nummer erreichbar:
Tel. 09001/89 22 93 76
Mo., Mi. und Do. 9 bis 11
sowie 15 bis 17 Uhr
info@verbraucherzentrale-bayern.de

Verbraucherzentrale Berlin e. V.
www.verbraucherzentrale-berlin.de
Hardenbergplatz 2
10623 Berlin
Tel. 0 30/21 485-0
Termine können telefonisch vereinbart werden unter:
Tel. 0 30/2 14 85-260
mail@verbraucherzentrale-berlin.de

Verbraucherzentrale Brandenburg e. V.
www.vzb.de
Templiner Straße 21
14473 Potsdam
Tel. 03 31/2 98 71-0
info@vzb.de

Verbraucherzentrale Bremen e. V.
www.verbraucherzentrale-bremen.de
Altenweg 4
28195 Bremen
Tel. 04 21/16 07 77
info@vz-hb.de

Verbraucherzentrale Hamburg e. V.
www.vzhh.de
Kirchenallee 22
20099 Hamburg
Tel. 040/24 832-0
info@vzhh.de

Verbraucherzentrale Hessen e. V.
www.verbraucher.de
Große Friedberger Straße 13–17
60313 Frankfurt
Tel. 018 05/97 20 10
Mo. bis Do. 10 bis 17 Uhr
Fr. 10 bis 15 Uhr
vzh@verbraucher.de

Verbraucherzentrale Mecklenburg und Vorpommern e. V.
www.nvzmv.de
Strandstraße 98
18055 Rostock
Tel. 03 81/2 08 70 50
info@nvzmv.de

Verbraucherzentrale Niedersachsen e. V.
www.verbraucherzentrale-niedersachsen.de
Herrenstraße 14
30159 Hannover 1
Tel. 0511/9 11960
info@vzniedersachsen.de

Verbraucherzentrale Nordrhein-Westfalen e. V.
www.vz-nrw.de
Mintropstraße 27
40215 Düsseldorf
Tel. 0211/3 809-0
vz.nrw@vz-nrw.de

Verbraucherzentrale Rheinland-Pfalz e. V.
www.vz-rlp.de
Seppel-Glückert-Passage 10
55116 Mainz
Tel. 06131/2848-0
info@vz-rlp.de

Verbraucherzentrale Saarland e. V.
www.vz-saar.de
Haus der Beratung
Trierer Straße 22
66111 Saarbrücken
Tel. 0681/500890
vz-saar@vz-saar.de

Verbraucherzentrale Sachsen e. V.
www.verbraucherzentrale-sachsen.de
Brühl-Center
Brühl 34–38
04109 Leipzig
Tel. 0341/6962 90
vzs@vzs.de

Verbraucherzentrale Sachsen-Anhalt e. V.
www.vzsa.de
Steinbockgasse 1
06108 Halle
Tel. 0345/2980329
vzsa@vzsa.de

Verbraucherzentrale Schleswig-Holstein e. V.
www.verbraucherzentrale-sh.de
Andreas-Gayk-Straße 15
24103 Kiel
Tel. 0431/590990
info@verbraucherzentrale-sh.de

Verbraucherzentrale Thüringen e. V.
www.vzth.de
Eugen-Richter-Straße 45
99085 Erfurt
Tel. 0361/555140
info@vzth.de

GLOSSAR VON A BIS Z

Altersvermögensgesetz: Gesetz zur Förderung eines kapitalgedeckten Altersvorsorgevermögens, das am 1. Januar 2002 in Kraft trat. Es sieht wegen der für die Finanzierung der Renten problematischen sinkenden Geburtenzahlen eine Verringerung des Rentenniveaus vor und fördert gleichzeitig die private und betriebliche Altersvorsorge stärker.

Auszahlplan: Das mit einem Riester-Vertrag angesparte Kapital muss im Alter bis auf einen 30-prozentigen Einmalbetrag in monatlichen Raten ausgezahlt werden. Eine Auszahlung des kompletten Vermögens ist nicht möglich. Das Kapital muss nach den Förderkriterien über einen Auszahlplan in „gleichbleibenden oder steigenden monatlichen Raten" ausgezahlt werden.

Beitragsbemessungsgrenze: Grenze, bis zu welcher Einkommenshöhe Beiträge in der Sozialversicherung erhoben werden: In der Kranken- und Pflegeversicherung (2010: 45 000 Euro pro Jahr) ist die Grenze niedriger als in der Renten- und Arbeitslosenversicherung (2010: 66 000 Euro pro Jahr, West). Der Höchstbetrag für die steuerfreie und sozialabgabenfreie Gehaltsumwandlung in der betrieblichen Altersversorgung beläuft sich auf 4 Prozent der Beitragsbemessungsgrenze in der Rentenversicherung für die alten Bundesländer (2010: 2 640 Euro). Er ist auch für Arbeitnehmer in den neuen Ländern maßgeblich.

Beitragsgarantie: Für Riester-Verträge müssen am Ende der Sparphase für die Auszahlung mindestens die Beiträge und die Zulagen zur Verfügung stehen.

Beitragsrückgewähr: Wird eine Beitragsrückgewähr vereinbart, erhalten die Angehörigen die eingezahlten Beiträge zurück, wenn der Versicherte stirbt.

Betriebliche Altersversorgung: Das sind Leistungen für die Altersversorgung, die eine Firma für ihre Mitarbeiter erbringt. Auch die Absicherung von Invalidität und der Angehörigen bei Tod des Arbeitnehmers gelten als betriebliche Altersversorgung.

Dauerzulagenantrag: Riester-Sparer können seit 2005 den Anbieter bei Vertragsabschluss bevollmächtigen, die staatlichen Zulagen jedes Jahr abzurufen. Die Vollmacht gilt bis auf Widerruf. Jeder Sparer ist verpflichtet, Änderungen, die sich auf seinen Zulagenanspruch auswirken, seinem Anbieter unverzüglich mitzuteilen.

Direktversicherung: Beim Abschluss einer Direktversicherung zugunsten eines oder mehrerer Beschäftigten fließen die Einzahlungen des Arbeitgebers oder Teile des Gehalts des Arbeitnehmers an einen externen Lebensversicherer. Möglich ist der Abschluss einer Kapitallebens- oder einer Rentenversicherung jeweils in klassischer Form oder als Fondsvariante.

Direktzusage: Bei der Direktzusage sagt der Arbeitgeber einem Mitarbeiter direkt eine Versorgung zu. Damit er die Zusage später einlösen kann, bildet er Pensionsrückstellungen, mit denen er seine Steuerschuld aufschieben kann.

Eigenbeitrag: ▶ Mindesteigenbeitrag.
Entgeltumwandlung: Entgeltumwandlung, auch „Gehaltsumwandlung", bedeutet, dass der Arbeitnehmer seine betriebliche Altersversorgung mit eigenem Geld finanziert. Verwendet werden künftig fällige Lohnanteile. Diese Anwartschaften sind vom ersten Tag an unverfallbar.

Förderberechtigte: Menschen, denen die Riester-Förderung zusteht: Arbeitnehmer, die in der gesetzlichen Rentenversicherung pflichtversichert sind; Auszubildende; Beamte; behinderte Menschen, die zur Erwerbstätigkeit befähigt werden sollen; Berufssoldaten; Bezieher von Arbeitslosengeld I oder II; Bezieher von Vorruhestandsgeld; Bezieher von Versorgungskrankengeld, Übergangsgeld und Unterhaltsgeld; geringfügig Beschäftigte (400-Euro-Jobber), die auf Sozialversicherungsfreiheit verzichtet haben; Künstler und Publizisten, die nach dem Künstlersozialversicherungsgesetz versichert sind; Landwirte, die in der Alterssicherung der Landwirte pflichtversichert sind; nicht Erwerbstätige in der dreijährigen Kindererziehungszeit; Menschen, die ein freiwilliges ökologisches oder soziales Jahr absolvieren; Selbstständige, die pflichtversichert sind (Beispiel Hebammen); Wehr- und Zivildienstleistende, Zeitsoldaten.

Garantieverzinsung: Für klassische Rentenversicherungen gilt bei Neuverträgen ab 2007 eine Garantieverzinsung des Sparanteils im Beitrag von 2,25 Prozent.
Gehaltsumwandlung: ▶ Entgeltumwandlung.

Indirekt förderberechtigt: Menschen, denen die Riester-Förderung nicht direkt zusteht, beispielsweise weil sie selbstständig sind, können dennoch einen Vertrag abschließen. Dies ist möglich, wenn sie verheiratet sind, der Ehepartner förderberechtigt ist und selbst einen Riester-Vertrag hat.
Insolvenzsicherung: Die Betriebsrenten von Arbeitnehmern müssen geschützt sein, falls ihr Arbeitgeber pleitegeht. Bestehen Ansprüche über Direktzusagen, Unterstützungskassen und Pensionsfonds, müssen die Firmen dem Pensions-Sicherungs-Verein (PSV) beitreten.

Kinderzulage: Riester-Sparer erhalten für jedes Kind, für das sie einen Anspruch auf Kindergeld haben, eine Kinderzulage. Die Zulage bekommt entweder die Mutter oder der Vater. Sie wird zusätzlich zur Grundzulage gezahlt. Seit 2008 beträgt die Kinderzulage 185 Euro. Für ab 2008 geborene Kinder sind es sogar 300 Euro.

Mindesteigenbeitrag: Um die vollen Riester-Zulagen zu bekommen, muss jeder Sparer einen Eigenbeitrag zahlen. Seit 2008 müssen seine Beiträge zusammen mit den Zulagen, die ihm bei ausreichender Einzahlung zustehen, 4 Prozent des im Vorjahr verdienten rentenversicherungspflichtigen

Einkommens ausmachen, höchstens jedoch 2 100 Euro. Wer weniger einzahlt, bekommt nur einen Teil der Zulage. Geringverdiener müssen für volle Zulagen einen Mindesteigenbeitrag von 60 Euro im Jahr zahlen. Dies gilt beispielsweise für 400-Euro-Jobber oder Eltern in Elternzeit.

Pensionsfonds: Pensionsfonds sind seit dem 1. Januar 2002 für die betriebliche Altersversorgung zulässig. Sie sind in ihrer Kapitalanlage frei, müssen Versorgungsberechtigten aber nur mindestens die eingezahlten Beiträge garantieren. Sie unterliegen der Aufsicht durch die Bundesanstalt für Finanzdienstleistungsaufsicht (Bafin) in Bonn. Arbeitgeber, die ihre betriebliche Altersversorgung über einen Pensionsfonds organisieren, müssen die Anwartschaften über eine Mitgliedschaft im Pensions-Sicherungs-Verein schützen.

Pensionskasse: Pensionskassen sind Versicherungsunternehmen, die nur betriebliche Altersversorgung machen. Sie unterliegen der Aufsicht durch die Bundesanstalt für Finanzdienstleistungsaufsicht (Bafin). Arbeitgeber, die ihre betriebliche Altersversorgung über eine Pensionskasse organisieren, müssen dem Pensions-Sicherungs-Verein nicht angehören.

Pensionsrückstellungen: Hier finanziert ein Arbeitgeber seine Pensionsverpflichtungen aus einer Direktzusage. Er kann seine Steuerschuld in Höhe der Zusage Jahr für Jahr aufschieben. Dadurch hat er zunächst mehr Geld im Unternehmen zur Verfügung, das er für Investitionen nutzen kann, denn die Zusage muss er noch nicht finanzieren. Die spätere Betriebsrente zahlt der Arbeitgeber aus laufenden Erträgen. Schritt für Schritt löst er die Rückstellungen auf. Steuerlich gilt dies als Zufluss.

Pensions-Sicherungs-Verein (PSV): Der Pensions-Sicherungs-Verein auf Gegenseitigkeit mit Sitz in Köln ist der gesetzliche Träger der Insolvenzsicherung in der betrieblichen Altersversorgung. Er springt ein, wenn eines der rund 45 900 beitragspflichtigen Mitgliedsunternehmen mit Betriebsrente pleite ist. Das wird über die Beiträge der Mitglieder bezahlt. Weil sich der Schadenverlauf jedes Jahr ändert, schwankt die Höhe des Beitrags. Die Abwicklung hat ein Konsortium von 60 Lebensversicherern unter Geschäftsführung der Allianz Lebensversicherung übernommen. Zurzeit erhalten rund 400 000 Rentenempfänger monatlich rund 47 Millionen Euro vom PSV, etwa 117 Euro je Rentner.

Pensionszusage: ▶ Direktzusage.

Rentenniveau: Im Rentenniveau zeigt sich das Verhältnis der durchschnittlichen gesetzlichen Rente zum Durchschnittsverdienst der Erwerbstätigen – vor Steuern und ohne Berücksichtigung des Beitrags der Rentner zur Kranken- und Pflegeversicherung. 2006 lag das Rentenniveau vor Steuern bei 52,2 Prozent. Bis 2020 soll es laut Annahme der Bundesregierung auf 46,6 Prozent sinken. 2030 soll es gut 43 Prozent betragen. Weil mit der gesetzlichen Rente allein der Lebensstandard im

Alter nicht mehr zu halten ist, gibt es die Riester-Rente. Sie schließt wenigstens einen Teil der Rentenlücke.
Rentengarantiezeit: Wird eine Rentengarantiezeit von 5, 10 oder 15 Jahren vereinbart, erfolgt ab Rentenbeginn die Auszahlung mindestens so lange, auch wenn der Versicherte in dieser Zeit stirbt.

Schädliche Verwendung: Eine schädliche Verwendung von Riester-Vermögen liegt vor, wenn das Geld nicht für eine lebenslange Rente verwendet wird. Der Anbieter muss dann die Zulagen und Steuervorteile vom Geld des Sparers abziehen und an die zentrale Zulagenstelle zurückzahlen.
Sonderausgabenabzug: Riester-Sparer bekommen die gezahlten Steuern nach Abzug der Zulagen über die Steuererklärung per Sonderausgabenabzug zurück.

Unterstützungskasse: Unterstützungskassen sind die älteste Form in der betrieblichen Altersversorgung. Sie werden von einem oder mehreren Arbeitgebern getragen und unterliegen nicht der Versicherungsaufsicht. Unterstützungskassen sind rechtsfähige, eigenständige Versorgungseinrichtungen in Form einer Stiftung, einer GmbH oder eines eingetragenen Vereins.
Unverfallbarkeit: Unverfallbar ist eine Betriebsrente, wenn die Zusage einem Arbeitnehmer auch dann nicht verloren geht, wenn er den Arbeitgeber wechselt oder das Unternehmen zahlungsunfähig wird. Betriebsrenten, die ein Arbeitnehmer mit eigenem Geld anspart, sind vom ersten Tag an unverfallbar. Vom Arbeitgeber finanzierte Zusagen sind seit 2001 gesetzlich nach fünf Jahren unverfallbar, sofern der Arbeitnehmer dann mindestens 30 Jahre alt ist. Für Zusagen ab 2009 wurde das Mindestalter auf 25 Jahre gesenkt. Auch Elternzeit zählt zu den fünf Jahren.

Zertifizierung: Alle Riester-Produkte müssen von der Bundesanstalt für Finanzdienstleistungsaufsicht (Bafin) zertifiziert sein. Die Zertifizierung ist die Feststellung, dass das Produkt den gesetzlichen Anforderungen für die Riester-Rente entspricht.
Zulagenantrag: Die Zulagen für die Riester-Rente müssen beantragt werden. Die zentrale Zulagenstelle für Altersvermögen ermittelt beim Rentenversicherungsträger die nötigen Angaben zu den beitragspflichtigen Einnahmen. Daraus berechnet sie, welchen Mindesteigenbeitrag der Sparer für volle Zulagen zahlen muss. Seit 2005 reicht ein einmaliger Antrag – der „Dauerzulagenantrag".
Zulagenvertrag: Staatliche Zulagen für eine Riester-Rente können auch Selbstständige und Hausfrauen oder -männer erhalten, die nicht in der gesetzlichen Rentenversicherung pflichtversichert sind. Es genügt, wenn ihr Partner die Voraussetzungen erfüllt und er einen Riester-Vertrag abgeschlossen hat. Dann kann die Ehefrau oder der Ehemann ebenfalls einen Riester-Vertrag abschließen. Sie können, müssen aber nichts selbst einzahlen. Ihr Vertrag kann allein aus den Zulagen gespeist werden, aus Grund- und Kinderzulagen.

REGISTER

R

S

IMPRESSUM

6., komplett überarbeitete Auflage

Stiftung Warentest
Lützowplatz 11–13
10785 Berlin
Tel. 0 30/26 31–0
Fax 0 30/26 31–25 25
www.test.de

Vorstand: Dr. jur. Werner Brinkmann
Weiteres Mitglied der Geschäftsleitung:
Hubertus Primus (Publikationen)

Autoren: Karin Baur, Katharina Henrich, Ariane Lauenburg, Susanne Meunier, Theo Pischke, Jörg Sahr, Simone Weidner, Marion Weitemeier, Stephanie Zipp
Redaktionelle Bearbeitung: Susanne Meunier, Theo Pischke
Lektorat: Ursula Rieth
Fachliche Beratung: Uwe Döhler, Thomas Krüger, Stephan Kühnlenz, Uwe Rauhöft, Martin Schalburg
Titelentwurf: Susann Unger, Berlin
Layout: Pauline Schimmelpenninck Büro für Gestaltung, Berlin
Verlagsherstellung: Rita Brosius (Ltg.), Susanne Beeh
Grafik und Satz: Anne-Katrin Körbi
Produktion: Vera Göring
Bildredaktion: Anne-Katrin Körbi
Bildnachweis – Titel: Getty Images/Vincent Besnault; Innenteil: iStockphoto, Antje Plewinski, Deutsche Börse, Panthermedia, Gettyimages, Fotolia, Imagesource, F1_Online
Litho: tiff.any GmbH, Berlin
Druck: Rasch Druckerei und Verlag GmbH & Co. KG, Bramsche

Einzelbestellung:
Stiftung Warentest
Tel. 0180 5/00 24 67
Fax 0180 5/00 24 68
(je 14 Cent pro Minute aus dem Festnetz)
www.test.de/shop

Redaktionsschluss: Januar 2010

ISBN: 978-3-86851-311-0